KB216593

한국불교사

한국불교사

가마타 시게오 / 신현숙 옮김

좋은 책 좋은 세상
민족사

이 책은 가마타 시게오(鎌田茂雄)가 지은《朝鮮佛教史》(東京大學出版會, 1987)의 온전한 번역이다.

Translated from the original Japanese edition
Chosen Bukkyoshi
Published 1987 by University of Tokyo Press.
Tokyo, Japan

韓國語版의 序

한국과 일본은 한줄기 흐르는 물과 같은 나라로서 고대의 일본문화는 고구려·백제·신라문화의 많은 영향을 받았다. 일본고대문화는 주로 한반도에서 건너온 사람들에 의해 형성된 것이라 하여도 과언이 아니다.

그러나 근대에 와서 한일양국은 불행한 관계에 처하게 되어 일본사람들은 한국의 문화를 바르게 인식할 수 없게 되었다. 불교에 관해서도 한국불교는 중국불교의 亞流에 지나지 않는다고 하는 그릇된 인식이 학계에도 통용하게 되었다. 일본학계에서는 한국불교를 가볍게 보는 경향이 나타나, 그 그릇된 견해를 정정하기 위한 뜻에서 이 책을 집필하게 되었던 것이다.

또 현재 일반적으로 일본사람들은 한국의 불교에 관해 無知의 상태라 하여도 잘못된 표현은 아닐 것이다.

한국을 여행하여 佛國寺, 海印寺를 보아도 그 역사적 배경을 아는 사람은 거의 없는 실태이다. 필자가 이 책을 집필하게 된 동기도 많은 일본사람들에게 한국불교의 역사와 사원을 이해시키는데 그 목적이 있었다.

이 책은 어디까지나 일본인의 연구자와 일반사람들을 위해서 쓴 것이다. 따라서 한국사람들에게 있어서는 극히 상식적인 것으로 생각될 수 있는 사항을 열거하기도 했다. 그리고 일본사람인 필자 자신도 크게 잘못 알고 있는 점도 있을 것이다. 이점 양지하여 주신다면 다행으로 생각하겠다.

이 책이 번역되기 까지는 많은 분들의 도움이 있었다. 특히 번역을 맡아 주신 東國大學校에 재직중이신 申賢淑博士께 대해 깊은 감사를 표하고 또 이 책의 출판을 위해 물심양면으로 모든 열의를 쏟아 주신 民族社 社長 尹暢和 先生님께 감사의 말을 드리는 바이다.

1987년 11월 1일

鎌田茂雄

역자의 말

역자가 이 책을 번역하게된 동기는 수년전 유학시절 선생의 연구실에서 일본학생들과 함께 연구생활을 하고 있을 때 선생께서는 항상 아낌 없는 학문적 지도를 편달하여 주셨다. 이런 인연으로 꼭 번역을 맡아 달라는 부탁의 서신을 보내 왔고, 도서출판 민족사 대표이신 윤창화사장님의 말씀 또한 그와 같아 두 분의 뜻을 거역할 수 없어 부족한 어학실력으로 감히 번역을 맡게 된 것이다.

선생께서는 1970년 부터 18년간의 긴 시간을 한 해도 빠짐 없이 방학이면 한국을 찾아 오셔서 한국지도를 안내자로 삼아 각처에 산재하고 있는 한국사찰을 답사하시면서 한국역사·불교사·유교·도교 등 폭 넓은 분야에 관심을 갖고 연구하여 한국·일본·대만 등지의 국제학술회의에서 한국불교의 특수성을 발표하셨다. 한국불교의 뿌리를 철저하게 연구하는 것이야 말로 일본불교를 연구하는데 무엇보다 큰 힘이 되는 것이라고 항상 입버릇 처럼 말씀하시면서 중국어와 한글을 배워 현지 답사와 논문 탐독에 정확한 자료를 수집하고자 노력을 아끼지 않았다.

이 책 출판 이전에 선생께서는 현지 답사의 기행문에 역사를 가미하여《大法輪》에 16회에 걸쳐 연재한 원고를 다시 정리하여《朝鮮佛教の寺と歴史》를 출판하여 한국불교 문화를 모르는 일본인들에게 좋은 교재가 되었고, 또 1978년에 출판한《日本佛教のふるさと》와 함께 일본문화의 뿌리가 한국에 있음을 알렸다. 잇달아 많은 자료를 수집하고 특히 현대 한국불교의 현황 자료를 수집하는 성의는 독자들에게 깊은 온정의 친절을 베풀었다. 지극히 간략하지만 한국불교사 전반을 현대에 이르기까지 안배하여 다루고 있다. 李

能和선생의 《朝鮮佛教通史》 3권에 이어 《略史》의 역할을 담당할 한국불교사 입문서이다. 이 책을 토대로 양적으로나 질적으로 충실한 《한국불교사》 3권을 출판할 기획을 하고 지금도 분투하고 있는 선생의 염원에 성과가 있을 것이라 믿고, 끝으로 佛教의 學的發展을 위해서 출판사의 어려움도 잊은 채 研究者들에게 좋은 자료를 번역하게 하여 주신 도서출판 民族社에 謝意를 表하는 바입니다.

1987년 7월

譯者 識.

차 례

제 1 장 고대 삼국의 불교

제 2 장 통일신라의 불교

제 3 장 고려의 불교

제4장 조선의 불교

제 5 장 현대 한국의 불교

약호표(※표시에 대해서는 권말의 '佛教關係書籍解題' 참조)

史記	《三國史記》※
遺事	《三國遺事》※
通鑑	《東國通鑑》※
麗史	《高麗史》※
節要	《高麗史節要》
僧傳	《海東高僧傳》※
勝覧	《東國輿地勝覧》※
總覧	《朝鮮金石總覧》
史料	《朝鮮寺刹史料》
列傳	《東師列傳》※
梁傳	《梁高僧傳》
唐傳	《唐高僧傳》
宋傳	《宋高僧傳》
書紀	《日本書紀》
正藏	《大正新修大藏經》
續藏	《大日本續藏經》
通史	《朝鮮佛教通史》

한국불교의 역사적 성격

인도문화권을 넘어서 중앙 아시아의 사막지대에 전파된 불교는 또 다시 동으로 흘러 중국에 전래되기에 이르렀다. 중국에는 원래 고대에서부터 중국문화가 형성되어 유교나 노장사상 등 고유의 사상이 깊게 사람들의 정신생활을 지배하고 있었다. 외래종교인 불교는 이들 고유의 사상과 잘 융합해 가면서 중국 독자적인 불교를 형성했다. 중국불교는 드디어 동아시아 전지역, — 한국・일본・발해・베트남 등으로 전파되어 동아시아 문화권을 형성했다. 한국불교는 진정한 동아시아 불교권 속에 하나라고 하겠다.

동아시아 불교권의 공통점은 한역 대장경에 의존하고 있는 점이다. 한역대장경을 근본경전으로 삼고 교리의 연구나 발달도 한역경전에 의존하고 있다는 것은 중국・한국・일본불교가 공통적이다. 한국에서 한글을 사용한 것은 조선시대부터이고 일본에서 가나(仮名)어를 사용하게 된 것은 平安말기에서 시작하였다. 이와 같이 같은 한역대장경을 의존하면서도 한국불교는 일본불교와는 완전히 다른 불교를 창조하였으며, 중국불교와도 다른 독자적인 불교를 한국인의 주체성에 두고 창조하였다.

호국불교의 전개

신라 진평왕 23년(551)에 시작한 法會의 종류에는 百高座講會와 八關齋會가 있다. 백고좌강회는《仁王護國般若波羅蜜多經》의 설을 따라 내란과 외환등의 악운을 물리치고 왕실과 국가안전을 기원하기 위하여 행한 법회였다. 팔관재회는 8계를 호지하여 전사한 병사들의 명복을 빌기 위한 것이었다. 신라에 불교가 전래된 이래 한국불교를 시종 일관한 전통은 이 호국불교의 정

신이다.[1)]

이러한 이념이 가장 강하게 나타난 것은 원광의 '世俗五戒'이다. 5계 가운데 제1조는 '나라(임금)에 충성할 것이며' 제4조는 '싸움터에서 물러서지 말라'고 되어 있다. 이러한 원광의 임전무퇴의 계율이 고구려 백제와의 싸움에 큰 힘이 되어 신라가 삼국을 통일하는 정신적 힘이 되었던 것이다. 또 적국의 항복을 발원한 황룡사 9층탑의 건립이라든가 왜인들의 침입을 막기 위해 동해를 바라 보고 있는 석굴암의 불상, 그리고 '죽어서 호국의 혼이 되겠다'는 유언을 남기고 해저왕릉을 부탁한 무열왕 등 그 어느것도 강렬한 국가의식을 상징한 것이라 하겠다.

고려시대에는 무력으로 유린해 온 몽고(元나라)에 대해 적국항복의 悲願이 담긴 대장경이 조판되었다. 부처님의 가호를 기원하며 조판된 《고려대장경》은 세계문화의 역사상에 있어서 불멸의 광명을 발산한 문화유산이다.

조선시대의 임진왜란(풍신수길의 침략) 때 서산・사명 등 의승이 무기를 들고 의군으로 전투에 참가하여 조국방위를 위해 피를 흘렸다. 이러한 신라불교의 호국정신은 조선조에 이르도록 그 맥을 생생히 이어온 것이다.

종합불교

한국불교의 사상적 특징은 종합불교라 할 수 있다. 신라 원효의 불교사상은 화엄・법상・삼론・정토가 찬란하게 융합된 것이라 하겠다. 8宗을 모두 겸학했다고는 할 수 없지만 당시의 모든 교학을 융합하여 하나로 만들었다. 원효는 '百家의 異諍을 화합하여 한 맛의 불교로 귀착시키는 (《十門和諍論》) 것'을 목적에 두었다. 이같은 원효의 종합적 불교는 후일 한국불교의 전통이 되었다. 보조국사 知訥은 "諸佛은 이를 입으로 설하여 '敎'라 하고, 祖師는 이것을 마음으로 전하여 '禪'이라 한다"(《華嚴論節要》序)고 하였다. 같

---

1) 拙稿, 〈朝鮮佛教における菩薩道の實踐 — 護國佛教の精神〉 西義雄博士頌壽記念論集《菩薩思想》, 大東出版社, 1981.
金東華外, 〈佛敎의 國家觀 및 政治思想硏究〉 《佛敎學報》 제10집, 1973. 8.

은 입장에서 教禪 일치의 종풍을 수립하고 교학과 좌선을 하나로 종합시켰다. 조선조에 있어서 전 불교의 종파는 교종과 선종으로 통합시켜 종합불교를 만들었다. 이처럼 한국불교는 정치적 사회적인 면에서는 호국불교로서 그 역할을 담당했으며 교리적인 특질로 말한다면 '종합불교'라 하겠다. 이 같은 불교는 일본불교나 중국불교에서는 볼 수 없는 독자적인 성격이다.

한국불교의 복잡성

종래 한국불교는 중국불교의 모방 내지는 이식된 것이라고 생각해 왔지만 단순한 이식이나 모방은 아니다. 물론 중국불교가 전래되므로써 시작한 것은 역사적인 사실이지만 한민족은 중국불교를 수용하면서 스스로가 독자적인 불교와 불교문화를 창조했다. 더우기 한국불교에는 중국불교 뿐만 아니라 다른 불교의 영향도 인정되고 있다. 한 예를 든다면 백제나 가락국의 불교는 인도불교나 남해로 경유한 불교의 영향을 받았던 것으로 추정되기 때문이다. 또 元의 영향을 받은 고려불교는 티벹 계통의 불교 영향도 인정되고 있다. 예를 든다면 충목왕 2년(1346)에 만든 演福寺銅鐘에는 《佛頂尊勝陀羅尼》가 란치야 Lañtsha문자나 티벹 문자로 씌어진 것이라고 한다.[2] 또 《朝鮮金石總覧》에 수록된 용천·해주·개성의 《大佛頂陀羅尼經》 탁본 등에서도 티벹 계통 불교의 영향을 찾아 볼 수 있다.

한국불교의 복합성은 사찰에 삼신각을 모셨다고 하는 것도 그렇다. '三神閣'이란, '獨聖閣'과 '山神閣', 그리고 '七星閣'을 말한다. 이 중 독성각은 독각을 모셨다는 점에서는 불교적인 것이지만 칠성각과 산신각은 불교가 아니다. 칠성각의 주신은 북두칠성이다. 북두칠성을 모시고 壽福息災를 축원하는 것이 칠성신앙이기 때문에 이는 도교의 신앙이 불교속에 깊숙이 스며든 것이다. 산신각의 '산신'이란 고조선(王儉朝鮮)시대 箕子가 조선을 봉쇄하였을 때 단군이 阿斯達(白岳, 단군의 도읍)에 숨어서 산신이 되었다고(《三國遺事》

2) 末松保和, 〈高麗演福寺鍾銘について〉
湯山明, 〈演福寺銅鍾の梵語銘文覺書〉《東洋學報》 제66卷 제1·2·3·4號, 1985.

권1 紀異 제1)하는 신화의 원류에서 발생한 것이라고 생각되어지지만, 고려시대에는 현세이익의 신으로서 신앙한 것이 지금에 이르렀다. 또한 사찰의 神衆壇에는 팔대금강·사대보살·십대명왕·제석천 등이 있다. 그 밖에도 일월신·칠성·이십팔수·용왕·산신·조왕신 등 104위의 호법신을 모셨고, 이들 속에는 불·보살 뿐만 아니라 도교의 신들도 있다. 그 이외에도 고려 초기 도선의 풍수신앙(風水地理說)도 불교와의 밀접한 관계가 있다. 또 동북아시아에 근저한 巫覡신앙이 깊게 민중속에 침투하고 있었기 때문에 한국불교는 샤머니즘과 결합된 민중신앙으로서의 역할이 조선조에 와서 특히 현저하게 나타났다.

한국불교의 역사적 意義

한국불교가 중국불교의 단순한 모방도 아니며 중국불교를 일본에 전하기 위한 가교적 역할을 한 것도 아니라는 것을 인식한다면 한국불교의 역사적 의의도 자연적으로 밝혀진다.

일본 고대불교가 한국 및 중국대륙에서 전래된 것으로서 중국 및 한국불교와의 관계교섭을 고려하지 않으면 정확하게 파악할 수 없다는 것은 잘 알려진 사실이다. 일본에 최초로 전래된 것은 백제불교이지만, 잇달아 고구려 불교가 들어 오고 다시 推古朝 말기에 이르러 신라와의 관계가 밀접해지면서 신라불교가 들어 왔으며, 이어 隋와 唐에 파견한 학승들의 귀국과 함께 중국의 불교가 들어 왔다. 이와 같이 백제→고구려→신라→대륙불교의 순서에서 다시 상호간에 중층적으로 얽힌 불교가 일본에 전래된 것이다. 그런 의미에서 일본의 고대불교는 직접적인 면에서는 한국불교권 속에서 싹튼 것이라고 하겠다. 飛鳥불교가 한국불교를 수용함에 따라 성립되었다고 하는 것은 분명하지만 또한 奈良불교도 그와 같은 영향이 엿보인다. 물론 奈良시대에 와서는 직접 唐의 불교가 일본 유학승이나 중국으로 부터 건너오는 승려들에 의해 전수되면서 이후로 한국불교의 영향은 저하되었다. 그러나 奈良大佛을 만들 때 신라승 審祥이 《華嚴經》을 강연하고 聖武天皇이 신라계통의 사원인

知識寺에 행차하여 금동비로자나불을 친견한 것 등은 대불 건립의 직접적인 동기가 되었다. 또한 대불 건립에 관계된 사람들 중에는 한국에서 건너온 사람들의 영향이 분명히 있었다고 하는 점을 감안할 때 이 시대에도 아직 한국불교의 영향이 남아 있었다는 것을 알 수 있다.

따라서 일본 고대불교사를 밝히기 위해서는 한국불교의 지식이 절대적으로 필요하고, 이것이 없고서는 일본 고대 불교사의 연구는 불가능한 것이라고 말할 수 있다.

平安시대를 지나 鎌倉시대가 되면 일본불교도 중국불교권에서 이탈하여 독자적인 새로운 불교를 창조하였다. 따라서 한국불교와의 관계나 교섭은 거의 없어졌지만 足利시대에는 《高麗大藏經》이 많이 일본에 전래되어 후세의 거대한 문화유산으로서 남게 되었다.

되돌아 가서 중국불교와의 관계를 고찰해 보면 원효의 교학이나 주석서가 唐의 화엄에 커다란 영향을 주는 등 한국불교의 독창적인 교학이 대륙에 역수입되었다. 또한 원측을 비롯한 많은 신라승려가 중국에서 활약한 것도 사실이었다. 또는 고려 의천이 중국본토에서 회창의 폐불에 따라 잃어 버린 불교전적을 보충하기 위하여 많은 한국불교의 전적을 宋에 보낸 사실도 특수하게 다루어져야 할 것이다. 이로 인하여 宋代의 화엄학이 흥성했던 사실을 잊어서는 안될 것이다.

더우기 한국불교가 중국불교권에서 이탈하여 독자적인 불교를 창조한 것은 고려시대이다. 신라불교와는 상당히 성격이 다른 고려불교의 전체상을 파악하지 않고서 한국불교의 특질[3]을 파악할 수는 없을 것이다.

---

3) 前田惠學, 〈韓國佛教の特質 —— 日本佛教のそれとの對比において〉《愛知學院大學文學部紀要》 제6號, 1976.

제 1 장 고대 삼국의 불교

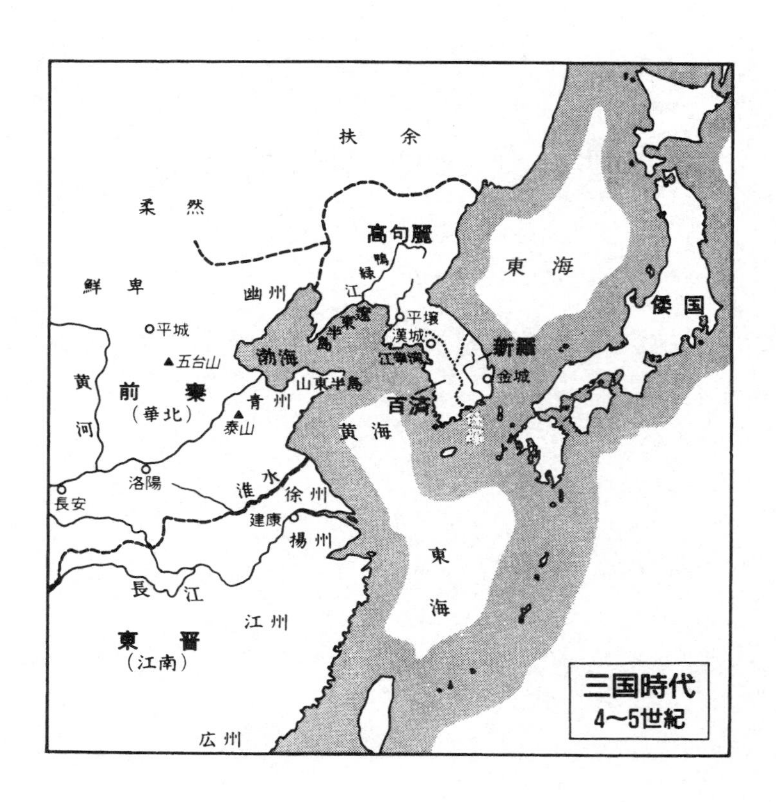
扶　余
柔　然
高句麗
鴨緑江
東　海
鮮　卑
幽州
平城
遼東半島
平壌
漢城
新羅
倭国
五台山
渤海
金城
黄河
前　秦
（華北）
山東半島
青州
百済
泰山
黄海
洛陽
淮水
徐州
長安
建康
揚州
東海
長江
江州
東　晋
（江南）
広州
三国時代
4〜5世紀

제 1 장 고대 삼국의 불교

1. 불교의 한국전래

전래의 경로

한국불교는 중국불교의 전래에서 시작한 것이라 한다. 고구려는 소수림왕 2년(372), 秦王符堅의 명에 따라 順道가 來朝하고, 2년 뒤에 阿道가 온 것이 한국불교의 시작이다. 백제는 枕流王 원년(384), 胡僧 摩羅難陀가 東晋으로부터 來朝한 것이 시작이다. 신라는 제19대 눌지왕 때 사문 墨胡子가 고구려에서 신라의 一善郡에 왔다.

이와 같이 한반도에 불교가 유입한 경로는 《三國史記》(이하, 《史記》라고 약함)나 《三國遺事》(이하, 《遺事》라고 약함) 등 史書에 기재되어 있는 것에 限한다면, 고구려는 華北의 五胡十六國의 불교가 들어 오고, 백제는 중국 江南·東晋에서 흘러 들어 온 것이 된다. 이것이 다시 고구려에서 남쪽으로 흘러 신라에 전파된 것이다. 그러므로 화북지방에서 고구려까지의 경로는 극히 일부만이 산동반도에서 요동반도의 해로를 거쳐 왔을지도 모르지만, 대부분은 육로였다고 생각할 수 있다. 그러나 백제의 전래는 해로를 통하여 東晋왕조의 문화가 남조와의 교역선을 타고 건너 온 것으로 생각된다.

종래 한반도의 불교전래에 대한 견해는 한국 고대불교는 중국불교가 침투한 것으로서 다른 경로는 생각하지 않았던 것이다. 그러나 근래 중국에서는 후한에서 삼국·東晋초기로 추정되는 불상과 도상이 발견됨에 따라 한반도의 전래경로에 관해서도 재고하지 않으면 안되게 되었다.

우선 중국 江蘇省 북부, 連雲港市 근교에 있는 孔望山에서 불교의 마애석상이 발견되었다. 《文物》[4]의 보도에 따르면, 공망산 岩面에는 105개의 石刻像이 새겨져 있는데 그 중에서 불교적인 조상으로서는 열반도·捨身飼虎圖·불상·力士像·코끼리 등이 있다. 이것이 불상으로 인정되는 이유는, 두상에 肉髻가 있고 右手가 施無畏印의 형을 하고 있으며 결가부좌를 하고 전신에는 凹入形의 身光이 있다는 점을 들고 있다. 이 석조상의 연대에 관해서 중국학자[5]는 수법이나 양식이 後漢 墓石像의 양식과 유사하다는 점에서 후한말이라고 추정하고 있다. 그러나 불교사적인 측면에서 필자는 좀 더 하대로 끌어 내려 삼국에서 東晋초기의 조상으로 여겨진다.

한편 내몽고 자치구의 和林格尔에서는 후한대 벽화묘에서 '仙人騎白象圖'와 '猞猁圖'가 발견되었다.[6] 황하의 彎曲部에 해당되는 내몽고에서 後漢代의 것이라고 보이는 불교도상이 발견되고, 산동반도 황해에 접하고 있는 孔望山에서 불상이 발견되었다고 한다면, 중국불교 전래경로 자체에도 문제가 있다고 보아야 할 것이다. 여기서 추정할 수 있는 것의 하나는 불교는 좀 더 일찌기 남해경로를 통하여 동해의 해안지방으로 전파되었을런지도 모른다는 것이다. 후한 安世高의 전기에 보면 그의 사적에 관한 전설로서 南昌, 廣州, 浙江 등이 있다. 종래의 이해로서는 안세고는 서역을 경유하여 중원으로 왔다고 하지만, 남해를 경유했거나 아니면 身毒·蜀의 경로(인도에서 버어마를 지나 雲南에서 泗川으로 통하는 길)로 들어 왔는지도 모른다.[7]

---

4) 連雲港市博物館, 〈連雲港市孔望山摩崖造像調查報告〉《文物》제7期, 總302號 1981. 拙著, 《中國佛教史》제2권(東京大學出版會, 1982)참조.

5) 兪偉超·信立祥, 〈孔望山摩崖造像的年代考察〉 前揭 《文物》 所收.

6) 兪偉超, 〈東漢佛教圖像考〉 《文物》 1980年 제7期.

7) 拙稿, 〈佛教傳來經路再考〉 壬生台舜博士頌壽記念《佛教の歷史と思想》 大藏出版, 1985.

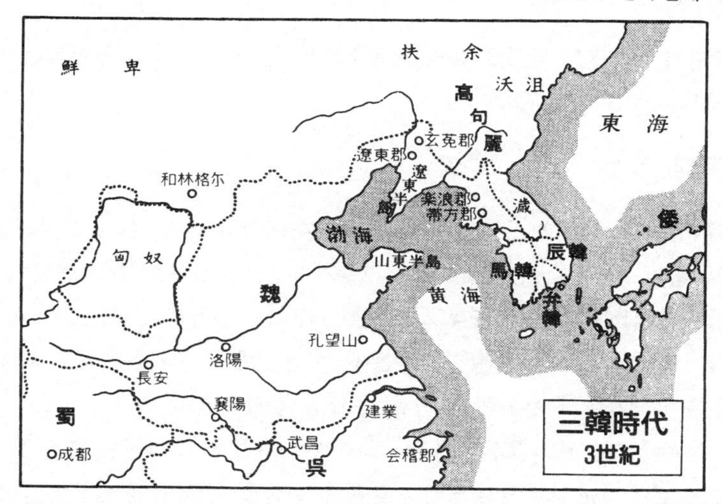

다음 한반도에 전래한 경로로서는, 후한말에서 삼국시대까지 내몽고로 전래된 중앙아시아 불교는 용이하게 幽州刺史의 관할인 代郡(高陽市)에 도달했을 것이며, 다시 같은 유주자사의 영역인 遼西郡이나 遼東郡으로 유전해 갈 수 있다는 점을 생각하게 된다. 요동군의 동쪽에는 압록강이 흐르고 그 유역은 이미 고구려의 국경인 것이다. 이렇게 생각해 보면 중국을 경유하지 않은 중앙아시아 불교가 고구려에 직접 들어 올 수 있는 가능성도 있다. 물론 사료도, 발굴물도 없기 때문에 어디까지나 추정에 지나지 않지만, 和林格尔에서 후한대의 불교도상이 발견됨에 따라 그 가능성을 아주 부정할 수는 없게 되었다.

또한 3세기에 산동반도 남쪽 해안선에 불교가 전래되었다고 한다면 그 敎線이 반도를 경유해서 발해나 황해를 횡단하여 西 한국만이나 강화만에 도달하는 것은 용이하게 생각할 수 있는 것이다.

뒤에 서술하는 것과 같이 백제의 謙益이 인도에서 직접 산스크리트 律典을 가져왔으며, 또한 시대는 조금 하대로 내려가지만, 당 義淨의《大唐西域求法高僧傳》에 의하면 신라의 慧業·玄太·玄恪 등 많은 구법승이 남해를 경유하여 인도로 갔다. 한반도에서 직접 인도로 구법의 길을 걸었다고 한다면, 상당히 이른 시기부터 남해를 경유한 해양권의 불교가 한반도에 들어왔을 가능성은 크다.

祭天과 蘇塗

五穀神인 사직을 모시는 습관이 한반도에는 옛부터 있었다. 고구려인은 귀신·靈星(농업신), 社稷神(토지신, 곡물신) 등을 모셨다고 중국 史書인《三國志》권30《魏書》鳥丸鮮卑東夷傳 제30 고구려조에 실려 있다. 또 고구려에는 국가적인 제례로서 '東盟'이 있는데, 이는 10월에 행하는 '祭天'의 대회로서 부족국가에서 행하는 농작물 수확의 감사제였다.

같은《삼국지》권30 韓族傳에는 5월에 씨를 뿌려 놓고 귀신을 모시고 군중이 모여 낮과 밤을 밝히면서 노래와 춤을 추고 술을 마셨다. 수십인이 함께 손에 손을 잡고 추는 춤의 그 음절은 마치 목탁을 가지고 추는 춤과 닮은 것이었다. 10월이 되어 수확이 끝나면 또 내용이 비슷한 축제가 열렸다. 韓나라의 부족국가적 규모의 축제로서는 고구려와 같이 國都에 한 천신을 모셨는데 이 천신을 '天君'이라 이름하였다. 제천의식은 부여 고구려 그 남쪽의 동예, 마한 등에서 열렸던 것으로서 모두 농작물의 풍작을 기원하고 수확을 감사하는 것들이었다.

이 제천의 祭는 원래 흉노족의 축제였다. 흉노의 풍속으로는 연 3회, 1월과 5월, 9월의 吉日에 龍城에서 축제가 열렸고, 특히 5월에는 최대의 집회가 열려 천신을 모셨던 것이다(《後漢書》권89 南匈奴列傳).

그러나 前漢 武帝 元狩 2년(B.C. 121) 봄 3월, 霍去病이 일만군을 거느리고 흉노와 싸워 대승을 거두었는데, 그 때 休屠王이 모셨던 제천의 '金人'(금색을 바른 상)을 손에 넣었다. 이를 霍去病이 무제에게 상납하였던 바 무제는 운양현의 감천궁에 모셨다. 그 금인을 불상이라하여 이를 계기로 불교가 중국에 유통하기 시작한 그 시초라고 보는 설도 있다(《魏書》釋老志). 흉노의 제천의식은 그대로 부여나 고구려에 전하여졌지만 흉노가 모셨던 천신이 불상이었다고 하는 설을 중국에서 일어났던 사실들과 비교해 생각한다면, 이 같은 의식을 받아 들인 정신적인 토양이 불교의 전래를 가능케 한 것이라고 말할 수 있을 것이다.

국도의 제천의식과 함께 각 마을에서 열렸던 '蘇塗[8]'가 있었다. 이 의식을 열기 위해서는 성역을 만들어 두지 않으면 아니되었다. 성역의 중심에는 큰 나무를 세워 그 나무마다 방울이나 북을 걸어 귀신을 모셨다. 방울이나 북을 치고 음악을 연주하며 무당춤이 베풀어졌다.

소도란 솟대(立木) 라고도 하며 또 거기에 제사 지내는 것을 말한다. 이 솟대를 마을 입구나 다른 마을과의 경계에 세워 소도가 마을을 지키는 수호신의 역할을 하였다. 이런 이유에서 다른 마을의 범죄자가 이 소도의 성역안으로 도망치면 체포할 수도 없었으며 도둑은 결국 다른 마을 소도 안에서 밖으로 나올 수 없었다고 한다.

《삼국지》의《魏書》의 편자는 이 소도는 부도와 유사하다고 했다.'부도'란 중국 후한대에서 삼국·동진대에 이르러서는 불탑을 가리키는 것으로서 훌륭한 불탑을 말하는 것이 아니라 원시적인 率堵婆(불사리탑)의 찰주를 가리켰던 것이다. 이 찰주와 흡사한 소도가 마한에 있었다고 하는 것은 불교의 전래를 생각케 하는 중요한 것이다. 물론 소도는 불교와는 아무런 관계가 없지만 《삼국지》를 찬술한 晋의 陳壽는 중국에 이미 유통되었던 불교의 지식에 의해 이것을 부도와 닮은 것이라고 판단한 것이다. 이와 같이 고대 조선에서 행했던 수확의 감사제나 제천의식, 소도제 등은 종교로서는 샤머니즘이지만, 오곡의 신이나 천인 등을 숭배하는 고대조선의 관습이나 원시종교에서 불교를 자연스럽게 저항없이 받아 들인 정신적 토양이 조성되어 있었다고 볼 수 있을 것이다. 특히 곡신숭배[9]라든가 고려시대의 불교법회인 팔관재회나, 지금

---

8) 孫晋泰, 〈蘇塗考〉《朝鮮民族文化의 硏究》乙酉文化社, 1948.

9) 三品彰英, 〈朝鮮における佛敎と民族信仰 —— 佛敎の受容形態その一〉《佛敎史學》 제4권 제1號, 1952年.
申賢淑, 〈韓國における佛敎受容と民族信仰その— 佛敎と穀靈問題〉《印度學佛敎學硏究》 제25권 제2號, 1977년 3월.

의 '백중불공'(百種佛供)은 일반적으로 음력 7월 15일에 '施餓鬼會'와 혼융되어 그 명맥을 이어 온 것을 생각한다면, 곡신신앙이나, 巫覡이라 할 수 있는 샤머니즘이나 또는 풍수신앙·卜筮(龜甲과 筮竹으로 보는 점)·신선사상 등이 복잡하게 얽켜져 있는 토양이 지닌 의의는 대단한 것이라고 할 것이다.

고구려의 전래

《삼국사기》 권18 고구려본기에 고구려의 불교전래설[10]에 대하여 소수림왕 2년(372) 여름 6월, 秦王符堅이 사신과 함께 승려 順道를 파견하여 불상과 經文을 보내었다. 이에 왕은 신하를 파견하여 감사의 뜻을 전하고 부견에게 조공했다.

그 2년 뒤인 동 4년에 승려 阿道가 왔다고 기록되어 있다. 아도는 다음 해 봄 2월에 肖門寺(省門寺)를 지어 거기에 머물고, 順道는 伊弗蘭寺를 지어 그 곳에 머물었다. 이것이 한국불교의 시작이라 일컫는다.

최초에 온 순도에 관해서는 전혀 기록이 없어 알 수 없다. 아도에 관해서도 晋에서 왔다고 하는 설(《유사》 권3 所引의 고려본기), 吳에서 왔다고 하는 설(《僧傳》 권1), 고구려에서 魏에 들어갔다가 다시 훗날 신라에 돌아왔다고 하는 설(《僧傳》 권1) 등 다양한 전설이 있어 결국 분명치 않다. 더우기 고구려에 처음 세웠던 省門寺는 省門을 절로 만들었다(《僧傳》 인용 〈記〉)고 하여 훗날 '興國寺'라 했으며, 伊弗蘭寺는 훗날 '興福寺'라고 했다.

화북불교가 유입된 공적 기록은 372년이지만, 이보다 이전에 이미 민간 경로를 통해서 고구려 사람과 중국불교와의 접촉이 있었다. 예를 들면 東晋의 支遁(314~366)이 고구려 道人에게 보내기 위해 쓴 편지에는 명승 竺法深의 덕행을 찬탄하고 있다. 支遁은 강남에서 활약했던 인물이므로 고구려의 도

10) 拙稿, 〈高句麗佛教の開教者 —— 白足和尙曇始〉 文山金三龍博士華甲紀念《韓國文化와 圓佛教思想》 圓光大學校出版局, 1985.
木村宣彰, 〈曇始と高句麗佛教〉 《佛教學セミナ—》 31號, 1930년 5월.
安啓賢, 〈高句麗佛教의 展開〉 《韓國思想》 제7집, 1964.

인도 먼 남쪽의 강남지방으로 유학했던 것은 아닐까? 아도가 동진에서 왔다고 하는 전설도 고구려와 강남과의 교통이 개통되어 있었음을 증명하고 있다. 그렇다고는 해도 지둔이 고구려에서 온 도인과 교섭을 한 것은 그의 몰년인 366년 이전이 아니면 안된다. 이렇게 생각해 보면 公的 기록의 372년 이전에 어미 고구려 사람은 불교를 알고 있었던 것이다.

그런데 순도가 처음 고구려에 가지고 온 불교는 어떤 내용일까? 당시 黃河 유역에는 五胡 16國의 흥망이 있었다. 後趙王 石勒·石虎의 존경을 받고 있던 佛圖澄은 이미 죽고, 秦王 부견은 그의 제자 太山僧朗을 존경했다. 부견은 또, 襄陽을 정략해서 후세에 중국불교의 기초를 다졌던 釋道安을 얻었다. 그러나 372년의 시점에서는 도안은 아직 부견이 있는 장안에는 오지 않았다. 또한 구마라습 kumārajiva이 장안에 온 것은 401년이므로 물론 그가 번역한 대승불교의 경전도 존재하지 않았다. 따라서 그 이전 竺法護 Dharmarakṣa에 의해 번역된 대승경전이나, 불도징이 가져온 주술불교·계율·禪觀 등이 순도와 함께 고구려에도 들어 왔을지도 모른다.

여기서 주의 깊게 보아야 할 것은《海東高僧傳》권1 順道條에 "順道는 東晋으로부터 와서 처음으로 불법을 전했다"고 하는 설이다. 동진에서 온 것인지, 後秦에서 온 것인지 분명한 것은 아니라고 한다. 이 같은 사건을 생각한다면, 일부는 東晋 강남의 불교가 흘러온 것이 된다. 따라서 고구려 불교의 전래를 생각할 때, 화북과 강남불교의 두 가지가 전래되었음을 염두에 둘 필요가 있다.

다음 고구려 개교에 중요한 역할을 한 사람은 白足和尙 曇始이다. 그는 동진 효무제의 太元 21년(396), 경율 수십부를 가지고 요동에 와서 교화한 다음 三歸戒를 주고 義熙 원년(405)에 다시 장안으로 돌아 갔다(《梁傳》 권10.《僧傳》). 봉불자였던 後秦 姚興의 시대였으므로 화북불교가 曇始에 의해 고구려에 전파된 것은 확실한 것이라 하겠다.

江南불교의 백제전래

중국 江南불교는 삼국시대, 吳가 도읍을 建康에 정한 다음 점차 발달하여 동진을 지나 南朝의 梁에 와서는 더욱 성해졌다. 양무제는 '釋敎에 빠진자'라고 비판 받을 만큼 숭불의 天子였다. 수도 건강에는 同泰寺·大莊寺 등의 대사찰이 줄지어 있었고 많은 법회가 열렸다. 이 강남불교가 백제에 전래된 것이다.

枕流王 원년(384) 7월, 백제는 동진에 사신을 보내어 조공하고 이어 9월에는 摩羅難陀가 동진에서 왔다. 인도의 승려이거나 중앙아시아 출신이라고 생각되는 그를 백제왕은 궁중으로 맞아 들여 예를 다하여 공경한 것이 백제불교의 시작이다. 다음 해 봄 2월에는 佛寺를 漢山(경기도)에 창건하고 승려 10인을 만들었다. 《해동고승전》 권1에는 마라난타는 천축(인도)에서 중국으로 들어와 다시 백제에 왔다고 한다. 아마도 남해경유로써 건강에 왔을 것이라 생각된다. 당시 동진은 효무제(373~396재위. 이하 본서에서는 왕은 재위년간으로 표시한다.)의 시대로서 동진의 모든 제왕 중 가장 불교를 신봉한 제왕으로서 유명하다. 《晋書》에는 "(太元)6년 봄 정월, 제왕은 불법을 처음으로 신봉하고, 精舍를 殿內에 세워 모든 사문을 인도하여 이들로 하여금 살게 했다"(권9 帝紀제9)라고 있다. 효무제는 또 大月氏國의 출신으로 吳의 虎丘山에 있던 支曇籥을 칙명으로 도읍에 초빙하고 建初寺에 머물게 했다. 唐 法琳撰 《辯正論》 권3 十代奉佛편에서는 효무제의 숭불행위를 "마음으로 法을 받드는데 정성을 다하고 생각은 冥符에 두도다. 師子國의 왕, 그 道를 마음에 간직함을 기뻐하였다. 그러므로 사문 曇摩撮을 보내어 멀리 玉像을 봉송하여 이로써 丹情을 표하였다. 義解의 승려를 불러 皇泰寺를 짓고 이에 舊第(옛집)를 회사하여 本起寺라 하였다"라고 기록하고 있다. 사자국(스리랑카)의 왕이 담마촬을 파견하고 玉像을 증정했다면 그도 또한 무역선을 타고 동진의 도읍으로 들어온 것은 아닐까? 백제는 침류왕 원년(384) 7월에 晋에 조공했다고 하니 아마도 귀국길에 조공사절단과 함께 온 것이라 생각된다.

그러나 백제불교의 전래시기를 논함에 있어서는 무시해서는 안될 하나의 자료가 있다. 그것은《日本書紀》권22 推古天皇 31년(623) 4월 戊申條에 백제승 觀勒의 上表文 내용에 "대저 불법이 서역에서 漢에 이르러 3백년을 지나 곧바로 이를 전하였고, 백제국에 이르기 까지는 겨우 100년이 걸렸다"라고 하는 기사가 보인다. 불교가 백제에 전파되고서 백년이 지났다고 한다면 523년 경으로 크게 하대로 내려간다. 중국에 전파된지 3백년이라면 223년 경이 된다. 230년에는 후한이 멸망하고 삼국시대가 되는 것이다. 이 해에 支謙은 吳에 와서 역경활동에 종사한다. 224년에는 維祇難 등이 인도에서 武昌으로 와《法句經》을 번역하고, 건강을 중심으로 강남불교가 시작된 시기였다. 아마도 觀勒은 백제불교가 강남에서 전래되었다는 소식을 알고 강남불교가 시작된 해를 인도에서 漢地에 불교가 흘러 들어온 시점으로 생각했던 것은 아닐까. 또, 백제에 불교가 들어온 시점에서 백년이라고 하는 것은 聖明王(백제) 시대에 불교가 국가적으로 공인된 시점에서 헤아린 것은 아닐까 여겨진다. 실제로 백제에 들어 온 시기는 동진과 백제와의 교류면에서 생각한다 하여도 아마도 4세기였을 것으로 생각된다.

신라불교의 전래전설

고구려와 백제에 이어 최후에 불교가 전래된 것은 신라이다. 신라불교의 전래에 관해서는 학자들의 상세한 연구[11]가 있다. 그것에 따르면 신라불교의 전래전설은 4가지가 있다.

(1) 우선《삼국사기》의 설이다.《삼국사기》권4 신라본기, 법흥왕 15년(528)조의 '肇行佛法'에 신라불교의 초전에서 공인까지의 경과가 3단으로 나

---

11) 末松保和,〈新羅佛敎傳來傳說考〉《新羅史の諸問題》東洋文庫, 1954년.
丁仲煥,〈新羅의 佛敎傳來와 그 現世思想〉趙明基博士華甲記念《佛敎史學論叢》1965년.
李基白,〈三國時代佛敎傳來와 그 社會的 性格〉《歷史學報》제6집, 1954년.
江田俊雄,〈新羅佛敎受容に關する諸問題〉《文化》제1권 제8호, 1935년.
松林弘之,〈朝鮮三國鼎立時代の佛敎〉《佛敎史學》제14권 제1호, 1968・9년.

누어 서술되어 있다.

제1단에서 초전은 訥祇王(417~457) 때, 사문 墨胡子가 왔다고 한다. 묵호자가 고구려에서 一善郡(善山)에 왔을 때, 郡人 중에 '毛禮'라고 하는 자가 집안에 굴실을 만들어 그를 살게 했다. 그 때 마침 梁나라에서 사신을 보내어 왕에게 衣物과 향을 헌상했다. 군신은 향의 이름과 사용법을 몰라 묻고 다니던 중 묵호자가 그 이름을 가르쳐 주면서 "이것을 태우면 꽃다운 향기가 높이 휘날리며 정성으로 神聖에게 통할 수가 있다. 신성으로서는 삼보에 더할 것은 없다. 삼보란, 첫째는 불타(佛), 둘째는 달마(法), 셋째는 승가(僧)이다. 만약 향을 태워 발원한다면 반드시 영험이 있을 것이다"라고 말했다. 이 때 왕녀가 병이 들어 위급한 상태이므로 그는 향을 태워 서원케 하였더니 쾌유되었다. 왕은 대단히 기뻐서 예물을 하사하였다. 묵호자는 받은 물건들을 모례에게 주고 떠났는데 그 이후로의 행방은 알 수 없었다고 한다.

제2단의 설은 毘處王(炤知王 479~499) 때에, '阿道'(我道)라는 화상이 시자 3인을 데리고 모례의 집에 왔다. 그의 용모는 묵호자와 흡사했다. 머무르기를 수년, 병 없이 죽었다. 시자 3인은 그대로 체류하면서 경율을 강독하니 때때로 신봉자가 있었다. 이 설은 눌지왕대를 20여 년이나 지난 뒤의 일로서 아마 잘못된 전설 같다. 아도라고 하는 이름은 고구려에 들어온 전교자와 같은 이름으로서 120년 전에 고구려에 들어온 아도가 다시 신라에 왔다고 생각하기란 매우 어렵다. 그러므로 이는 다른 사람이라고 추측된다.

제3단은, 불교를 일으킨 이차돈의 순교를 말한다. 법흥왕 때에 이르러 군신들이 봉불을 반대하는 가운데 근신 이차돈은 자신의 목을 베어 衆議를 결정토록 자청했다. 왕은 "나는 불법을 일으키고자 하는데 아무런 잘못이 없는 자를 죽일 수는 없다"라고 말한즉, 이차돈은 "불법이 일어난다면 신(臣)은 죽어도 애석함이 없읍니다"라고 대답했다. 왕은 군신들을 모아 불교공인의 가부를 하문한즉, 군신들은 "오늘날의 승려들은 머리를 깎고 이상한 모양의 의복을 입고 있으며 그들의 말은 괴상하여 보통의 道가 아닙니다. 지금 만약 그냥 방치해 두면 아마도 후회가 따를 것입니다. 신들은 어떤 중벌을 받는다

해도 왕의 어명에는 따를 수 없읍니다"라고 아뢰었다. 그러나 이차돈 만은 "평범한 인물이 아니므로 비로소 좋지 못한 사건이 일어나는 것입니다. 불교의 가르침은 심오한 것이라고 듣고 있읍니다. 반드시 신봉치 않을 수는 없겠지요"라고 대답했다. 왕은 많은 사람들의 말을 물리칠 수 없었다. "너는 홀로 다름을 주장하지만 지금 양론을 모두 따를 수는 없다"라고 말하고 결국 그를 형리에 내려 목을 베려고 했다. 이차돈은 죽음에 임하여 "나는 불법을 위해 형을 받는 것이다. 부처님께서 영험이 있다면 내가 죽은 뒤에 반드시 이변이 일어날 것이다"라고 말했다. 이차돈의 목이 떨어지자 흘러내린 피는 白乳와 같이 희고, 뿐만 아니라 목은 날아서 금강산정에 떨어지고 하늘은 빛을 잃고 땅은 진동하였다. 대중은 이를 괴이하게 여겨 두 번 다시 불사를 반대하는 자가 없었다고 한다.

《삼국사기》肇行佛法의 설은 이상 말한 바와 같이 3단계로 나누어져 발전적으로 형성된 것이지만, 同書를 편찬하는 시점(1145년경)에서 여러가지 이설이 있었던 것같다. 이 같은 전설을 기술한 다음 割註로서 이 기사는 金大問의 《鷄林雜傳》의 기록에 따른 것이며, 韓奈麻의 金用行이 찬술한 〈我道和尙碑〉의 기사와는 서로 다른 것이라고 했다.

(2) 다음의 전래전설은 《삼국유사》 권3 阿道基羅조에 인용된 〈我道本碑〉의 설이다. 이것이 《삼국사기》에서 이설로서 기술한 김용행의 〈아도화상비〉의 내용인지 어떤지는 분명치 않지만, 그 내용을 간단히 서술하겠다.

아도는 고구려 사람으로서 미추왕 2년(263), 鷄林에 와서 불법을 시행할 것을 청하였지만 허용받지 못하고 결국 죽이려고 하므로 續林(一善縣) 毛祿(毛禮)의 집으로 숨었다. 여기에 은신하기를 3년, 成國公主의 병을 고쳐 왕은 기뻐하여, 佛寺를 天鏡林에 창건할 것을 허락하였다. 이것이 興輪寺이고, 다시 三川岐에 永興寺를 세웠다. 이 〈我道本碑〉는 〈鷄林雜傳〉의 전설보다 진화된 형태로서 나타나고 있다.

(3) 제3은 《해동고승전》 권1 아도조에 인용된 〈古記〉의 설이다. 여기에 따르면, 아도는 梁 大通 원년(527) 3월 11일에 一善郡에 와서 신자 毛禮의 집

에 도착했다. 다시 말하면 아도가 죽음을 모면한 일이라든가, 香의 지식이 있었다고 하는 일, 우연히 吳의 사신이 향을 헌상했다고 하는 것 등에서 불법의 윤허가 있었다고 기록하고 있다. 이 전설에서는 아도 이전에 고구려승 正方과 滅垢玼란 자가 신라에 왔다고 하는 것이 밝혀져 있다.

(4) 제4는 같은 《해동고승전》 권1 아도조에 인용된 〈高得相詩史〉의 설이다. 梁은 사신 元表를 신라에 보내어 沈檀·經像을 보냈지만 사용법을 몰라 아도에게 가르침을 받았다. 아도는 두번이나 참변을 당하고 모례의 집에 숨었다고 한다. 이 전설의 특이점은 양의 원표가 신라에 왔다고 하는 것이다.

이상 4가지의 전래설을 정리한다면, 신라에 있어서 불교전래는, (2)의 설에서는 263년에 이미 아도가 왔다고 하는 등, 상당히 이전부터 비공식적으로 불교가 들어와 있었다고 여겨진다. 이 제2의 설 가운데에 "前佛의 시대에 伽藍의 墟"라고 한 것은 그 이전에 불교가 전래되어 가람을 세웠던 일을 암시하는 말이다. 이것은 한낱 전설로서 부정할 것만은 아니며, 옛 삼국시대에는 私的으로 佛寺의 창건이 가능했는지도 모른다.

또한 눌지왕대 불교 전래설이 발생된 연대와 이 왕의 시대에 무엇이 있었는 가를 추정할 수 있다. 이와 같이 私的인 전래가 거듭되는 가운데 결국 法興王 14년 (527), 즉 (3)의 설에서 말하는 梁大通 원년에 신라불교의 국가적 승인이 시행되었다. 이것에 즈음하여 모든 전설이 명시하는 것과 같이 梁의 사신들의 영향을 무시할 수는 없을 것이다. 梁에서 대량으로 불상과 경전이 들어옴과 동시에 寺塔을 만드는 工人도 백제를 통해 들어온 사실들을 추정할 수 있다. 527년이란 해는 신라가 公的으로 불교의 포교를 허락함과 동시에 불교의 이데올로기를 국가적 규모로 이용하려고한 시작이었다고 볼 수 있다.

2. 고구려의 불교

불교의 유입

372년 6월 고구려의 불교전래를 전후하여 중국의 문화와 제도가 급속도로 들어오는 시기였다. 같은 해에는 太學이 건립되고 다음 해는 최초로 律令이 공포되었다. 불교를 받아들인 소수림왕의 아우인 故國壤王은 9년(392) 3월, 칙령을 내리고 불교를 숭신하여 복을 구하라고 하였다. 또 有司에 명하여 國社를 세워 종묘를 수리케 하였다. 다음의 광개토왕 3년(394) 8월에는 평양에 9寺를 창건했다. 당시 백제와의 사이에는 격렬한 전투가 전개되고 있었다.

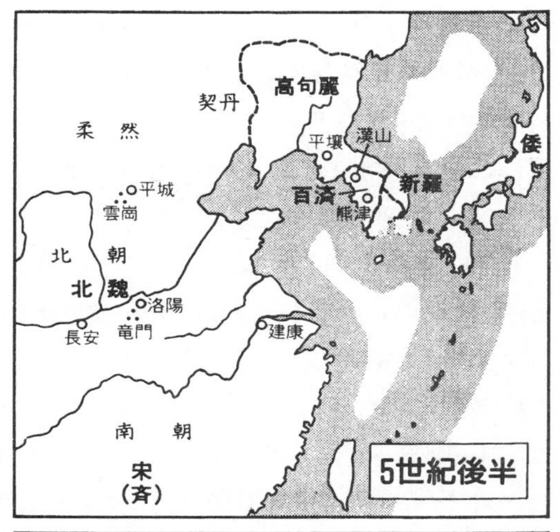

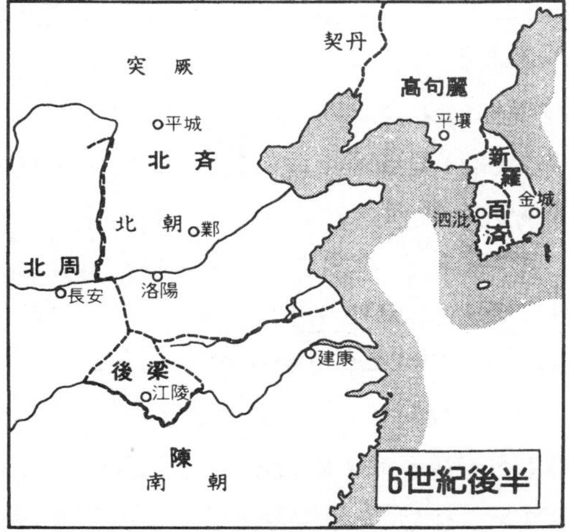

《삼국사기》 권18 고구려본기 제6에 보면, 5세기 후반의 고구려는 종종 北魏에 사신을 보내어 조공하는 것 뿐만 아니라 때로는 南朝의 齊에도 사신을 보냈다. 494년 북위가 平城에서 낙양으로 도읍을 옮김에 따라 당연히 고구려 사신은 낙양으로 가게 되었다. 그곳에서 이미 개착사업이 시작된 龍門石窟寺를 보았을 것으로 생각되며 평성의 雲崗石窟寺와 함께 북위의 융성했던 불교문화의 정보가 고구려에 전파되었던 것으로 여겨진다.

또 文咨王(492~518) 21년(511)과 25년에는 남조의 양에도 사신을 보내어 조공했다. 建康의 찬란한 불교문화를 사신은 보았을 것이다. 陽原王 6년(550)

에는 北齊에 조공하고 북제는 양원왕을 '遼東郡開國公高句麗王'으로 봉했다. 당시 북제의 도읍은鄴都였고 文宣帝의 치세였다. 그 당시의 불교는 가장 왕성하여 도읍에는 국립 대사원인 天平寺가 건립되고 많은 명승들이 강의를 했고 또 大莊嚴寺도 건립되었다. 이 같은 화려한 경관을 귀국한 사신은 틀림없이 보고했을 것이다.

북제의 불교와 고구려 불교와의 교류에 관한 것은 《續高僧傳》 권8 〈法上傳〉에 다음과 같은 기사가 있다(《僧傳》 義淵傳에도 같은 내용이 있다). "고구려의 大丞相, 王高德이 불교를 존숭하여 해동의 나라에 불교를 좀 더 유포하기 위해 義淵을 鄴으로 파견했다. 그가 法上을 배알하고 중국에 불교가 들어온 연대와 황제의 이름, 북제와 陳에 傳告한 사람, 《十地經》·《大智度論》을 전한 사람 등에 관한 질문을 하였던 바, 法上은 석존의 입멸에서 북제 武平 7년(574)까지는 이미 1465년이 지났고 또한 후한의 明帝 永平 10년(67)에 불교가 중국에 전래되었던 사실들을 대답하였다" 한다. 북제 문선제의 시대는 고구려 양원왕(545~558)의 치세였다. 《三國史記》에 의하면 6년(550) 6월과 7년 5월, 그리고 11년(555) 11월에 사신을 북제에 보내어 조공하였으므로 고구려 승려들도 이 사신들과 동행했을 것이다.

고구려 불교[12]가 어떤 상태였나 하는 것은 알려져 있지 않다. 그러나 말년에는 불교·유교와 함께 도교가 당에서 전래되어 성행했던 것같다. 《三國遺事》 권3 所引의 〈高(句)麗本記〉에 따르면 고구려 말 榮留王·보장왕 시대에는 사람들이 다투어 도교의 일파였던 五斗米道의 가르침을 받았다고 한다. 이 같은 사실을 들은 唐 高祖는 도사로 하여금 천존상을 가져가게 했다. 이 때 왔던 도사가 《老子道德經》을 강론한 것은 영류왕 7년(624)으로 다음 해 왕은 사신을 당에 파견하고 불교와 도교를 배워 왔다. 이에 이어 보장왕(642~668) 2년 3월 왕은 3敎를 모두 흥륭케 하고 그 중 도교가 충분치 못하므로 국서를 당에 보내어 도교의 전래를 요청했다. 태종은 도사 叔達 등 8인을 고구려에 파견하면서 또 다시 《노자도덕경》을 보냈다. 왕은 이들 도사를 僧寺에 머물게

12) 金東華, 〈高句麗時代의 佛敎思想〉 《亞細亞硏究》제2권 1호, 1958년.

했다(《史記》 권21 〈高句麗本紀〉 제9).

원시도교인 五斗米道가 고구려에 들어온 것은 그 이전이었고, 신자들도 있었지만, 교학이 조직화된 도교의 전래를 두 왕이 원했던 것으로 생각된다. 그 때 盤龍寺에 살고 있던 普德은 도교가 홍하면 國祚가 위험해 질 것을 우려하여 왕에게 간하였지만, 용납되지 않아 신통력으로 방장실(승려의 거실)을 날려 남쪽 完山州(지금全州)의 孤大山으로 옮겨 갔다고 한다.

기복을 위한 기도불교로서 받아 들여 국민의 정신통일에 크나큰 역할을 한 고구려 불교도 말기가 되면서 차츰 배불정책이 일어났고 재차 당에서 도교가 들어오자 백성들은 다투어 五斗米道를 신봉하기에 이르렀다. 결국 불교는 쇠약해졌고 훌륭한 불교 승려들은 일본이나 신라로 망명하기에 이르렀다.

외국으로 건너간 고구려승

6세기 말에서 7세기 초엽에 걸쳐 고구려 승려들은 구법을 위해 隋나 唐으로 유학을 하는 자가 있었다. 僧朗[13]은 요동 사람으로 북지에서 삼론을 배우고 이어 강남으로 가서 鐘山草堂寺에 머물면서 隱士周顒에게 사사하였다. 양무제는 승랑의 법을 듣고 僧正智寂 등 10인으로 하여금 삼론을 배우게 했다. 승랑은 '攝山高麗朗大師'로 호칭했다(《大乘玄論》 권1 《二諦義》 卷下).

天台山 波若은 陳代, 江南의 도읍 金陵에 도착하고 다시 天台智顗에게 사사하여 천대산 국청사에서 죽었다(《唐傳》 권17 智越傳). 그는 훌륭한 사람으로 스승이 개오한 화정봉에 머물기를 16년, 入山行을 성취했다.

삼론을 배운 사람으로 實公과 印師 2인이 있다. 法敏은 23세에 고구려 實公으로부터 대승경론을 청강했다. 實公이 죽은 뒤에 印師는 蜀으로 가서 강론했다. 實公·印師도 삼론학이나 대승교학에 능통한 승려였다. 고구려 印師가 왜 고국으로 돌아가지 않고 멀리 떨어진 사천땅에 간 것인지 그 이유에 관

13) 金芿石, 〈僧朗을 相承한 中國 三論宗의 眞理性〉 《佛教學報》 제1집, 1963년. 平井俊榮, 〈三論學派の源流系譜〉 《東方學》 제28집, 1964.

해서는 알 수 없다.

陳의 시대에는 고구려승 智晃이 說一切有部에 능통하여 독보적인 영웅으로서 활약했다. 《섭대승론》을 북지에 전했던 유명한 曇遷이 건강에 체재하는 동안 그와 교류를 맺었다(《唐傳》 권18 曇遷傳).

이와 같이 중국 《高僧傳》에 단편적으로 기술되어 있는 기사에 의해서도 고구려 출신의 승려가 중국에서 禪觀의 실습자로서, 혹은 교학에 조예를 가진 자로서 활약했던 것을 알 수 있다. 중국에서의 활약 뿐만 아니라 일본에 건너와서 일본불교의 개창기에 많은 자취를 남긴 고구려 승려가 많았다.

고구려 승려로서 최초에 일본으로 온 사람은 慧便이다. 일본에 와서 민간에 묻혀 살다가 죽었으며 敏達天皇 13년(584) 秋 9월에는 백제 사신 鹿深이 미륵석상을 가지고 왔다. 蘇我馬子는 정사를 石川집의 근처에 세우고 그 석상을 안치하였지만 분향하여 부처님을 모실 사람이 없었다. 梁人 司馬達 등이 사방으로 사문을 구하던 중 播州에 살고 있던 慧便을 만나 精舍로 모셨다. 사마달의 娘, 善信과 禪藏·慧善은 慧便으로부터 계를 받고 비구니가 되었다(《書紀》 권20 《本朝高僧傳》 권67).

慧慈는 推古天皇 3년(595)5월, 일본으로 건너와 황태자 豊聰의 스승이 되었다. 백제의 승려 慧聰과 함께 불교를 펴고 삼보의 동량이 되었다. 596년 10월, 法興寺가 완성됨에 칙명에 따라 이 절에 머물었다. 동왕 10년(602)에는 고구려에서 僧隆·雲聰 등 2인의 승려가 건너 왔다. 23년(615), 慧慈는 고구려에 돌아 왔다.

그 이외에도 추고천황 18년(610) 3월에는 曇徵이 건너갔다. 그는 외학과 五經에 밝았고, 또, 伎藝·碾磑(맷돌)·彩畵의 거장이었다. 일본에는 그 당시만 해도 아직 繪畵가 없었으므로 사람들은 그를 스승으로 삼아 배웠다. 담징은 승려로서 훌륭한 공예기술자이기도 하여, 이와 같은 예술을 일본에 수출하는데는 불교 승려들이 큰 역할을 했던 것이다.

推古朝에 고구려 승려로서 가장 큰 영향을 끼친 사람은 慧灌이다. 일본 삼론종의 시조로서 존경을 받았던 그는 33년(625) 1월에 건너와서 칙명에 따라 원홍사에 머물었다. 그 해 여름 크게 가물어 왕명을 받고 기우제를 행하여 큰 비가 내림에 승정으로 임명되었다. 삼론종의 대성자 唐 吉藏에게 사사하여 삼론을 배워 다시 일본에 전하고 후일 河內志紀郡에 井上寺를 세워 삼론을 강의하였으며 그 문하에는 福亮·智藏·道登·慧雲·靈雲·慧妙·常安·慧僕·智圓·慧師 등이 있었다고 한다.

일본승 慧師는 고구려에서 구법수학하고 다시 중국으로 들어가 길장에게 삼론종을 배웠다. 일본으로 돌아와서는 원홍사에 머물면서 白鳳 2년(673)에는 천무제의 칙명에 따라 智圓·慧隣 등과 함께 승정에 올랐다. 홍복사의 사문 行善도 고구려에 머물면서 불교를 배워 元正帝 養老 2년(718)에 돌아 갔다.

3. 백제의 불교

流入과 傳播

고구려보다 12년 뒤늦은 384년 마라난타가 전한 불교는 백제의 왕실에서 영접하였다. 아신왕 원년(392) 2월에는 "불법을 숭신해서 복을 구하라" (《遺事》 권3)는 조칙이 내렸으며 민중에게 불교의 신봉을 권유했다. 아신왕은 침류왕의 아들로서 그 영향을 받아 불교에 흥미를 보였다.

392년의 이 기록에서 聖王 4년(526)에 이르도록 100년 이상의 기간 동안, 백제 불교의 기사는 아무것도 보이지 않는다. 그러는 동안 백제와 고구려 사이에는 전란이 계속되어 475년에는 고구려 대군에 의해 도읍지였던 漢城이 무너져, 도읍을 먼 남쪽 웅진(지금의 공주)으로 옮겼다. 이 때 고구려 장수왕은 불교승려를 첩보원으로 이용하여 책략을 세워 백제의 개로왕을 속였다. 명을 받은 승려 道林은 개로왕에게 접근하여 왕성의 수리나 궁전의 조영 등을 진언하여 국고를 고갈케 했다. 불교승려가 군사모략의 역할을 한 예가 여기에 나타나고 있다(《史記》 권25).

성왕 4년 사문 겸익이 《五分律》의 범본을 가져오기 위해 인도 구법의 길에서 돌아와 이를 번역했다. 그 때에 인도 승려 倍達多三藏이 동행했다. 또 曇旭·惠仁이 律疏 36권을 저작하였다(〈彌勒佛光寺事蹟〉). 이것이 백제 율종의 시작이다. 겸익이 중인도 常伽那寺에 율전을 구하기 위해 여행을 떠났을 때는 이미 남해항로가 발달되어 있었고, 백제에는 강남의 불교 뿐만 아니라 인도불교가 직접 들어 왔다고 하는 것을 밝히고 있는 것이다.

성왕 19년(541), 왕은 사신을 梁으로 파견하여 조공하고, 아울러 毛詩博士, 열반 등의 경의 및 工匠·畵師 등을 요청한즉 梁에서 이를 허락했다(《史記》 권26). 당시 梁에서는 《열반경》에 관한 연구가 집대성되고 있어(《涅槃經集解》 등), 아마도 이 같은 종류의 책을 백제에 보낸 것이라 하겠다. 그것은 梁의 불교 문화에 섭취되어 백제에서 대규모의 사원건축이 일어 날 수 있었던 준비가 갖추어졌다고 하겠다.

法王 원년(599) 12월 왕은 칙명을 내려 살생을 금했다. 민가에서 기르던 매와 꿩 등을 방생하고 고기잡는 도구를 불태웠다. 이는 불교의 '불살생계'를 실시한 것으로 중국 북제의 제황들이 실시했던 것을 그대로 받아 들였던 것이라고 생각된다.

다음 해 정월, 왕은 왕홍사를 창건하고 승려 30명을 득도케 했다. 가뭄이 계속되어 왕은 漆岳寺에 행차하시어 기우제를 지냈다. 5월 왕이 승하함에 시호를 '法王'이라 칭한 것은 불법을 깊게 신봉했음을 말한 것이라 하겠다(《史記》 권27). 이 왕홍사는 무왕 35년(634) 2월에 완성했다. 江水(금강의 支流)에 접한 장려한 가람으로서 신라 황룡사와 대등한 백제의 국립 대사원이었다. 왕은 항상 배를 타고 사원으로 행차하여 분향하였다고 전하며, 그 사지는 부여군 규암면 신구리에 있다.

백제도 멸망의 시기에 가까운 의자왕(641~661)대에 이르러서는 사원을 둘러싸고 이상한 사건들이 속출되었다. 15년(655) 5월에 赤馬가 北岳의 烏含寺(烏會寺)에 들어가 울부 짖으면서 여러차례 돌다 죽었다고 한다. 또 20년 5월에는 폭풍우가 불어 천왕사와 도양사의 사탑 및 백석사의 강당에 낙뢰하였다 한다. 다음 해 6월에는 왕홍사의 승려들이 범선과 같은 것이 大水를 타고 사원으로 들어 가는 것을 보았다고 한다. 국가를 진호하고 재앙을 제거하는 것을 목적으로 세웠던 불사에 이변이 일어나 백제 멸망의 징조를 알렸던 것이다.

일본으로 건너간 백제승

중국에서 전래된 불교는 백제에서 발달을 거듭하여 드디어 일본으로 건너갔다.[14] 백제에서 건너온 사람들에 의해 불교는 빠른 속도로 민간층에 전파되었다고 여겨지지만 문헌이나 자료상으로는 538년, 또는 552년이라고 기록되어 있다. 《日本書紀》(권19)에 따르면 欽明天皇 13년 백제 성명왕이 사자를 보내어 금강석가상·번개·경론 등을 헌상했다고 한다. 《上宮聖德法王帝說》에 의하면 538년이라고 한다.

15년 曇慧가 9인의 사문과 함께 일본으로 갔다고 하지만 이 때 백제 승려인 道深 등 7인의 승려도 일본에 갔다. 담혜 등은 새로 세운 정사에 머물게 되어 사문으로서는 일본의 시초라고 기록되어 있지만 어떤 불교를 전한 것인지는 밝혀지지 않았다. 담혜는 도심과 같은 삼론·成實學者였을까?

또 敏達天皇 6년(577)에는 經論·禪師 등 수 십인을 보냈는데 이들은 難派의 大別王寺에 머물었다고 한다(《書紀》 권20). 동 12년(583)에는 사문 日羅가 제황의 요청에 따라 건너 갔다. 성덕태자는 일라를 가리켜 '神人'이라하여 경례하고, 무릎을 굽혀 재배하여 구세관세음의 재래로서 존경했다. 일라는 뒤에 攝州劔尾山을 개산하지만, 신라 사람들에게 암살되었다고 한다. 당시 백제 승려들은 유명 무명에 관계없이 황산광야를 개척하여 불법의 싹을 일본

---

14) 黃壽永·田村丹圓, 《百濟文化と飛鳥文化》 吉川弘文館, 1978.
田村圓澄, 〈日本の佛教傳來〉《古代朝鮮佛教と日本佛教》 古川弘文館, 1980.
金煐泰, 《百濟佛教思想硏究》 東國大學校出版部, 1985.
金煐泰, 〈善光寺 緣起를 통해 본 百濟의 請觀音經信仰과 그 日本傳授 —— 百濟佛教의 日本傳授考 I〉《佛教學報》 제19집, 1982.
金東華, 〈百濟佛教의 日本傳授〉《百濟硏究》 제2집, 忠南大學校 百濟硏究所, 1971.

에 부식시키기 위해 꾸준히 노력했다.

용명천황 2년(587), 백제 사문 豊國은 皇弟穴穗部皇子의 초청으로 설법했다. 鞍部多須那는 황제를 위해 시주를 받아 坂田寺를 건립하고 백제의 佛師에게 명하여 丈六불상을 만들어 병환의 쾌차를 빌었지만 4월 9일 결국 죽었다(《書紀》 권21). 그 뒤에는 성덕태자 등과 같은 봉불파는 배불파를 멸망시키고 사천왕사를 세워 풍국을 청해서 落慶會의 供養導師로서 모시고 뒤에 주지로 삼았다.

崇峻天皇 6년(588)에는 사문 慧聰이 건너와 불사리를 바쳤다. 이 때 聆照·令威·惠衆·惠宿·道嚴·令開 등 사문과 함께 寺匠의 太良未太·文賈古子의 두 사람 및 鑪盤博士, 瓦博士, 畵師인 白加 등도 함께 왔다(同). 이들 석덕과 공인들의 도래는 법흥사의 완성에 큰 역할을 담당했다.

추고 10년(602)에는 백제 삼론학자 觀勒이 왔다. 이 때 역사·천문·지리, 遁甲方術 등의 서적을 가져왔다. 황제의 칙허에 따라 원흥사에 머물면서 선발된 書生 3·4인을 가르쳤다. 陽胡史의 祖, 玉陳은 曆法을 배웠고, 大友村主 高聰은 천문둔갑을 배웠으며, 山背臣日立은 方術을 배워, 각각 모두 학습을 완성했다(《書紀》 권22). 관륵은 31년 승정으로 임명되었고 고구려의 德積도 僧都에 임명되었다. 이것이 일본 僧綱의 시작이라 한다.

동 17년(609) 4월, 백제사문 慧彌·道欣 등 11인의 승려가 肥後의 葦北津에 표착했다. 그들은 명을 받고 吳로 향하던 사람들로서 해상에서 풍랑을 만나 표류되어 일본에 닿았다. 고을 관리는 太宰府에 이를 보고했지만 승려들은 귀화를 원해 5월, 원흥사에서 살았다.

持統 2년(688) 7월, 천하에 대가뭄이 있어 황제가 白鳳년간에 일본에 와 있던 道藏으로 하여금 기우제를 지내게 하였든 바 큰 비가 내렸다(《書紀》 권30). 도장은 성실종의 학자로서 《成實論疏》를 찬술했다. 훗날 동대사의 학자들은 《성실론》을 연구할 때 반드시 이 《疏》를 참고로 하여 그들에게 미친 영향은 적지 않았다.

이와 같은 백제 불교와 문화의 전래는 백제가 신라에 멸망할 때까지 계속되어 많은 승려들이 건너 왔다고 한다. 舒明帝 11년(639)에는 백제의 대사찰이 건립될 정도로 일본 초기불교에 미친 백제 승려들의 역할은 대단한 것이었다.

때를 같이하여 일본 비구니들은 백제로 유학했다. 崇峻 원년(587)에는 善信·禪藏·慧善 3인의 비구니가 백제에 와서 戒六法과 具戒三重 등을 배워 3년(590) 3월에 돌아 갔다. 이것이 일본계율의 초전이다. 이들은 훗날 桜井寺에 머물었으며, 이로부터 출가할 때 계를 받는 자가 나타났다. 鞍部多須奈는 출가하여 德齊라고 칭하고 善聰·善通·妙德·法定照·善智聰·善智惠·善光 등 7인이 잇달아 출가하여 계를 받고, 또 善德·善妙·妙光 등의 비구니들도 계를 받았다(《書紀》 권21).

불교가 처음 일본에 전래되어 약 100년 남짓 되었으나 백제불교와 일본과의 관계는 매우 밀접했다. 天智帝 2년 백제가 멸망한 후에는 일본으로 귀화하는 사람들이 많았고 따라서 승려들도 많이 건너와 일본 초기불교는 그들에 의해 개척되었다.

4. 신라의 불교

신라의 역사는 크게 전기·중기·후기로 나눌 수 있다. 전기는 건국에서 진덕여왕(647~654)에 이르기까지 28代이고, 중기는 무열왕(654~661)에서 혜공왕(765~780)에 이르기까지 8代이며, 후기는 선덕왕(780~785)에서 신라 최후의 왕인 경순왕(927~935)까지를 말하는 것이다.

전기는 신라의 국운이 차츰 융성하여 홍국의 기운이 왕성해 지는 시대였다. 중기는 唐 고종 영휘 5년(654)에서 덕종 건중 원년(780)의 기간으로 唐이 매우 성왕하던 시기이다. 따라서 唐의 문화·종교·학예 등이 전래되어 동아시아 문화권이 가장 번영하던 시대이다. 신라도 또한 고구려·백제를 멸망시키고 삼국통일을 성취하여 그 전성시대를 자랑하던 시기이다. 그 때는 마침 일본 奈良시대에 해당되어 唐風의 문화를 꽃피우던 시기였다. 그렇게도 전성시를 자랑하던 신라도 말기에 접어 들어 국운이 쇠퇴하여 귀족간에 왕위 쟁탈이 벌어지면서 결국 고려에 멸망되기에 이르렀다.

본절은 전기, 삼국 분립시대의 신라불교[15]에 관하여 서술한다. 우선 불교가 공인되는데 까지는 한 사람의 유혈을 보지 않으면 안되었는데 이것이 앞장에서 서술했던 유명한 이차돈의 순교다. 《삼국유사》 권3 〈신라본기〉나 최치원 찬 〈鳳巖寺智證大師碑〉 및 고려 〈大覺國師靈通寺碑〉 등에서는 법흥왕 14년에 이 사건이 일어난 것으로 되어 있다. 더욱 《삼국사기》 신라본기에서는 15년으로 되어 있지만 이것은 법흥왕의 紀年이 1년 착오된 것에 연유되어 기록된 것으로서 정확하게는 14년(527)이다.[16]

이차돈의 순교전설이 생긴 배경에는 재래의 고유신앙을 받들던 씨족과 새로운 진보사상인 불교를 국교로 삼으로려고 하는 법흥왕과의 사이에 벌어진 대립이었다. 불교를 공인시키기 위해 순교적인 활동을 한 사람이 나타나 법흥왕을 도와 모든 씨족들의 반대를 억제할 수가 있었던 것이다. 법흥왕은 왜 불교공인의 결단을 내렸는가. 국내적으로는 모든 부족을 통일해야 하는 필요성에서 외래사상을 이용하려고 한 것이며, 직접적인 동기는 8년(521), 백제의 사신을 소개시키고 사신을 梁으로 파견하여 조공한 것이 크게 작용했던 것으로 생각된다. 무제의 불교에 의한 국가통치적 현실이 법흥왕에게 크게 영향을 주었던 것같다. 이미 591에 율령을 공포하였고 율령에 따라 국가통치를 불교에 의해 부족통일국가의 이념을 확립하고 있었다.

14년에 국가공인 사원으로서 흥륜사의 창건이 시작되었지만, 결국 이도 중단되었고, 재개된 것은 21년(534), 완성한 것은 다음 代인 진흥왕 5년(544)으로 (《書紀》 권3) 불교가 국교로서 승인되기는 했지만, 실제적으로 사찰창건에 있어서는 많은 장애나 저항이 따랐던 것같다. 또 16년(529)에는 왕명에 따라 살생을 금했다.

---

15) 蔡澤洙, 〈新羅における中國佛教の受容形態〉 《東洋文化硏究所紀要》 제71호, 1977. 3.

16) 末松保和, 〈新羅佛教肇行の紀年〉 《新羅史の諸問題》 東洋文庫, 1954.

제왕의 봉불

진흥왕

법흥왕에 의한 불교공인은 우여곡절 속에서 이루어졌지만, 실제로 불교가 사회 각층으로 침투한 것은 진흥왕 시대이다. 5년(544) 2월, 흥륜사가 경주에 준공되었으며, 다음 달에는 백성들에게 출가하여 비구나 비구니가 되어도 좋다는 허락이 있었다(《史記》 권4). 실제적인 신라불교는 이 흥륜사가 완성되는 시기로부터 시작되는 것으로 보아도 좋을 것이다.

잇달아 10년(549) 봄, 유학승 覺德과 함께 梁에서 불사리를 하사함에, 왕은 백관을 보내어 흥륜사 앞길에서 이들을 영접하게 했다(同). 이어 梁 사신 沈湖도 사리를 가져왔다(《遺事》 권3). 초기에 梁 불교의 영향을 받았다고 하는 것은 신라불교의 성격을 생각하는데 중요한 점이다.

다음 해 11년에는 安藏법사를 大書省으로, 12년에는 고구려의 惠亮법사를 국통(寺主)으로, 다시 宝良법사를 大都維那에 임명했다(《遺事》 권4). 이렇게 해서 진흥왕 시대에 승관제도가 정비되었다. 더우기 혜량을 영접한 것은 居漆夫였고 이에 비로소 백좌강회와 팔관재회가 개최된 사실에 대해서는 뒤에서 서술하기로 한다.

14년(553) 신궁을 月城의 동쪽에 세우기 위해 터를 닦았는데 거기서 황룡이 나타났다. 왕은 이상하게 여겨 신궁을 고쳐 불사를 세우고 '皇龍寺'라는 호를 하사했다(《史記》 권4).

신라에 대사원이 건립됨에 따라 경·론이 정비되고 충실해졌다. 26년(565)에는 진에서 사신 劉思가 승려 明觀과 함께 경·론 1,700여 권을 가져왔다(同). 이에 따라 대부분의 대장경이 대사원에 안치되었다(명관에 관해서는 중국측 《高僧傳》에는 기록이 보이지 않아 불명하다).

佛寺는 마침내 성행하여 27년에는 기원사와 실제사가 건립되고 또 황룡사가 완성되었다. 왕은 두 왕자를 金輪·銅輪이라고 불렀다. 이는 불교의 전륜왕 사상을 따른 것으로 동륜왕자를 황태자로 삼았지만 아깝게도 572년에 요

절하였다(同).

33년(572) 10월 20일, 전사한 장병을 위해 팔관연회를 外寺에 설치하고 7일 동안 법회가 열렸다. 2년 후 3월에는 황룡사의 장육불상이 조성되었는데 銅의 중량이 3만 5백 7근, 도금의 중량이 1만 198분(1分은 한근의 1,600분의 1)이 들었다 한다(同).

37년(567) 安弘법사가 陳으로 구법유학하고(《史記》에 隋라고 되어 있지만 오기이다). 귀국할 때 고승 毘摩羅 Vimala 등 두 승려를 동반하여, 《稜伽》·《승만경》 및 불사리를 왕에게 헌상했다(同). 능가란 아마도 《楞伽經》을 지적한 것같다.

이와 같이 진흥왕은 36년의 치세에 있어서 佛寺의 창건, 출가의 공인, 법회의 개최, 불상의 주조, 승관제의 실시, 유학승의 파견, 양·진에서 불사리 및 경론을 받아 들여 수많은 불교홍륭사업을 촉진시켰다. 왕은 만년에 삭발하여 승복을 입고, 스스로 '法雲'이라 불렀을 뿐만 아니라, 왕비도 비구니가 되어 영홍사에서 살았다.

진평왕

진흥왕의 태자 동륜의 아들인 진평왕은 재위 53년 동안 유학승을 중국에 파견하는 일에만 적극적이었다. 7년(585) 7월에는 고승 智明을 진으로 보냈고, 다시 11년(589)에는 원광을 파견했으며, 18년(596)에는 曇育이 隋에 들어가서 불법을 구했다. 이들 고승은 귀국 후 크게 활약했다.

18년(596) 영홍사가 불에 타고 있을 때에는 왕이 몸소 현장에 나아가 이를 구하고자 노력했다. 36년(614) 영홍사의 소상이 무너지고 얼마되지 않아서 비구니가 되어 살고 있던 진흥왕의 妃가 작고했다. 35년 7월에는 隋의 사신 王世儀가 황룡사에 와 백고좌를 설치하고 원광 등 법사를 맞아 경문을 강의했다. 국립대사원이었던 황룡사에는 왕이 몸소 행차하였다(622년 정월).

선덕여왕

632년, 진평왕의 장녀 선덕왕이 즉위했다. 연호를 仁平이라 고치고 634년에는 분황사가, 다음 해에는 靈廟寺(靈妙寺)가 완성되었다. 5년(636) 3월, 여왕은 병에 걸려 의약이나 기도의 효험도 없었으므로 황룡사에 백고좌를 베풀고 승려를 모아 《인왕경》을 독송케 했다. 다시 10인을 한정하여 승려가 되는 것을 허락하였다. 7년에는 신라불교의 일방적 영웅으로 활약했던 자장이 당에 들어가 법을 구하여 5년 후(643)에 귀국했다. 자장의 발원에 따라 황룡사에 9층탑이 14년 3월에 완성되었다. 원광이나 자장의 활약에 관해서는 다음 항에서 새로이 서술하고자 한다.

647년 정월 8일, 선덕여왕이 승하함에 狼山에 장사를 지냈다. 도리천(장소는 狼山의 남쪽)에 매장하도록 유언을 남겼다. 그 후, 10여 년을 지나 문무왕은 사천왕사를 왕릉 아래에 세웠다. 불경에서는 사천왕 위에 도리천이 있다고 하는 설에 기인하여 이와 같이 한 것이라고 본다(《遺事》 권1).

진덕여왕

같은 해 진덕여왕이 즉위하고, 3년(649) 정월, 신라에서는 처음으로 당의 의관을 착용하여 당의 제도를 따르기 시작하였다. 신라가 唐制를 채용한 것에 대해서는 김춘추(무열왕)가 당에 들어가 백제 정벌에 군사를 일으켜 줄 것을 요청하고 자세히 당의 제도를 견문하고 돌아온 영향이라 한다.

654년, 무열왕이 즉위했다. 왕이 가장 마음에 둔 것은 당의 협력으로 백제와 고구려를 공략하는 일이었다. 그로 인해 고심참담하게 군사를 일으켰지만 뜻을 달성하지 못하고 죽음에 그 유지를 문무왕이 받들었다. 문무왕은 당군과 연합하여 663년에 백제를, 668년에는 고구려를 멸망시키고 삼국통일의 위업을 달성했다. 이리하여 신라시대의 제2기가 개막되기에 이른다. 따라서 삼국시대의 신라제왕의 봉불은 진덕왕까지로 그 마무리를 맺고 무열왕 이후의 제왕에 대해서는 다음 장에서 기술하고자 한다. 당에 들어가 있던 의상이 670년에 귀국한 이후에는 불교계에 대개혁이 일어나 새로운 통일신라에 알맞는 불교가 정립되어 그 문을 열기 때문이다.

圓光—세속오계

임진무퇴의 사상

원광의 전기[17]는 중국 《속고승전》과 《삼국사기》·《삼국유사》 등에 전하고 있지만 기술된 내용은 일치하지 않는 점도 있다. 隋開皇 원년(581) 원광의 나이 25세 때 유교를 배우기 위해 중국으로 건너 갔지만, 금릉(南京)에서 불교의 가르침을 받고 승려가 되어, 성실·열반·반야 등의 불학을 배웠다. 9년(589) 장안에서 《섭대승론》을 강설하여 천하에 명성을 넓혔다. 신라국왕의 명에 따라 600년에 귀국하여 상하의 모든 사람으로부터 경앙을 받고 진평왕 52년(630) 75세로 세상을 떠났다(《遺事》에는 640년, 99세라 한다).

원광은 신라의 한 승려로서 국가의 비상시에는 몸을 일으켜 사람들을 지도했다. 고구려의 공격으로 말미암아 隋에 원병을 청하는 '乞師表'를 작성할 때 그 表文을 제작하라는 진평왕의 명에, 그는 "자기가 있기 위해 他를 滅하게 하는 것은 사문의 행위가 아닙니다. 빈도가 대왕의 토지에 있으면서 대왕의 水草를 먹습니다. 감히 惟命을 따르지 않으오리까"하며 그 명을 받들었다.

또 箕山·箒項 2인의 무사가 평생동안 지켜 나아갈 終身戒를 구하고자 하였을 때 '세속오계'를 제시했다. 이것은 불교도로서 국민의 心得을 깨닫게 한 것으로서, "첫째 나라(임금)에 충성하고, 둘째 부모에 효도하며, 세째 벗을 믿음으로 사귀고, 네째 싸움터에서 물러서지 말며, 다섯째 살생을 가려서 하라"이다(《遺事》 권4). 기산 등이 다섯째 살생은 가려서 하라는 뜻을 이해하지 못하여 반문한즉, 원광은 이를 설명하기를 "육재일과 봄 여름의 달에는 살생하지 말라. 이는 때를 택하라는 것이다. 기르는 짐승을 죽이지 말라는 것은 말·소·닭·개 등을 말하는 것이다. 벌레를 죽이지 말라는 것은 고기가 한점도 못되는 것을 말한다. 이는 아무런 소용이 없음을 뜻하는 것으로서 세속의 善戒라 하겠다"라고 답했다. 훗날 이 두 사람은 전쟁터에서 백제군에 포

---

17) 今西龍, 〈新羅圓光法師傳〉《新羅史研究》1933.

위를 당했을 때 '싸움터에서 물러서지 말라'고 한 교훈이 떠올라 적중으로 돌진해 분투했다. 이로 인해 신라군의 사기가 충천하여 결국 적을 격멸시켰다. 두 사람은 전신에 상처를 입고 돌아오는 도중에서 죽었다.

隋에 보낸 '乞師表'를 제작했다는 점에서도 원광이 정치외교적인 면에서 진평왕의 고문역할을 하였다고 할 수 있고, 그의 세속오계에는 "나라(임금)에 충성하라"는 내용이 있어 임금에 대한 충성을 중히 여긴 것이며, "싸움터에서 물러서지 말라"는 임전무퇴의 사상은 그의 열렬한 호국사상을 보여준 것이라 하겠다. 불교에서 보통 '5계'라면, '불살생・불투도・불사음・불망어・불음주'의 다섯가지를 지적하여, 어디까지나 '불살생'을 주장하였지만, 국가 존망의 위기를 직면한 원광은 감히 세속오계를 주장하게 되었다.

점찰법

당시 중국 광주를 중심으로 《占察善惡業報經》에 따른 점찰법회가 유행했다. 원광은 이를 처음으로 신라에 전파시켜 嘉栖寺에 占察寶를 두었다. '점찰보'란 이 법회를 잘 운영하기 위하여 사원에 경제적 조직체를 두는 것을 말한다. 《占察經》에 따른 塔懺法(가죽으로 된 두장의 帖子(천)를 만들어 한장에는 '善'이란 글자를 쓰고, 또 한장에는 '惡'이라는 글자를 쓴다. 이 두장의 천을 사람들에게 던져 '善'이라고 쓴 점자를 주으면 행운이 있고, '惡'이라고 쓴 것을 주으면 악운이 온다고 하는 간단한 점술방법)은 중국 광주에서 青州(山東省益都縣)로 전파되어 다시 한반도로 전파되었다.

그 때 '智惠'라는 비구니가 안흥사에 살고 있었는데 佛殿을 신축하고자 했지만 경제적 힘이 없었다. 꿈에 仙桃山(경주의 西岳) 神母가 나타나 황금을 주었다. 이 황금으로 주존 3상을 모시고 벽에 53불・6類의 聖衆・천신・五岳의 神君을 그려 매년 봄 가을 두 계절의 10일에 선남선녀를 모아서 일체중생을 위해 점찰법회를 정기적으로 열도록 하라는 계시가 있었다고 한다(《삼국유사》 권5 감통7).

慈藏—호법의 보살

입당과 활약

선덕여왕시대에 활약한 자장은 신라인에게 대승계를 전했고 불교교학에도 능통하였다. 원광에 이어 신라불교를 발전시킨 이가 바로 자장(생몰연대미상)[18]이다. 그의 전기는 《續高僧傳》 권24 및 《삼국유사》 권4 〈慈藏定律〉에 있다. 그들 자료에 따르면 아버지는 왕족으로 고관이었다. 후손이 없어 고심하다가 부처님의 가호를 구하고자 千部의 관음을 만들어 아들을 낳아 그 아들이 장성하면 중생을 구제하는 대도사가 되기를 기원했다. 드디어 어머니가 별이 떨어져 가슴에 들어오는 꿈을 꾸고 회임하여 4월 8일에 한 옥동자가 탄생했다. 어려서부터 재능이 뛰어났다. 청년시대에 이르러 양친을 잃고 깊게 무상을 느껴 출가를 결심했다. 집과 전원을 모두 버리고 홀로 산 속에 들어가 소복을 입고, 짚신을 신고 산간이 험하고 한적한 장소에서 오직 좌선만을 하였다. 수마(睡魔)에도 굴하지 않고 백골관을 닦기에 게을리 하지 않았다.

자장은 뭇 사람들이 귀착할 수 있는 재상의 자리에 올라야 했지만, 그러나 그는 불도수행의 길을 택했다. 심산에 숨어 일체의 왕래를 끊은 그는 어느날 밤 꿈에 天人을 보았다. 天人은 5계를 주면서 이것에 의하여 중생을 구제하라는 말을 남겼다. 천인은 도리천에서 그에게 계를 주기 위해 온 것이라 했다. 자장은 산을 내려와 1개월 동안 나라의 남녀에게 계를 주었지만 만족하지 못하고 왕에게 입당 허락을 청원했다. 唐 貞觀 12년(638), 문인 僧實 등 10여인과 함께 장안으로 가서 終南山 雲際寺에 들어 갔다. 3년 후에 산을 내려와 장안의 도읍으로 들어간즉 태종이 위문하면서 비단 2백필을 하사하였다. 643년, 자장은 신라로 돌아가도 좋다는 허락과 함께 많은 선물을 하사받았다. 자장은 그 후의에 보답코자 법회를 열었다. 당시의 신라에는 불상과 경전이 많

18) 江田俊雄, 〈新羅の慈藏と五台山〉《文化》 제21권, 1957. 9 《朝鮮佛教史の研究》に再收錄.
辛鐘遠, 〈慈藏의 佛教思想에 대한 再檢討—新羅佛教初期戒律의 意義〉《韓國史研究》 39, 1982. 12.

지 않았기 때문에 대장경과 불상·幡蓋 등을 가지고 돌아 왔다.

신라에서는 선덕여왕을 비롯해 국민 모두가 자장율사를 환영했다. "一代의 佛法 여기서 일어나 밝아지도다"라고 한 것은 자장이 신라불교를 융성하게 한 힘이 컸었다는 것을 말하고 있다. 선덕여왕은 자장을 대국통에 임명하고 분황사에 주하게 하고, 또, 별도로 훌륭한 사원을 만들어 10인의 시자를 두었다. 왕을 위하여 궁중에서 《섭대승론》을 강의하는 한편 경주 중심가에 있는 대사찰 황룡사에서 7일간 밤낮으로 《菩薩戒本》을 강의했다. 강의가 끝나면 계를 받는 자가 많았으며 구름과 같이 모여 들었다. 어쩌면 당시 가까운 皇福寺에서 갓 출가한 의상도 그의 강의를 들었을런지도 모른다.

신라에 불법이 들어온지 1백년이 채 안되었으므로 계율과 僧制가 충분히 정비되지 못하였다. 자장은 승통을 두어 봄 가을 2회에 걸쳐 승려들에게 시험을 보게하여 계율을 엄수케 했다. 또 순찰사의 제도를 설치하여 모든 사원을 순회하고, 설법을 장려하고 불상을 만들었으며, 승려생활을 바로 잡았다. 사탑을 10여 개소에 세웠는데, 그 중 通度寺 같은 절은 온 신라사람들에게 숭앙의 대상이었다. 또한 經과 계율에 주석을 했을 뿐만 아니라, 그 중에서도 특히 《觀行法》이란 저서를 남겼다. 당의 道宣은 자장을 평하기를 "호법보살이란 바로 이 사람을 말함이다"라고 한 바와 같이 (《續高僧傳》 권24) 신라불교는 자장의 노력으로 크게 향상되었다.

자장이 취한 불교흥륭의 방법은 이어 국가적 理念과 결부되었다. 신라의 국토는 불교유연지로 이미 제불이 계시던 곳이며 불교는 결코 새로운 종교가 아닌 신라의 국토에 존재해 있던 것을 국민이 다시 불교신앙을 회복시킴에 따라 신라는 부처님의 가호를 받아 국운이 번창한 것이라고 한다. 여기에서 자장의 호국사상이 나타난 것이라 하겠다. 신라의 국왕은 보통사람이 아닌 인도의 왕족이라 하여 신라가 제불 출현의 특별한 국토라고 말한 점에서 자장의 국가의식을 엿볼 수 있다. 《三國遺事》에는 "신라 월성의 동쪽 용궁 남쪽에 가섭불의 宴坐石이 있어 그 곳이 바로 前佛時의 가람터이며 지금 황룡사터는 바로 7가람 중 하나이다"라고 했다. 황룡사는 이 같은 사상에서 건립된 사찰이다. 그 9층탑은 인근 국가를 항복받고 신라왕조가 영원히 평안함을 발원하며 세운 것이다. 또 강원도 오대산에는 문수를 모시고 월정사를 창건했다.

황룡사 9층탑

황룡사 창건에 관한 설화 중 《삼국유사》 권3에는 〈皇龍寺丈六〉·〈皇龍寺九層塔〉이란 제목으로 황룡사 연기를 기록하고 있다. 신라불교가 호국불교로서 그 성격이 강하게 나타난 중요한 설화이다.

중국 오대산에서 문수보살의 영험을 받은 자장이 다시 太和池 부근을 지나쳤을 때 神人이 나타나 "그대는 귀국하면 무엇을 의지하여 신라국을 수호할 수 있을 것인가"를 물었다. 그러면서 신인은 "황룡사의 護法龍은 나의 장자로서 범천의 명을 받고 절을 수호하고 있다. 황룡사에 9층탑을 세운다면 주변 국가를 항복받아 신라에 조공하고 왕조는 영구히 태평할 것이다. 또 9층탑을 세운 뒤에 팔관재회를 열어·죄인을 방면한다면 외적은 신라를 침략치 못할 것이다. 또 나를 위하여 도읍의 南岸에 절을 세워 행복을 기도해 준다면 나 또한 그 덕에 보답할 것이다."라고 말한 뒤 구슬을 주면서 어디론가 자취를 감추었다. 자장은 唐 태자로부터 하사받은 경전·불상·가사·幣帛 등을 가지고 귀국하여 곧바로 탑 건립 문제를 진언했다. 선덕여왕은 군신으로 하여금 그 뜻을 의논케 하고 寺大工을 백제에서 데려 온다면 완성시킬 수 있을 것이라 하여 工匠 阿非知를 백제에 부탁하여 드디어 9층탑을 세웠다.

자장은 중국 오대산 문수보살로 부터 받은 사리 백알을 塔柱에 모셨으며 또한 통도사의 금강계단 및 대화사의 탑에 나누어 봉안하였다. 그 후 황룡사의 9층탑이 완성되어 신라는 태평천하를 누렸다. 훗날 고구려가 신라를 침공하려고 했지만 '신라에는 삼보가 있어 침범할 수 없다'고 하여 그 계획을 중지했다고 한다. 신라의 삼보란, 황룡사의 장육불상과 9층탑, 그리고 진평왕이 하늘에서 하사 받은 聖帶이다. 일연은 《三國遺事》 권3의 註에서 《東都成立記》를 인용하고, 황룡사 9층탑의 제1층은 일본, 제2층은 中華, 제3층은 吳越, 제4층은 탐라(제주도), 제5층은 鷹遊(鶯遊山·江蘇省東海県에 있다), 제6층은 말갈(중국 동북지방의 동남부에 살던 종족), 제7층은 丹國(契丹), 제8층은 女狄(女眞), 제9층은 獩貊(동북에서 한반도에 걸쳐 살고 있던 민족)을 표한 것이다. 이 탑에 기도를 드린다면 제국의 공격을 막을 수 있을 뿐만 아니라 반드시 전쟁에서 승리를 기약할 수 있을 것이라 여겼다. 신라의 수도 경주 중심지에 세운 황룡사 9층탑이야 말로 호국불교의 상징이라 하겠다.

호국불교의 전개

百座講會와 八關齋會

신라불교는 진흥왕 이래 호국불교로서의 성격을 강하게 나타내고 있다. 신라 불교행사로서 중요한 백좌강회 및 팔관재회는 진흥왕 12년(551) 고구려를 진격한 장군 居漆夫가 귀국길에 모셔온 고구려의 고승 惠亮이 시작한 것이다. 거칠부는 처음 승려로서 고구려에 잠입하여 惠亮이 경을 설하는 것을 들었다. 혜량은 그의 비범한 재능을 인정하고 후일 장군이 될 것이라고 예언했다. 장군이 된 거칠부가 백제병과 함께 고구려에 침입하여 十郡을 얻었다. 그 때 옛 스승이었던 惠亮을 신라로 모셔와서 왕에게 배알하도록 했다(《史記》 권44, 《東史會綱》 권2). 惠亮은 고구려의 국운이 다 끝났음을 알고 신라로 망명해 온 것이다.

惠亮이 칙명에 따라 시작한 백좌강회란, 호국경전의 하나인 《인왕경》을 강독하고 국가의 안정과 만민의 풍락을 빌고 천재지변과 질병을 물리치기 위한 법회였다.[19] 백개의 좌석을 만들어 百法師를 청해서 법회를 열기 때문에 '百座道場'·'百座法會'라고도 한다. 중국에서 《인왕경》 법회가 열린 것은 호국경전인 《仁王般若經》이 역출된 이후지만, 원래 僞經의 《인왕경》은 성립 그 자체가 명확치 않다. 다만 양무제가 이 경을 위경이라고 한 것인데 梁代 쯤 북지에서 성립된 것인지도 모른다. 기록상에서는 인왕회가 개최된 것이 南朝의 진무제의 영정 3년(559)이고 잇달아 지덕 3년(585), 智顗를 불러 태극전에

---

19) 二宮啓仁, 〈朝鮮における仁王會の開設〉《朝鮮學報》 제14집, 1959.

서 백좌강회가 개최된 것으로 되어 있다. 아마도 北朝의 북제에서도 열렸던 것이 아닐까 생각된다. 그것이 고구려에 전래되어 다시 惠亮에 의해 신라에 들어온 것이라 생각된다. 신라가 처음 백좌강회와 팔관재회를 개최한 551년 5월에 고구려는 북제에 사신을 보내어 조공을 하였으며, 그 5년전에는 東魏에 조공을 하고 있다. 따라서 동위·북제의 제도 및 불교문화가 고구려에 전래되었을 것이라는 점을 감안한다면, 동위·북제의 도읍인 鄴都에서는 백좌강회가 열렸던 것인지도 모른다. 당시 북제는 북으로는 突厥, 서로는 北周의 침략을 받아 부처님의 가피력에 의해 호국을 기원하지 않으면 안되는 위기의식을 갖고 있었기 때문이다.

백좌강회와 함께 설치된 팔관재회는 중국 남북조시대에도 성행했다. 일반인들이 수계하여 만 하루 8계를 지키는 재회로 南齊의 무제 영명 원년(483), 화림원에서 열렸다는 기록이 있다(《資治通鑑》 권135). 이 같은 중국의 팔관재회가 고구려에 들어와 惠亮에 의해 신라에 들어온 것이다. 백좌강회와 함께 설치되었기 때문에 팔관재회도 또한 호국사상의 색채를 갖게 된 것이다. 572년에 행했던 팔관재회는 전사한 장병들의 넋을 천도하기 위해 7일간을 지냈다. 이것이 10월에 열렸다고 하는 것은 신라 古來에 10월에 열렸던 제천의 행사와 습합한 것이라 생각된다. 중국의 戒會로서 열렸던 팔관재회가 신라에서는 변질되어 호국을 위한 국가적 규모의 행사가 된 것이다.

더욱 이것이 팔관재회[20]라는 이름으로 개최한 것은 미륵신앙에 근원을 두고 있다. 미륵의 제자가 되기 위해서는 八戒齋를 수지하는 것이 중요한 것이라고 미륵경전에 설하고 있기 때문에, 신라를 미륵이 하생하는 이상국토를 만들기 위해서는 이 내용에 따라 호국의 영령들을 축복하는 법회가 열렸던 것이다.

화랑과 미륵신앙

진흥왕 이후 통일신라에 이르러 6·7세기의 신라는 상·하 모든 사람들이

20) 蔡印幻, 《新羅佛教戒律思想研究》, 國書刊行會, 1977.

국가의식이 매우 충만하여 조국을 위해서는 신명을 돌보지 않는 기풍이 넘쳐 있었다. 국가적 정신함양을 목적으로 뜻을 가진 청년들을 한데 묶기 위해 '花郎徒'를 만들었다.[21] 三品彰英씨[22]는 그 특징으로서, (1) 화랑집단은 가무유희를 하는 청년 사교단체와 같은 것이며, (2) 화랑은 신령과 교류하는 주술적인 의례를 행하고, (3) 국가의 유사시에는 국난을 막기 위한 청년전사단이며, (4) 청년은 국가적 사회적 교육을 받을 것 등을 들고 있다. 진홍왕대에 제정된 화랑제도도 당연히 귀족적 성격을 지닌 것이라 생각된다.

이 화랑집단의 정신적 교육은 신라에 들어온 유·불·도 3교의 사상을 근원으로 일어났지만, 특히 불교영향이 강했다. 먼저 서술한 원광의 '세속오계'를 보아도 불교가 국가를 목적으로 수행 봉사하는 교육으로 이용된 것이며, 화랑의 정신적 중심사상도 호국불교의 이념이 튼튼히 배경되어 있다. 국가적으로 중요한 인물의 양성과 집단훈련을 위한 지도이념으로 발전된 것이 미륵신앙이었다. 《삼국유사》 권3, 미륵선화조에는 홍륜사의 승려 眞慈가 미륵불 앞에서 머리숙여 절하고 "원컨대 우리들의 대성이시여, 化해서 화랑이 되어 세상으로 출현하소서"하고 기원했다고 한다. 진홍왕을 계승한 진지왕대에는 미륵보살이 하생해서 화랑이 되기를 원했더니 그 원한 바에 따라 미륵이 하생했다고 말하고 있다.

신라통일의 제일공신 김유신은 《삼국사기》에 따르면, 15세에 화랑집단에 들어가서 '龍華香徒'가 되었다. 용화란 미륵의 교이고, 향도란 結社를 말하는 것으로 화랑집단으로 교육한 미륵교도들이었다. 그는 지·용을 겸비한 용장으로서 싸움에 임해서는 반드시 사찰에 가서 단을 차리고 기원했으며 齋

21) 金東旭, 〈兜率歌研究〉《서울大學校論文集》人文社會科學編 제6집, 1957.
金煐泰, 〈新羅眞興王의 信佛과 그 思想研究〉《佛教學報》 제5집, 1967.
金煐泰, 〈僧侶郎徒考〉《佛教學報》 제7집, 1970.
金庠基, 〈花郎과 彌勒信仰에 대하여〉 李弘植博士回甲記念《韓國史學論叢》 1969.
八百谷孝保, 〈新羅社會と淨土教〉《史潮》 제7권 제5호, 1937.

22) 池內宏, 〈新羅の花郎について〉《東洋學報》 제24권 제2호, 1936.
三品彰英, 《新羅花郎の研究》 平凡社, 1974.
또한 花郎에 대하여는 鮎貝房之進, 〈花郎攷〉《雜攷》 제4집, 近澤出版部, 1932.

戒(목욕)로서 영당에 나아가 분향하였다.

화랑집단은《彌勒下生經》의 신앙에 의하여 단결된 것으로서, 집단의 중심 인물인 화랑은 미륵의 화생이라 믿었다. 미륵을 믿고 미륵이 수호해 준다고 확신하고 있기 때문에 그들은 전쟁에 나아가서도 물러서지 않았다.

화랑은 수양방법으로서 산야를 두루 다니면서, 주술에 따른 怨敵退散을 계획하는 것이었지만, 이 같은 수양방법은 미륵신앙이 습합된 것이다. 산야를 두루 다닐 때 단벽에 미륵상을 조각하기도 하고 동굴에는 미륵상을 모셨다. 현재 국립박물관에 소장되어 있는 南山三花嶺 미륵석불은 선덕여왕 때 조성된 것으로 상모는 가련하게 된 미륵상이지만, 상호에는 고대인의 미소가 담겨있다. 이 미륵석상은 원래 남산 長倉谷에 잔존해 있던 것이다. 원적퇴산을 위해 만들어진 주문은 또한 향가로서 불렸던 것이다. 향가에는 미륵의 도솔천을 노래한 도솔가가 있다. 화랑들은 미륵상을 만들어 미륵가를 읊으며 신라 산야의 이곳 저곳을 두루 다니면서 신심을 단련한 것이었다. 그러나 "賢佐忠臣은 여기에서 뽑고, 良將勇卒은 여기에서 나다"(《史記》 권4)라고 한 화랑집단도 문무왕의 삼국통일이 이룩되고 국가가 태평하게 됨에 따라 창립 당시의 엄격한 정신은 없어지고 가무유희를 일삼게 되어 점차 쇠퇴해 갔다.

신라의 불교통제

신라의 僧官制[23]를 설명한 기본사료의 하나로서《삼국유사》권4 慈藏定律이 있다. 자장정율에 "자장은 칙명에 따라 대국통이 되어 무릇 승려의 모든 규율은 모두 승통에게 위임해서 이를 관리케 하다"라고 있다. 그 割註에는 중국의 승관 발달을 서술하고, 드디어 진흥왕 11년(550)에 安藏법사 1인을 대서

23) 井上光貞,〈新羅の佛教統制〉《日本古代國家の研究》 제2장, 岩波書店, 1965.
中井眞孝,〈新羅における仏教統制機関について ― 特にその初期に関して〉《朝鮮學報》 제59집, 1971. 4.
李弘稙,〈新羅僧官制와 佛教政策의 諸問題〉 白性郁博士頌壽記念《佛教學論文集》 1959.
李成市,〈新羅中代の國家と佛教〉《東洋史研究》 제41집 제3호, 1983.

성에 임명하고 그 외 소서성 2인이 있었다 한다. 다음 해에는 고구려 혜량법사를 국통으로 삼았지만 국통은 '寺主'라고도 하였다. 다시 宝良법사 1인을 大都維那에 임명하고, 그 외 州統 9인과 郡統 18인 등을 두었다. 자장에 이르러 다시 대국통 1인을 두었지만 이것은 상임직은 아니었다.

다음의 신라 승관제도에 대하여 서술하고 있는 《삼국사기》 권40 職官下의 국통에도, 전국 승니를 통제하는 승관인 국통 1인(혜량법사), 대도유나 1인, (宝良법사)을 임명했다고 한다. 진덕왕 원년(647)에 와서는 대도유나 1인을 증가하고 대서성도 같은 해, 안장법사 이외에 한 사람 더 증가했다고 한다. 州統·郡統의 기술은 전과 같다.

大都維那는 비구를 통괄하는 직책이며, 비구니를 통괄하는 '都維那娘'이란 직책이 있어 1인의 阿尼(비구니)가 임명되었다. 더욱 都維那娘이 대도유나보다 더 상위에 위치한다. 승관에 비구니가 취임하는 예는 중국이나 일본에서는 볼 수 없는 신라의 독특한 것이다.

한편 佛寺나 승려를 통제하는 속인의 관직으로서는 大道署와 政法典의 2종이 있다. 진평왕 46년(624)에 둔 대도서는 '寺典'이라고도 하고 '內道監'이라고도 하여 宮廷 소속의 사원을 통제하는 관사로서 예부에 속해 있었다. 大正 1인 아래에 大舍 2인을 두었다고 한다. 主書는 2인, 史는 8인으로 되어 있다(《史記》 권38 職官上). 이는 속인의 직관으로서 귀족집단이 왕권과 니승들과의 과도한 결합을 억제하기 위해 만든 官司라고도 한다.

진흥왕 때 설치된 국통·대도유나·대서성 등의 승관은 승니통제의 권력을 행사하는 직명이 아니라 다분히 명예적인 직책이었다고 생각된다. 진덕왕 시대 관제의 대개혁과 함께 승통 이하의 승관이 실질적인 통제기관으로서의 실력을 갖추지 않으면 안되게 되어 승관이 신라의 독자적인 명칭으로 政官의 호칭으로 부르게 된 것이다. 종래 일반인에게 임명된 寺典은 大正·大舍·主事·史에서 大道署로 개조되어 그 기능을 충실히 시행했다.

진덕왕대에 결정된 통제기관은 통일신라에 까지 지속되었지만, 원성왕 원년(785)에 이르러 일반인에게 임명되었던 정법전의 大舍·史 등도 승려에게 임명되었던 국통·대도유나·대서성에 흡수되어 갔다. 승려들 중에서 재능이나 품행이 단정한 자에게 임명되어 事故가 있으면 교체하고 그 기간도 일정치 않은 제도로 개정되었다.

신라 승관제도의 변천은 자료의 제약이 많아 그 실태를 용이하게 파악하기란 어렵다. 초기에 있어서는 北齊의 제도를 모방하여 시작하였지만, 진흥왕 이후 그 실태는 신라 독자적 제도로 만들어져 갔다. 이렇듯 신라의 승관제도는 불교통제의 기관으로서 승려의 政官과 일반인의 직관인 禮部에 소속되어 있던 대도서와 정법전 등이 복잡하게 얽히어 존재했던 것같다.

그 이외 통일신라시대에는 절을 수리하고 영선하며 다른 직무로서 수행할 수 있는 사천왕사성전·봉성사성전·감은사성전·봉덕사성전·봉은사성전·영묘사성전·영흥사성전[24] 등이 설치되어 각각 役人을 두었다(《史記》 권38 職官上).

또 승려 이외의 사람은 사원의 경영과 그 외 다른 일에 종사하였는데, 이들은 '寺隷'라고 불렀으며, 남자를 '寺奴', 여자는 '寺婢'라고 불렀다. 사예란 이른바 노예가 아니며, 왕족이나 귀족의 자녀도 아니다. 그러나 후에는 역적의 가족을 寺隷로 삼게 되었다. 양무제의 '三宝의 奴'에 따른 것으로 생각된다.

가야국의 불교

낙동강 하류지역에 위치한 가야연맹은 6개의 부족국가로 이루어졌다. 6가야란, 金官가야(김해), 阿羅가야(함안), 古寧가야(晋州? 咸昌?), 大伽耶(고령), 星山가야(성주), 小가야(고성)이다. 이 가야연맹은 백제나 신라·왜 등

---

24) 邊善雄, 〈皇龍寺九層塔誌의 研究 —成典과 政法典問題를 中心으로〉《國會圖書館報》 제10권 제10호, 1973. 12.
田耕策, 〈新羅の寺院成典と皇龍寺の歴史〉《學習院大學文學部研究年報》 제28집, 1981.
蔡尚植, 〈新羅統一期의 成典寺院의 구조와 기능〉《釜山史學》 제8집, 1984. 1.

모든 세력의 각축 속에서 독자적인 발전을 하였다. 그러나 신라의 압력이 더해감에 김해지방의 김해가야는 법흥왕 19년(532)에, 그리고 고령지방의 대가야는 진흥왕 23년(562)에 각각 멸망하고 他의 나라도 멸망하였다. 그러나 문화적으로는 신라에 뒤지지 않는 고도적인 발전을 하였다.

《三國遺事》 권2 〈가락국기〉에 따르면, 시조 수로왕의 8대손인 金銍王은 불교를 존경하여 세조의 어머니 許皇后의 명복을 빌기 위해 452년에 수로왕과 황후가 결혼한 장소에 절을 세웠다. 그 절을 '왕후사'라 칭하고 왕은 사신을 보내 절 인근에 平田 10결을 삼보를 공양하는 비용으로 하사했다. 이 절이 건립된 지 5백년 후에 장유사가 창건되어 사전이 3백결에 달했지만, 결국 폐사되고 말았다.

金銍王은 451년에 즉위하고 492년에 멸몰했지만, 이 시대는 신라 눌지왕·자비왕·소지왕의 시대이며, 백제로서는 개로왕·동성왕의 시대에 해당된다. 중국으로서는 劉宋(420~479) 말에서 南齊(479~502) 시대에 해당되어 불교가 강남지역으로 융성한 길을 걸어간 시대였다. 寺·塔이 많았던 백제의 영향을 받아 가야국에도 사원이 창건된 것은 당연한 것이라 하겠다.

일본과의 불교교류

신라불교와 일본불교가 교류를 시작한 것은 6세기 말이었다. 지리적 위치에서 보더라도 신라는 한반도의 동남에 위치하여 가장 일본과 근접해 있는 환경에 놓여 있었다. 일본은 해로를 통해 백제와의 문화교류를 깊게 맺었던 관계로 신라와는 그다지 밀접하지 못했다. 통일신라에 접어 들어 일본과 신라가 교류를 더해 가면서 그 이전에는 진평왕 원년(579) 10월 왕이 석가불상을 枳吒政奈末에 전파했다고 하는 것이 그 시작이라고 한다(《書紀》 권20).

진평왕 38년(616) 7월, 신라는 奈末竹世士를 파견하고 황금불상을 보냈다(《書紀》 권22). 또 45년(623) 7월, 신라는 大使 奈末智洗爾를 보내어 불상·사리·금탑·灌頂幡을 보냈다(同). 그 때 당 유학을 마치고 돌아오고 있던 일본승 惠齊·慧光 2師와 의사였던 慧日 및 福因 등도 신라 사신들을 따라 귀국했다.

또 선덕여왕 8년(639) 9월, 입당한 惠隱·惠雲 2師가 신라 사신을 따라 귀국했고(《書紀》 권23), 다음 해 10월, 推古朝 시대에 당으로 학문을 배우기 위해 갔던 학생 高向漢人 玄理와 승려 請安은 신라를 경유했으며 백제·신라의 사신들과 함께 귀국했다.

일본 법상종의 전래에 대하여는 4종의 傳이 있었지만 그 중에서 신라를 경유하여 전래된 것은 제2전과 제3전이다. 제2전에 있는 智通·智達이며, 齊明帝 4년 (658) 7월에 신라의 배를 타고 入唐했다. 그 전년 일본은 사신을 신라에 파견하여 사문 智達·間人連御厩·依網連稚子 등을 신라의 입당사절로 위촉해서 대당으로 보내 줄 것을 원했지만 이를 받아 들이지 않았다. 그 뒤 지통과 지달은 신라의 배편이 있어 다행하게도 칙명을 받들고 그 배를 타고 당으로 들어간 것이다. 그들은 玄奘과 慈恩대사에게서 오직 唯識만을 배우고 개창하여 유식을 전하고, 皇鳳 6년 3월 승정에 임명되었다. 또 제3전은 신라승 智鳳과 일본승 智鸞·智雄의 3師가 있으나 大宝 2년(703) 大唐으로 들어가 중국 법상종의 3조였던 智周로부터 유식을 배워 705년 경에 귀국했다.

한국고대 삼국불교와의 교류는 일본 불교미술에 지대한 영향을 주었다. 건축물로서는 법륭사의 金堂·五重塔·中門, 법륜사의 3중탑, 법기사의 3중탑, 약사사의 삼중탑 등이며, 불상으로서는 법륭사 金堂內의 석가삼존, 夢殿의 관음, 탑내의 鳥佛師作의 諸像,, 법륜사의 약사, 약사사의 본존, 중궁사의 여의륜관음, 광륭사의 보살상 등이 삼국불교 중에서도 백제불교의 영향을 강하게 받았음을 알 수 있다(제5장 2절 참조).

제 2 장 통일신라의 불교

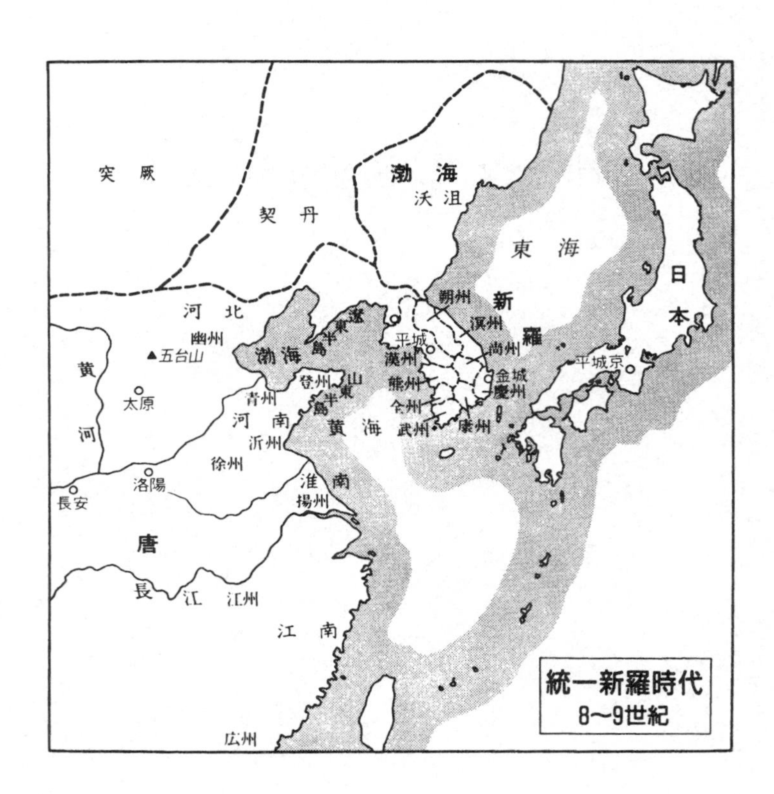

突厥
契丹
渤海
沃沮
東海
日本
新羅
朔州
溟州
尚州
金城
慶州
康州
武州
全州
熊州
漢州
平城
遼東半島
山東半島
渤海
黃海
河北
幽州
五台山
黃河
太原
登州
青州
河南
沂州
徐州
洛陽
長安
淮南
揚州
唐
長江
江州
江南
平城京
廣州
統一新羅時代
8~9世紀

제 2 장 통일신라의 불교

고대 삼국불교의 전통을 이어 받으면서 그것들을 종합하고 통일해 간 불교가 통일신라의 불교이다. 그것은 중국에서 전래된 불교가 민족의 맥속으로 수용되어 정착한 불교로서 처음으로 한민족의 불교가 성립되었다.

신라불교가 왕성했던 시기는 무열왕대에서 혜공왕대 까지의 중기이며, 宣德王에서 경순왕 까지가 쇠퇴기이다. 신라불교의 전성기에는 화엄·법상 등 唐 불교 교학의 精華가 수용됨과 동시에 석굴암을 대표할 만한 아름다운 불교 문화가 경주를 중심으로 꽃피웠다.

통일신라의 불교는 국가불교, 귀족불교로서 국가통일의 정신적 지주가 되고 민족정신이 되어 원효와 같은 위대한 사상가를 배출했을 뿐만 아니라 민족고유의 샤머니즘과 습합한 정토신앙이나 미륵신앙이 민중속으로 깊게 침투해 갔다.

1. 제왕과 불교

중기 —— 무열왕대에서 혜공왕대까지

무열왕

백제·고구려를 멸망시키고 신라가 삼국을 통일한 것은 문무왕 8년(668)으로서, 국가의 총력을 기울여 이 목적을 달성하기 위해 활약한 왕은 전대의 무열왕이었다. 무열왕 시대에는 승려로서 무기를 들고 국가를 위해 싸움을 한 사람도 있다. 그 2년(655) 내물왕의 8대손에 해당되는 金歆運이 백제와의 싸움에서 전사했을 때 實際寺의 승려 道玉도 종군했던 것이다(《通鑑》 권7). 또 6년(659) 10월 唐으로부터 원병에 대한 해답이 없자 왕의 용안은 수심에 쌓여 있었다. 그 때 이미 사망한 신하 長春과 罷郎 2인의 靈이 나타나 원군이 와서 백제를 정벌할 것이라고 고했다. 왕은 놀라 두 가족의 자손에게 상을 내리고 漢山州에 莊義寺를 창건하여 그들의 명복을 빌었다(《사기》 권5). 그러나 문무왕 원년(661) 6월 大官寺의 우물 물이 피색으로 변하고, 金馬郡(益山)의 지면에서는 피가 흘렀다. 이어 무열왕이 승하하자 永敬寺의 북쪽에 장사 지냈다.

문무왕

661년 문무왕이 즉위했다. 3년에는 백제를, 8년(668)에는 고구려를 唐과 연합하여 멸망시켰고, 그 후 당의 세력마저 몰아내고 한반도를 통일했다.

4년, 3월과 8월에 지진이 크게 있어 피해가 난 그 해, 왕은 사람들이 함부로 재산이나 논밭을 절에 기증하는 것을 금했다(《사기》 권6). 오랜 전쟁에 국가 재정이 궁핍한 탓인지, 아니면 지진으로 인해 많은 사찰이 붕괴되어 급속한 복구작업에 따른 낭비를 막기 위한 조처였는지도 모른다.

5년(665)에는 惠通이 당에 들어갔다. 9년에는 승려 信惠를 政官大書省에 임명했다. 그 해 당의 승려 法安이 와서 당 天子의 명을 전하고 자석을 구하고자 하였지만 그는 다음 해 6월 고구려 유민 牟岑에 의해 당 사신과 함께 浿江(大同江) 남쪽에서 살해되었다. 당에 원한을 품고 있던 고구려 유신이 복수를 한 것이다. 10년 당에서 유학하고 있던 의상이 귀국하여 불교계도 통일신라에 알맞게 큰 변화를 일으켰다.

11년(671) 7월에는 당 총관 薛仁貴가 승 林潤을 파견하여 친서를 올렸는데 문무왕은 답서를 쓰고 이에 응했다. 승관의 정비가 실행되어 14년 9월에는 義安이 대서성에 임명되었다. 이 해 7월 태풍이 일어나 황룡사 법당이 무너졌다.

16년(676) 2월, 왕의 칙명을 받들어 의상은 부석사(영주군 부석면)를 세웠다. 華嚴10刹 중 하나였던 부석사가 창건됨에 의상이 전래한 새로운 화엄종이 신라의 국가불교로 되었다. 또 19년에는 사천왕사가 경주 狼山 東南麓에 세워졌다(《史記》 권7).

21년(681) 5월에는 지진이 있어 유성이 떨어지고, 6월에는 별이 떨어져 불길한 조짐이 잇달았다. 문무왕이 경주의 풍기를 일신하고자 의상에게 하문했는데, 의상이 답하기를 "설사 草野의 茅屋에 살아도 바른 길을 걸어 간다면 복업은 영구히 이어 가겠지요. 만약 그렇지 못한다면 大勢者를 번거롭게 하여 성을 쌓는다 하여도 아무런 이익도 얻지 못할 것입니다"라고 말했다. 왕은 남산성의 증축공사를 중지시켰다(《사기》 권7). 都城의 증축공사에 관한 하문에서 나타난 것처럼 의상은 국사에도 발언할 수 있었던 입장이며 국정에 관여하고 있었음을 알 수 있다.

문무왕이 승하하자 유언에 따라 동해 항구에 있는 大岩 위에 장사 지내고, 그 바위를 '大王岩'이라 불렀다. 왕은 化하여 용이 되어 국토를 수호했다. 아들인 신문왕은 부왕의 명복을 빌기 위해 동해 부근에 感恩寺(경주 양북면 용당리)를 세웠다(682년 완성). 이 감은사 계단 밑에는 동해를 향한 구멍이 있는데 이것은 용이 출입했던 곳이라 한다. 문무왕은 해룡이 되어 왜병을 진압하려고 했던 것이다(《遺事》권2).

신문왕

681년에 신문왕이 즉위하고 다음 해 감은사에 행차하였다. 동해에 떠 있는 산의 대나무로 피리를 만들었다. 그 피리를 '萬波息笛'(재앙을 물리치고 복을 가져오는 피리)이라 이름하고 국보로 삼아 월성의 天尊庫에 두었다. 이 피리를 불면 적병은 흩어져 물러나고, 병은 완쾌되며 가뭄에는 비가 내리고 大雨에는 맑게 개어 바람도 잠들어 풍랑도 멈추었다고 전하고 있다. 693년 효소왕 때 狄賊(동예)에 포로가 되어 있던 화랑 夫禮郎이 살아서 돌아온 기적이 있은 이후 이 피리는 '萬萬波波息笛'이라고 개칭되었다(《遺事》권2 紀異 제2). 5년 봄

3월, 봉성사가 완성되고 4월에는 望德寺(경주狼山의 東南)가 창건되었다.

효소왕

692년 효소왕이 즉위했다. 이 때 당은 측천무후의 왕조로서 法藏의 화엄종이 번영했다. 신라 勝詮은 당으로부터 귀국하여 法藏의 章疏를 의상에게 전했다. 또 법상종 원측의 제자였던 道證도 당에서 돌아와 천문도를 왕에게 헌상했다.

다음 해 栢栗寺의 대비상(관음상)이 기이한 상서를 나투어 앞에서 말한 부례랑을 구조했다고 하여 50냥의 금은 5器・마납가사 5領・大綃(생명주) 삼천벌・田 1만경을 백률사에 시주했다(《遺事》 권3 塔像 제4).

6년(697)에는 望德寺의 낙성회가 열리고 효소왕은 친히 망덕사에 행차하여 공양을 올렸다. 그 법회말석에 초라한 모습의 한 비구가 앉아 있었는데 그가 바로 석가의 화신이라고 한다. 이로 인해 비구가 앉아 있던 琵琶岩의 아래에 釋迦寺를, 또 비구의 모습이 사라진 장소에 佛無寺를 세워 진신석가를 모셨다. 望德寺 건립 연유는 당 왕실의 복을 빌기 위해 건립한 것으로서, 경덕왕 14년(755), 이 절에 탑이 요동했던 것은 그 해 安祿山의 난이 일어난 때문이라고 전한다(《遺事》 권5 感通 제7). 7년 6월에는 지진으로 인하여 황룡사 탑이 무너졌다.

성덕왕

702년 성덕왕이 즉위한 다음 해 경주는 홍수가 있었고 영묘사가 화재를 입었다. 3년(704) 3월, 당으로간 사신 金思讓이 귀국하여 《最勝王經》을 헌상했는데 이 경은 《金光明最勝王經》으로 703년(長安 3) 10월 4일, 義淨이 西明寺에서 번역한 것이다(《開元錄》 권9). 이 경이 다음 해 신라에 헌상되었다면 당시 당과 신라와의 교류가 얼마나 밀접한 것인가를 알 수 있다.

4년에는 살생을 금하고, 다시 10년(711) 5월에는 도살을 금하여 불교의 불살생계를 실행했다. 11년 8월, 삼국통일을 성취한 명장 김유신의 공적에 보답하기 위해 그의 처를 '夫人'(벼슬이름)에 임명하고 매년 쌀 1천석을 하사케 했다. 부인은 삭발하고 비구니로 일생을 살았다(《東史會綱》 권3). 17년에 황룡사 탑에 낙뇌가 떨어져 허물어졌으나 2년 후에 수복했다.

737년 孝成王이 즉위했지만 재위 5년만에 승하했다. 유언에 따라 法流寺 남쪽에서 화장하여 유골을 동해에 뿌렸다.

경덕왕

이어 742년 경덕왕이 즉위했다. 4년 4월에 禺金里에 살고 있는 가난한 여인 寶開의 아들 '長春'이란 자가 海上에서 폭풍을 만나 吳로 표류되었다. 보개가 민장사의 관음상 앞에서 7일간 기도를 하였더니 갑자기 장춘이 표류되어 있는 곳에 고향에서 온듯한 이상한 승려가 나타나 순식간에 장춘을 데리고 신라로 돌아왔다고 한다. 이 이야기를 들은 경덕왕은 민장사에 밭을 시주하고 재물도 헌납했다(《遺事》 권3 塔像 제4). 다음 해 4월 왕은 옥중의 죄인들을 크게 방면하고 신하와 백성들에게 음식과 술을 내리고 승려 150명을 득도케 했다. 10년(751)에는 김대성이 불국사와 석굴암을 창건했다. 현세의 양친을 위해 불국사를, 그리고 전세의 부모를 위해 석굴암을 세워, 각각 神琳과 表訓 두 성사를 초빙하여 살게 했다(《遺事》 권5 孝善 제9).

12년 여름 가뭄이 계속되어 沙門 太賢을 초빙하여 內庭에서 《金光明經》을 강의했는데 비가 내렸다. 이 때 궁중의 우물이 말라 태현이 강의 도중 향로를 받들고 묵념을 하니 높이 7丈이나 되는 물줄기가 솟았다. 이로 인해 이 우물을 金光井이라 불렀다(《유사》 권4 義解 제5). 이 《금광명경》은 704년 김사양이 가져온 것이라 생각된다. 호국경전인 이 경의 주문과 태현의 신통력의 위대함을 기술한 것이다. 다음 해 여름, 왕은 고승 法海를 초청해서 황룡사에서 《화엄경》을 강의했다. 법해도 왕의 하문에 답하여 신통력을 발휘하여 바닷물을 넘치게 했다. 《화엄경》도 또한 대단한 주문의 힘을 발휘할 수 있다고 생각했던 것이다(同). 경덕왕은 이 해에 황룡사의 종을 주조했다. 종의 높이는 1丈3寸, 두께는 9寸, 무게는 49만 7천 5백 81근이며 시주자는 孝貞伊王과 三毛夫人이었다.

그 다음 해(755)에는 분황사의 약사동상을 조성했는데 무게가 30만 6천 7백근이나 되었다. 왕은 다시 황금 12만근을 시주하여 망부 성덕왕을 위해 큰 종을 조성케 했는데 완성을 보지 못하고 승하하였다(《유사》 권3 塔像 제4). 또 당 開元·天寶년간(713~755), 신라의 왕족 출신인 金地藏(金喬覺)은 안위성의 九華山에서 돌아와 지장도량을 열었다.

17년(758) 7월, 사찰 16개소에 벼락이 떨어졌으며 19년 4월 1일에는 해가 둘이 떠서 10일 간이나 사라지지 않았다고 한다. 왕은 月明師를 청해 향가인 도솔가를 제작하고 꽃을 뿌려 공양케하여 천변의 재앙을 막았다고 한다(《유사》 권5 感通 제7).

22년(763)에는 왕이 총애하던 신하 大奈麻 李純이 출가하여 斷谷寺를 세우고 그 곳에서 살았다. 그러나 왕이 풍악을 좋아한다는 소식을 듣고 하산하여 왕에게 충언하였다고 한다(《史記》 권9).

다음 해 영묘사 丈六佛像에 도금을 하였는데 그 비용은 벼 2만 3천 7백석이었다 한다(《遺事》 권3 塔像 제4).

혜공왕

765년 혜공왕이 즉위했다. 6년(770) 12월에 奉德寺의 대종이 완성되었다. 봉덕사는 738년 효성왕이 성덕왕의 명복을 빌기 위해 세운 것으로서 종에는 '聖德大王神鍾之銘'이라고 씌어 있다(《遺事》 권3 塔像 제4).

14년(778) 4월, 김유신의 묘에서 바람이 일어나 삼국을 통일하여 공을 세운 자신의 자손이 죄없이 살해 당한 것을 원망하는 소리가 들렸다. 왕은 이를 듣고 놀라 대신 金敬信을 김유신의 묘에 보내어 사과하고, 김유신이 평양을 토벌한 뒤 복을 빌기 위해 세웠던 鷲仙寺에 밭 30결을(結은 토지 면적의 단위) 주어 그의 명복을 빌도록 했다(《遺事》 권1 紀異 제1).

다음 해 3월에는 도읍에 지진이 일어나 사망자가 백 여명이나 되었고, 이어 太白星이 달을 침공하는 천지이변이 일어남에 왕은 이를 소멸하기 위하여 백좌법회를 열었다. 재앙을 물리치기 위해 백좌법회를 열었던 일은 역대왕

조들의 전통이었다고 본다.

후기 —— 宣德王에서 경순왕까지

780년에 즉위한 宣德王은 5년에 병이 들자 "생사는 천명이니 무엇을 원망할 수 있겠는가"하며 죽은 뒤에 불교의식에 따라 화장하여 유골을 동해에 뿌려 달라는 유언을 남겼다(《史記》 권9). 785년 元聖王이 즉위 했다. 왕의 휘는 敬信으로 전왕의 시대에는 上大等의 지위에 있었다. 이 왕도 798년 12월 29일에 승하하자 유언에 따라 영구를 봉덕사 남쪽에서 화장했다. 2대의 왕이 잇달아 화장을 하였다(《史記》 권10).

애장왕

소성왕을 이어 800년에 애장왕이 즉위하고 그 3년 8월 가야산 해인사[25]가 창건되었다(《史記》 권10). 가야산 해인사는 당에서 구법유학하고 귀국한 順應과 利貞에 의하여 창건되었다. 왕후의 병환쾌차를 기원하며 창건된 해인사가 일약 유명하게 된 것은 대각국사 義天과 최치원이 머물었다는 이유도 있지만 그 보다는 이 절이 法寶寺刹이기 때문이다. 佛·法·僧 三寶 중에서 법보사찰이 된 것은 고려대장경 판목을 오늘날까지 잘 보관·수장하고 있는데 기인한 것이다(제3장 3절). 해인사는 고려 현종(1009~1031)이후, 7회에 걸쳐 화재가 있어 현재의 건물은 모두 조선말기에 재건한 것이다. 그러나 석조건물인 3층석탑·당간지주 등은 개창당시의 것으로 신라의 그림자를 지금까지 볼 수 있다.

해인사를 창건한 애장왕은 7년에 영을 내어 지붕수리 등을 제외한 사찰의 창건을 금하고, 또 錦繡를 사용한 불사와 금·은으로 기구를 만드는 것을 금했다(《史記》 권10).

헌덕왕

2년(810) 10월, 왕자 金憲章을 당으로 보내어 금·은으로 만든 불상과 경전

---

25) 崔源植, 〈新羅下代의 海印寺와 華嚴宗〉 《韓國史研究》 49집, 1985.

등을 헌상하고 이는 죽은 唐 順宗의 명복을 비는 뜻이라 하였다(《史記》 권10). 唐 順宗은 숭불천자로서 많은 沙門들과 교류를 갖고 있었지만 특히 화엄종의 제5조 澄觀으로부터 《心要》를 증정받았다. 이렇듯 당에 헌상할 수 있을 정도로 신라에는 좋은 불상이 만들어 졌다.

홍덕왕

다음 興德王 시대에도 당과는 승려의 왕래가 있었다. 2년(827) 3월, 益山으로 봉했던 고구려왕의 사관, 丘德이 당에서 경전을 가지고 귀국하니, 왕은 각 사찰의 승려를 모아 나아가 맞이하도록 했다. 신라에서 경전이 당으로 봉송되고 당도 신라에 하사하는 등 불교를 통한 문화교류가 왕성하게 일어났다.

이렇게 해서 애장왕(800~808)에서 문성왕(839~856)의 9세기에는 신라에서 많은 승려가 당으로 갔다. 예를 들면 804년에는 慧昭(眞鑑국사)가, 814년에는 惠哲이 당으로 갔다. 그리고 830년에는 혜소가 돌아 오고, 839년에는 혜철이, 그 다음 해에는 體澄이, 845년에는 無染이, 847년에는 梵日이 각각 귀국했다. 그 때 마침 845년(會昌5)에 회창의 폐불이 단행되어 승려 26만 5백인이 환속하고 사찰이 파괴되었다. 마치 이 탄압을 피하듯 신라 승려들은 속속 귀국했다.

2년 8월에는 두 태자가 강원도 五台山에 입산하여 草庵을 만들었다. 오대산 중대에는 비로자나불을 주존으로 하여 1만의 문수가 상주하고 있는 곳으로 淨神太子(寶叱徒)와 그 아우 孝明太子는 오대산으로 들어가 몸을 숨기고 文殊化身의 배알을 기원하고 있었다. 그 때 신라의 수도 경주에서는 정신태자의 아우 副君이 왕위권 싸움에서 패하여 죽었다. 장군 4인을 오대산으로 보내어 두 태자를 데려오라고 했다. 그러나 보질도태자는 돌아갈 수 없는 뜻을 밝혀 돌아가지 않았으나 효명태자는 돌아 가서 왕위를 계승하였다고 한다(《遺事》 권3 塔像 제4). 확실한 사건인지 아닌지는 불명하나 왕자의 신분으로서 불교수행을 한 사실이 있었는 지, 아니면 실제로 태자 한 사람이 출가해서 산에 은거하여 일생동안 불도를 닦았는지는 알 수 없다.

5년(830)에는 왕의 건강이 좋지 못해 기도를 올리고 1백 50인의 승려를 득도케 했다. 또 다음 해 2월에는 왕자 金能儒와 승려 9인을 당으로 파견했다(《史記》 권10). 홍덕왕 자신이 숭불의 군주였는지도 모른다.

문성왕

13년(851) 4월에는 당으로 갔던 사신 阿飡元弘이 唐 황제가 하사한 불경・佛牙를 가져 왔다. 왕은 교외까지 나아가 이를 맞아 들였다(《史記》 권11).

경문왕

4년(864) 왕은 감은사로 행차하여 멀리 산과 바다를 관찰하였다. 또 6년 정월에는 황룡사에 행차하여 연등회를 열고 백관에게 연회를 베풀었다. 이와 같은 행사는 왕의 정기적인 행사였을 것이다. 8년 6월 황룡사 9층탑에 벼락이 떨어져 파손되었으므로 개조공사가 시작되어 13년(873) 9월에 완성되었는데 높이가 23丈으로서 국가의 정신적인 도량이었다.

헌강왕

2년(876) 2월, 황룡사에서 齋會를 열어 승려들에게 공양하고 百高座를 열어 경을 강의케 했으며 왕은 친히 행차하여 강의를 들었다(《史記》 권11). 百高座는 법흥왕 이래 연속해서 열던 행사이다. 12년(886) 6월에는 왕의 병이 깊어 쾌유를 기원하기 위해 백고좌를 열었고, 다음 정강왕 2년(887) 정월에도, 다음의 진성여왕 대에도(887) 황룡사에서 개최되었다. 신라시대의 백고좌회는 왕이나 왕후의 병환쾌유를 위해, 또는 재앙 소멸을 기원하던 것으로서 황룡사는 그 개회장소로서 국립사원으로서의 역할을 다했던 것이다. 5년 영축산(경남 울산)의 동쪽 숲에 용들을 위하여 절을 세우고 '望海寺'(또는 新房寺)라 이름하였다(《通鑑》 권11 ; 《遺事》 권21 紀異 제2).

진성여왕

2년(889) 2월, 여왕은 角干 魏弘에게 명하여 大矩(大炬 또는 大居)화상과 함께 향가를 편집케 했다(《史記》 권11). 여왕은 병에 걸렸으나 죄인을 방면하고

60인의 승려를 득도케 했더니 곧 병이 나았다. 度僧도 또한 병의 쾌유를 빌기 위한 것이었다. 4년 정월 15일에 황룡사에서 연등회를 열었다. 그러나 여왕은 미남자 3인을 궁중으로 불러 그들에게만 국정을 자문 받아 정치는 공평성을 잃고, 세상은 난세를 맞아 도적이 일어나고 반란이 잇달아 생겨, 신라의 운명도 다해가고 있었다. 진성여왕은 도적이 일어나 백성들이 곤궁에 빠진 것은 여왕의 부덕에서 온 것이라하여 왕위를 효공왕에게 양위했다. 그 후 신라는 경명왕→경애왕→경순왕으로 계승되었지만 935년 멸망하고 말았다.

신라는 법흥왕 이래 일관하게 불교를 신봉하여 피해없이 지속되어 거리마다 사찰과 탑이 줄지어 서고 사람들은 산중으로 들어가 승려가 되었지만 이로 인해 군사와 농민의 수가 점차 감소되어 국력이 쇠약해져 멸망한 것이라고 한다(《史記》 권12).

후삼국과 불교도의 반란

통일신라의 말기에는 왕권이 쇠퇴해 지고 정치적 혼란기를 맞아 泰封(후고구려 901~918)과 후백제(892~936) 2국이 일어나 후삼국시대를 맞이한다.

우선 태봉을 건국한 것은 궁예(弓裔)이다. 진성여왕 5년(892) 10월 北原(원주)의 적수 梁吉은 승려 善宗을 파견하여 북원 동쪽 부락과 주천(영월군 서쪽) 등 10여 군을 약탈했다(《史記》 권11). 선종은 속명을 弓裔라하여 경안왕의 아들이라고도 하고 한편 경문왕의 아들이라고도 하였다. 궁예는 태어나면서부터 치아가 있어 장차 국가를 해칠 아이라 하여 죽이려고 했으나 유모가 몰래 양육했다. 발각될까 두려워 世達寺(興敎寺)로 가서 출가하여 '善宗'이라 불렀다. 신라말기 국가에 난이 일어남에 적수 양길에게 가서 여러곳을 공격하여 점령하다가 드디어 양길의 군대를 격파하고 효공왕 5년(901)에는 스스로 왕이라 칭하고 신라를 적대시하였다. 동 8년 국호를 摩震이라 하고 연호를 武泰라 하였다. 다시 국호를 泰封으로 개칭하고 松岳郡에 도읍을 두었다가 다시 새 도읍을 철원성으로 옮겨 세력을 키웠지만 악역비도를 행하고 사치한 생활에 빠져 드디어 고려 태조 王建에게 살해되었다.

궁예는 자칭 미륵불이라 하고 머리에는 금색 모자를 쓰고 몸에는 승복을 입었으며 장남을 '靑光菩薩', 차남을 '神光菩薩'이라 불렀다. 외출시에는 백마를 타고 말에는 채색된 비단으로 장식하여, 동남동녀가 양산과 香花를 들고 길을 인도하고 비구 2백여 명은 범패를 부르면서 따라 갔다. 또 經文 20여 권을 저작하였지만 그 내용은 허위뿐이었다고 한다. 때로는 강설을 하는 때도 있어 승려 釋聰이 邪說이라고 비난하자 그를 처형하였다. 또 팔관회를 열기도 하여 승려로서의 일면을 나타내기도 하였다(《史記》 권50 弓裔傳). 이 난은 실로 중국에서의 北魏의 불교도나 당의 미륵교도와 같은 것으로서 불교 반란의 성격을 가진 것이라 하겠다. 다음 해 6년에는 完山(全州) 견훤도 반란을 일으켜 후백제를 건국했다. 그는 상주 加恩縣(문경 가은) 사람으로서 뛰어난 무장이었다. 드디어 반심을 품고 900년에는 도읍을 完山으로 정하고 '후백제'라 하였다. 신라의 경애왕을 망하게 하고 고려 태조와 자주 싸웠지만 936년에 병으로 죽음에 후백제도 멸망했다.

일본과의 불교교류

天武천황 白鳳14년(685) 5월, 일본승 觀常과 雲觀이 신라유학의 여행에서 돌아왔다. 그 다음 해 9월에는 智隆이 신라에서 돌아왔다. 또 지통천황 朱鳥 2년(687) 9월에는 신라왕자 金霜林이 불상·발우·幡·불구 등을 보내고. 다음 해에는 신라 승려 詮吉 등 50여 명이 건너왔다. 같은 해 8월에는 당으로 유학갔던 승려 智宗·美德·淨願 3인이 신라배를 타고 돌아왔다.

또 문무천황 慶雲4년(707)에는 학문승 義法·義基·總集·慈定·淨達 등이 신라에서 돌아왔다고 기록되어 있는데 이들은 신라로 유학간 승려들일 것으로 생각된다. 淨達은 귀국한 다음 해 維摩會를 개최할 때 不比 등과 함께 초청되어 상수에 올랐던 사람이다.

審祥[26]은 聖武천황 天平12년(740) 1월 8일 일본 金鍾도량[27](東大寺 羂索堂·

26) 谷省吾, 〈圓融要義集の逸文 —— 華嚴宗の草創に關する史料〉《南都佛敎》 제3호, 1957.

法華堂)에서 《華嚴經》을 강의하고, 뒤에 慈訓小僧都·鏡忍僧都·圓證大德 등의 스승이 되어 1년에 20권을 강의하고, 3년에는 《60화엄》을 강의했다. 이 때 운집한 사람들은 都下 16院의 명장과 畿內의 학자들로서, 이 때 성무천황은 그 무애자재한 강설을 찬탄하여 綵帛 천필을 하사하였다. 심상은 천평 14년에 입멸하였는데, 뒤에 良弁을 비롯한 많은 학자를 배출하였다. 드디어 신라 말기가 가까워지면서 집단적인 귀화승려가 있었다. 孝謙천황 天平勝寶 4년(752) 6월에는 신라왕자 金泰廉이 일본으로 건너와 大安寺와 동대사 등을 참배했고, 天平寶字 2년(758) 8월에는 승려 32인과 尼僧 2인, 남자 19명, 여자 21인이 武藏野의 閑地에 이주하여 신라군을 형성했다. 또 嵯峨천황 弘仁 9년(818) 겨울, 신라승 26명이 건너왔다 新羅明神에 관한 기괴한 전설도 있다. 天安 2년(858), 円珍이 유학을 마치고 당에서 돌아올 때 바다에서 한 노인이 나타나 "자신은 신라국의 신으로서 師의 교법을 영구히 호지할 것이라"는 말을 남기고 자취를 감추었다. 원진이 돌아와 가지고 온 경전을 상서성에 두었는데 다시 신라명신이 나타나 "여기는 경전을 둘곳이 못된다"고 하였다. 比叡山에 돌아가 山王院에 도착하자 산왕명신이 다시 나타나 "가지고 온 경전을 이곳에 두도록 하라"고 하였다. 이에 다시 신라명신이 나타나 "이 땅은 장차 싸움이 계속 일어 남으로 이 곳에 두는 것은 위험해서 안된다"고 하였다. 남쪽으로 몇 리를 가면 좋은 장소가 있다고 하여 원진은 다시 신라명신과 산왕명신을 따라 滋賀郡 園城寺로 갔다 한다. 이것은 신라명신의 뛰어난 영능을 말하고 있다.

발해국의 불교

고구려 유민이었던 대조영(大祚榮)이 건국한 발해[28]는 당으로 사신을 보내

堀池春峰, 〈華嚴經講說よりみた良弁と審祥〉 《南都佛教》 제31호, 1973.
結城令聞, 〈華嚴章疏の日本傳來の諸說を評し審祥に關する日本傳承の根據と審祥來日についての私見〉 《南都佛教》 제40호, 1978. 5.

27) 堀池春峰, 〈金鐘寺私考〉 《南都佛教》 제2호, 1955. 5.

28) 鳥山喜一, 《渤海國小史》 滿日文化協會, 1939.

어 조공하였던 탓으로 문물제도를 일찍 수입했다. "대저 중국의 제도를 헌정의 법으로 삼는다"(《新唐書》 권219 발해전)라고한 것처럼 당의 제도를 모방했다. 仁安 18년(737) 大欽茂(文王)이 즉위하여 도읍을 上京龍泉府(牡丹江省 寧安県 東京城)으로 옮겼다. 발해는 713년 12월, 말갈왕자가 왔을 때 그 상진문에서 교역과 入寺 예배를 청하였다고 하는 기록이 있다(《册府元龜》 권971). 또 814년, 발해국 大元瑜 때 사신 高禮進 등 37인을 보내어 조공하고 금·은불상 각각 1구씩을 헌상했다(《册府元龜》 권972 《渤海國記》하편).

일본문헌에 따르면 776년 사신 史都蒙 일행이 다음 해 귀국할 때 '수정염주 4貫'등이 附加되었다고 한다(《續日本紀》 권34). 814년 조공사신 王孝廉 일행에 録事 釋仁眞의 이름도 있다(《日本後紀》 권24). 왕효렴은 홍법대사 空海와 시문을 왕래했던 사실이 있다.[29] 이 기사에 따르면 발해에 불교가 있었던 것은 확실하게 밝혀졌다.

그 외 일본과 당의 뒤안길로서 발해 경유가 이용되어 일본사신이 당으로 파견될 때 왕복했던 것이다. 795년 11월 出羽國에 표착한 발해 사절 呂定琳이 당에 유학하고 있던 승려 永忠의 상서를 봉정했다 한다(《類聚國史》 권193). 또 《大乘本生心地觀經》을 번역했을 때 수필과 번역에 임했던 靈山三藏[30]에 대해 일본조정에서 발해 사절단에 부탁해서 황금 100금을 하사했다는 것이 발해승 貞素가 靈仙을 읊은 시에 있다(《入唐求法巡禮行記》 권3). 이로서 발해불교의 일면을 알 수 있다.

이상 서술한 바와 같이 문헌적 내용이 적어 발해불교의 진상은 알 수 없지만, 다행스럽게도 유적발굴의 결과 그 불교문화의 양상을 알 수 있다. 上京龍泉府의 유적지 전모가 1933년과 1934년 동아고고학회의 발국보고서인 《東京城》에 의하여 알게 되었다. 사지의 유물을 통해서 사원에는 벽화 등으로 장식되었고 석불은 석가와 다보 2佛의 並座석상이 출토되어 법화경 신앙이 있었

29) 鳥山喜一, 《渤海史上の諸問題》 風間書房, 1968.
30) NHK取材班·鎌田茂雄, 《佛教聖地·五台山 —— 日本人三藏法師の物語》, 日本放送出版協會, 1986.

던 것으로 추정된다.[31]

2. 불교교학의 융성

신라승의 해외활동

신라에서는 覺德이 梁으로 유학간 이래, 安弘·智明·円光 등이 陳으로 유학갔고, 다시 曇育 등이 隋에 들어갔으며, 잇달아 明朗·慈藏이 당으로 들어가 구법하여 당의 불교를 신라에 전했다. 선덕여왕에서 무열왕 시대에 이르기까지는 신라는 통일국가로서의 정신적 기반을 불교에 두고 있었던 이유로 원측·의상·둔륜·도증·神昉·태현 등의 유능한 학승들이 당으로 건너가 새로운 불교를 가져오기 위해 정열을 쏟았다. 宋 贊寧이 저술한《宋高僧傳》에는 입당한 신라 승려들의 전기가 수록되어 있지만 일본에서 당으로 유학한 空海·最澄·玄昉등 일본 승려들의 이름은 없다. 더우기 신라 학승들의 우수한 업적을 찬탄하고 있다. 원효와 같이 한평생 당의 땅을 밟아 보지 않은 사람도 그 전기가 수록되어 있어,《송고승전》의 찬자의 견해로서는 중국인과 신라인과의 구별은 거의 하지 않았던 것같다.

문화교류는 당과 신라 뿐만이 아니었다. 신라승 혜초는 남해에서 바다를 건너 인도로 가서 석가의 유적을 참배하고, 五天竺을 두루 거쳐 중앙아시아를 경유하여 드디어 당의 도읍 장안으로 들어갔다. 혜초의 여행기는《왕오천축국전》으로서 이 책은 현장이 쓴《대당서역기》와 함께 당시 인도의 풍속·지리·종교를 기록한 중요한 자료이다. 이 기행문은 마르코 폴로 Marco polo (1252~1324)가 쓴《東方見聞錄》보다 5백년 정도 앞서 저술된 기행문으로 큰 업적을 남긴 것이다. 혜초의《왕오천축국전》은 산실되어 알 수 없었던 것을 1980년 프랑스의 동양학자 페리오 p, peliot가 돈황석굴에서 발견한 이래 세

31) 駒井和愛,〈渤海の佛像 —— 特に二佛並座石像について〉《遼陽發見の漢代墳墓》附錄, 東京大學文學部 考古學硏究室, 1950.

상에 알려졌다. 신라인의 저술이 서역 돈황석굴에서 1200년 동안이나 잠자고 있었다고 하는 것은 감개무량한 일이다.

이와 같이 해서 도입한 당의 불교는 신라불교 발전에 크게 공헌하고 한국 사상 불교의 황금시대를 현출시켰다. 당시 신라불교는 당 불교에 비해 우열을 가릴 수 없을 정도로서 일본 奈良불교에도 끼친 영향은 크다.

통일신라는 고려왕조가 성립(936)될 때까지 약 260년 간이라 할 수 있으나 불교사에서 본다면 크게 둘로 나눌 수 있다. 前期에서는 法相宗과 화엄종 등의 교학불교가 이식되었고, 후기에서는 중국 南宗禪이 본격적으로 들어와 실천을 겸한 禪佛敎가 한국불교의 주류를 형성하기에 이르렀다.

민중불교의 전개

신라불교는 귀족불교로서의 성격이 강했지만. 민중불교[32]의 흐름도 무시할 수 없다. 이미 진평왕대에서 선덕왕대에 이르도록 민중교화를 위해 활약한 惠宿과 惠空이 있다. 혜숙은 처음은 화랑도였지만 赤善村에 은거하여 20여 년을 지났다. 어느 날 國仙 瞿昆公이 사냥을 하고 있을 때 혜숙은 자신의 다리의 살을 베어 주었다. 이리하여 구참공의 잔인한 행동을 경계시켰다. 이런 말을 들은 진평왕은 혜숙을 맞아 들이려 했지만 이에 응하지 않았고, 또한 큰 사찰에도 있지 않았으며 惠宿寺라고 하는 작은 초막에 살면서 민중을 교화했다.

혜공은 원래 天眞公 노비의 아들로서 어릴 때 이름은 '憂助'라 하였다. 가끔 영험을 나타내는 일이 있어 출가하여 승려가 되어 이름을 '惠空'이라 하였다. 작은 암자에 살면서 미치광이처럼 술에 대취하고서는 삼태기를 지고 거리로 노래와 춤을 추며 다닌 까닭에 '負簣和尙'이라고도 했다. 절 우물 속에 들어가도 옷이 젖지 않았다 한다. 만년에는 恒沙寺(吾魚寺 경북 영일)에 있으면서 원효와 교유했다. 神印宗의 개조자인 明朗이 금강사를 창건하여 그를 초빙했는데 그 때 비가 몹시 내렸는데도 혜공의 옷은 젖지 않았고 발에는 진

32) 金煐泰, 〈新羅佛敎大衆化의 歷史와 그 思想硏究〉《佛敎學報》 제6집, 1969.

흙이 묻어 있지 않았다. 가끔 신이를 나타내었으며 東晋의 명승 僧肇의 후신이라고도 한다(《遺事》 권4 義解 제5).

원효와 동시대에 활약한 神異僧으로 大安이 있다. 특이한 옷차림을 한 대안은 시중에 있는 동발을 두드려 "大安 大安"하고 노래를 부르면서 다녔다(《宋傳》 권4). 이들 3인은 궁전 근처의 대사찰에는 머물지 않고 마을이나 거리를 다니면서 불교민중화에 노력했고 가끔 영험을 나타내었다. 마을 마을을 노래와 춤으로 교화한 원효도 민중불교의 담당자로서 활약했다.

원효 —— 화쟁사상의 성립

통일신라 초기에 불교계에서 화려한 활약을 한 승려는 원효와 의상이다. 그 중에서도 원효는 한국불교사에 있어서 가장 독창적인 사상가이다. 원효는 의상과 함께 唐으로 유학의 길에 올랐지만 도중에서 뜻을 바꾸어 당으로 가지 않았다. 그 때의 사정을 전하는 설화가 있다. 두 사람은 당으로 구법코자 길을 떠난 어느날 밤 무덤에서 노숙을 하게 되었는데 갈증이 심해 물을 마셨다. 다음 날 아침 깨어 보니 해골에 담겨져 있던 물이었음을 안 순간 갑자기 구토증이 일어 났다. 이 때에 元曉는 어제밤 아무 생각이 없을 때에는 마실 수 있었던 물도 해골에 담긴 물이라는 것을 알고 난 뒤에는 마실 수 없다는 것은, 즉 일체의 현상은 마음에서 일어나는 것임을 깨달았다. '유심소조'의 도리를 안 원효는 국내에서 모든 경론을 연구하여 드디어 중국 교학자에게도 뒤지지 않는 위대한 불교학자, 독창적인 사상가가 되었다. 입당을 포기한 것은 원효를 불후의 불교학자로 만든 계기가 되었다.

元曉[33]에 대하여 한국에서 전하는 자료는 〈高仙寺誓幢和上塔碑〉, 《삼국사

33) 원효에 대한 연구논문은 많으나 그 중에 傳記와 관계된 것을 들면 다음과 같다.
今津洪嶽, 〈元曉大師の事蹟及び華嚴教義〉《宗教界》 11권 11호, 1915.
本井信雄, 〈新羅元曉の傳記について〉 《大谷學報》 41권 1호, 1946.
八百谷孝保, 〈新羅僧元曉傳攷〉 《大正大學報》 제38집, 1952. 7.
李鐘益, 〈元曉의 生涯와 思想〉 《韓國思想史古代篇》.
金煐泰, 〈傳記와 說話를 통한 元曉研究〉 《佛教學報》 제17집, 1980.
石井公成, 〈元曉と中國思想〉 《印度學佛教學研究》 31권 2호, 1983. 3.

기》 권46의 薛聰傳, 《삼국유사》 권4 元曉不羈, 〈和諍國師塔碑〉, 《新編諸宗教藏總錄》 등이 있다. 중국 자료로서는 《宋高僧傳》이다. 이들 중에서 1914년 5월, 경북 경주 내동면 暗谷里 止淵에서 발견된 〈高仙寺誓幢和上塔碑〉[34]는 신라 혜공왕(765~779)말에서 선덕왕(780~784)대에 세워진 것으로 추정되는 원효의 斷碑로서, 제 1급의 근본자료이다. 원효의 탄생에서 열반까지의 일대 경력을 서술한 것으로서 하반부의 단편의 비석만이 남아 있어 전체를 알 수 없지만 원효의 示寂년대와 또 다른 중요한 데-타 Data를 얻을 수 가 있었다.

원효는 진평왕 39년(617) 신라 押梁郡(章山郡) 佛地村에서 태어났다. 성은 薛씨, 父는 談捺乃末(奈麻)이며, 어릴 때 이름은 '誓幢'이라 했다. 서당이란 軍號로 원효나 혹은 그의 父가 군직에 관련이 있었다고 한다.[35] 태어나면서부터 예민하여 스승없이 불교를 습득했다. 또 화랑도에 속하는 기교한 행동으로 요석공주와의 사이에서 설총을 낳았다. 설총의 字는 聰智이며, 천성은 밝고 예민하여 지혜가 있어 吏讀(한자의 音訓을 빌어 한국말로 표기하는 방법)로 9經을 해독하여 학생들을 교육시켜 학자들의 종주로서 추앙받았다(《史記》 권46 薛聰傳). 또 손자 薛仲業은 寶龜 11년(780) 신라 사절단의 한 사람으로서 일본으로 건너갔다.

원효는 파계하여 속복으로 갈아 입고 자칭 '小姓'(性)거사라고 하였다. 그는 표주박을 두드리면서 《화엄경》설의 "일체무애의 사람, 一道에 생사를 超出하다"라고한 내용에서 이름하여 '無碍'라고 지칭하여 그것을 가지고 마을을 다니면서 노래와 춤으로 민중을 교화하였다. 그로 인해 글을 모르는 사람들도 부처님의 이름을 알고 '나무아미타불'을 염송하게 되었다. 원효는 위대한 교화력으로 민중속에 불교를 침투시켰던 것이다. 그가 태어난 마을은 '佛地'라 하고, 절 이름은 初開寺이며, '元曉'란 이름은 '처음으로 佛日이

34) 葛城末治, 〈新羅誓幢和上塔碑に就いて〉 《靑丘學叢》 제5호, 1931.
35) 末松保和, 〈新羅の軍号'幢'について〉《史學雜誌》 제42권 12호, 1932.
八百谷孝保, 〈新羅僧元曉傳攷〉 《大正大學報》 제38집, 1952.
金煐泰, 〈元曉의 小名誓幢에 대하여〉 《韓國佛敎學》 제5집, 1980.

빛나다'라고 하는 의미라 한다.

원효는 일찌기 분황사에 살면서 《화엄경》의 疏를 편찬했는데 제40 회향품에서 붓을 놓았다. 또 부르는 소리에 응해 사방으로 초인간적인 활약을 한 탓으로 사람들은 初地位에 들어간 사람이라고 하였다. 이 같은 연유에서 본다면, 인도불교로서는 초지에 든 사람은 미륵 maitreya 과 용수 Nāgārjuna 두 사람 뿐이다.

중국 《宋高僧傳》 권4의 원효전은 역사적 사실인 지는 알 수 없으나 다음과 같이 서술하고 있다.

신라국왕이 《仁王經》의 백고좌법회를 개최하기 위해 석학을 구하던 중 원효가 추천되었다. 그러나 원효의 학덕을 시기하는 자들에 의해 허용되지 않았다. 그때 마침 왕후가 악성종양이 생겨 약을 사용해도 효험이 없었다. 靈堂에 기도를 드렸더니 巫覡이 사람을 타국으로 파견해서 약을 구한다면 완쾌될 것이라 하였다. 왕은 사신을 당으로 파견하고 약을 구하도록 했다. 당으로 가던 도중 바다에서 한 노인이 나타나 사신을 용궁으로 데리고 가서 용왕을 만나게 했다. 용왕은 "너희들의 왕후는 青帝의 셋째 딸이다. 이 궁전에 《金剛三昧經》이 있다. 이 경을 신라국에 유포시켜라"하면서 흩어진 30장의 경전을 사신에게 주었다. 다시 말하기를 "大安성자로 하여금 흩어진 경전을 정리해서 모으게 하고 원효법사로 하여금 疏를 짓게하여 이를 講釋한다면 왕후의 병은 완쾌될 것이니 의심치 말라"고 하였다. 용왕의 전송을 받은 사신은 다시 배를 타고 신라로 돌아왔다. 국왕은 이 이야기를 듣고 기뻐하여 대안성자로 하여금 경을 순서에 맞추어 정리케 한즉 8品의 경전이 되었다. 대안은 "다른 사람보다는 원효에게 이 경전을 강석케 하는 것이 좋겠다"고 진언하였다. 그때 원효는 고향땅 尙州에 있었다. 원효는 "이 경전은 本始二覺을 종지로 삼고 있으므로 자신을 위해 角乘을 비치하라"고 했다. 붓과 벼루를 소의 두 뿔 사이에 두고, 소차에 탄 원효는 이 경을 강의하고 또 저작했다. 국왕은 황룡사에서 강설케 했는데, 완성된 《金剛三昧經疏》 5권을 누군가에 의해 없어졌다. 다시 3일간을 연장받고 《略疏》 3권을 저술했다. 이것이 현존하는 《金剛三昧

經論》 3권이다.

원효의 《금강삼매경론》이 중국에 전해지자 너무 훌륭한 저술이므로 이는 필경에 보살이 쓴 것이라고 하여 《금강삼매경론》이라 하였다. 보통 사람이 쓴 것은 '疏'라고 하지만, 보살이 쓴 것이기 때문에 '論'이라 하였다. 이 《금강삼매경》은 선종의 개조 菩提達磨 Bodhidharma의 《二入四行論》의 教를 채용하여 7세기 전반, 즉 唐初에 중국에서 성립된 '위경'이라는 학설이 강하지만 혹은 신라에서 위작된 것일지도 모른다. 중국의 불교학자들은 어느 누구도 주석한 바가 없고 오직 원효의 주석만이 현존하는 유일의 것이다. 《금강삼매경론》은 중국 뿐만 아니라 일본에서도 애독했다.

《송고승전》의 저자 賛寧은 원효의 자유무애했던 행동에서 여러가지의 기이를 일으켰던 杯渡和尙(《梁傳》 권10)이나, 또는 齊·梁대에 신이를 나타낸 保誌화상의 형류에 비교될 만한 인물로 보았던 것이다.

원효는 신문왕 6년(686) 3월 30일 穴寺에서 멸몰했다. 그 때 70세였다(〈高仙寺誓幢和上塔碑〉).

원효의 저작은 86부를 헤아릴 수가 있지만 현존하고 있는 것은 22部이다.

《大慧度經宗要》 1권	(大正藏33)
《法華經宗要》[36] 1권	(大正藏34)
《金剛三昧經論》[37] 3권	(大正藏34)
《華嚴經疏》 10권(혹은 8권) (序 권3 存)	(大正藏85)
《無量壽經宗要》 1권	(大正藏37)
《阿彌陀經疏》 1권	(大正藏37)
《涅槃經宗要》[38] 1권(혹은 2권)	(大正藏38)

---

36) 金昌奭, 〈元曉の法華宗要について〉 《印度學佛教學研究》 27권 2호, 1979.
任禹植, 〈法華宗要における一乘說について〉 《印度學佛教學研究》 31권 2호, 1983. 3.

37) 小野玄妙, 〈元曉の金剛三昧經論〉 《新佛教》 2권 6호, 1910.

《彌勒上生經宗要》 1권 (大正藏38)
《解深密經疏》 3권(序만 있음) (東文選83)
《梵網經菩薩戒本私記》 2권(上권 存) (續藏95套 2책)
《菩薩戒本持犯要記》 1권 (大正藏45)
《菩薩瓔珞本業經疏》 3권(혹은 2권 序下권 存) (續藏61套 3책)
《大乘六情懺悔》[39] 1권 (大正藏45)
《發心修行章》 1권 (韓國佛教全書 권1)
《中邊分別論疏》 4권 (권3存) (續藏75套 1책)
《判比量論》[40] 1권 (續藏95套 4책)
《大乘起信論疏》[41] 2권 (大正藏44)
《起信論別記》[42] 1권(혹은 2권) (大正藏44)
《二障義》[43] 1권 (韓國佛教全書 권1)
《十門和諍論》[44] 2권 (韓國佛教全書 권1)
《遊心安樂道》 1권 (大正藏47)

38) 高崎直道, 〈元曉の涅槃宗要について〉《大正新修大藏經會員通信》, 제75호, 1975. 9.
木村宣彰, 〈元曉の涅槃宗要 —— 特に淨影寺慧遠との關連〉《佛教學セミナー》 제26호, 1977.
李平來, 〈涅槃宗要の如來藏說〉《印度學佛教學研究》 30권 2호, 1982. 3.
木村淸孝, 〈元曉の闡提佛性論〉 古田紹欽博士古稀記念論集《佛教の歷史的展開に見る諸形態》 創文社, 1981.
39) 木村淸孝, 〈大乘六情懺悔の基礎的研究〉《韓國佛教學 *SEMINAR*》 제1호, 1985. 12.
40) 富貴原章信, 《判比量論の研究》 神田喜一郎刊, 1967. 9.
李英茂, 〈元曉의 判比量論研究〉《建大史學》 4호, 1974.
41) 李平來, 〈新羅元曉の大乘起信論疏について〉《印度學佛教學研究》 28권 1호, 1979. 12.
42) 高翊晋, 〈元曉의 起信論疏別記를 통해본 眞俗圓融無碍觀과 그 成立理論〉《佛教學報》 제10집, 1973.
43) 横超慧日, 《二障義》 研究篇, 平樂寺書店, 1979.
44) 李鍾益, 《元曉의 根本思想 —— 十門和諍論研究》 大韓佛教元曉宗, 1977.
拙稿, 〈十門和諍論の思想史的意義〉《佛教學》 제11호, 1981. 6.

〈證性歌〉·〈無碍歌〉 1편 (萬德山白蓮社圓妙國師碑銘《東文選》;《總覽》上)

이들 저서 중에서 원효의 여래장·불성사상을 알게 되는 가장 중요한 자료가 《金剛三昧經論》·《起信論疏》·《涅槃經宗要》 등이라 하겠다. 정토교를 이해하는 데는 《遊心安樂道》이지만 이는 저자의 진위문제를 둘러 싸고 많은 문제가 있다.

이 저서 중에서 당 화엄종 완성자인 법장의 교학에 가장 큰 영향을 미친 것은 《기신론소》이다. 이 책은 '海東疏'라고도 하여 중국에서는 높은 평가를 받았다. 법장은 원효의 교학에 크게 영향을 받아 부분적으로는 그것을 그대로 인용하여 《起信論義記》를 완성했다고 한다. 옛부터 지금에 이르기까지 《기신론》은 법장의 《기신론의기》를 참고로 하여 읽지 않으면 안된다고 할 정도로 권위가 있지만, 그 《기신론의기》가 따른 것은 다름 아닌 원효의 《해동소》였다. 이 이외 원효의 《二障義》는 법장의 《華嚴五教章》의 '斷惑義'에, 《十門和諍論》의 '空有의 會通'은 같은 《五教章》의 '空有의 交徹'의 사상에 영향을 주었다. 멀리 바다를 건너 만리에서 피차간에 당과 신라의 불교가 상호교류를 하고 있었다고 하는 것은 놀라움을 느끼게 한다.

원효의 불교는 해동종·중도종·법성종·분황종·화엄종 등 여러가지의 형태로 불렀다. 그러나 宗旨의 근본은 융화사상이다. 특히 그것을 '和諍'이란 말로 표현하고 있다. 모든 저서를 통관하고 있는 사상은 다름 아닌 바로 이 사상이며, 이 근본사상이 각각의 저서에서 여러가지의 형태로 나타나 있다. 예를 든다면 《大慧度經宗要》에서는 '實相'과 '無相'이라고 하였지만 《열반경종요》에서는 '열반의 體와 用'이라고 말하고, 《금강삼매경론》에서는 '一切衆生同一本覺'이라고 하고, 《기신론소》에서는 '一心의 本源'을, 《기신론별기》에서는 '眞俗平等'이라 말하고 있다. 원효가 여러 경전을 주석한 의도는 전체의 불교를 화회·종합하기 위함에 있었다.

불교전체를 넷으로 나누어 (1)三乘別教(四諦教와 같음), (2)三乘通教(般若·深密 등과 같음), (3)一乘別教(瓔珞·梵網과 같음), (4)一乘滿教(華嚴經)라고 하는 教相判釋[45]을 세웠다. 三乘通教에서 空觀과 唯識을 하나로 보는 견해는 그대로 법장의 오교판에서 대승시교의 교판에 있는 것과 같다. 또 慧苑이 세운 (1)迷眞異執教(小乘教), (2)眞一分半教(始教), (3)眞一分滿教(終教), (4)眞具分滿教(円教)의 4교판도 원효의 4교판에 통하는 것이다. 다만 四教의 제3을 원효가 《영락경》·《범망경》에 설한 一乘戒라고 하는데 비해서 혜원은 여래장연기로서 제3教로 삼고 있는 점이 다르다. 원효가 4종판에서 제3교에 위에서 말한 두 가지 경전을 들고 있는 것은 일승계를 중시한 증거이다. 이와 같은 원효의 사상은 신라 義寂이나 太賢에게 계승되었고, 다시 일본불교의 계율사상에도 크게 영향을 주었다.

의상 —— 해동화엄의 初祖

의상[46]은, 한국화엄의 기초를 연 사람이며 한국불교사상에서 중요한 역할을 하였다. 중국화엄종 제2조 지엄의 제자로서 화엄종을 대성한 법장과는 형제 제자의 관계이다.

그의 전기 자료로서는 《삼국사기》·《삼국유사》·《圓宗文類》·《宋高僧傳》 등이 있다. 마지막 《송고승전》에는 후술하는 것과 같이 善妙의 전설이 너무 많이 기록되어 있어 전기자료로서는 신용도가 적다. 의상의 속성은 김씨, 韓信의 아들이다(일설에는 속성이 朴씨, 鷄林府의 사람). 20세에 출가했다(〈浮石

45) 坂本幸男, 〈元曉の四教論〉《華嚴教學の研究》 제4장 5절 5항, 平樂寺書店, 1956.
46) 古田紹欽, 〈義湘の行業と教學〉《宗教研究》 新제14권 제2호, 1937. 6.
八百谷孝保, 〈新羅僧義湘傳考〉《支那佛教史學》 제3권 제1호, 1939. 4.
坂本幸男, 〈新羅の義湘の教學〉《華嚴教學の研究》 제2부 제4장.
拙稿, 〈日本華嚴における正統と異端 —— 鎌倉舊佛教における明惠と凝然〉《思想》 593호, 1973. 11.
木村清孝, 〈韓國佛教における理理相即論の展開〉《南都佛教》 제9호, 1982.
吉津宜英, 〈義湘の成佛論〉《華嚴禪の思想史的研究》 大東出版社, 1985.

本碑〉). 650년, 원효와 함께 고구려를 경유해서 당으로 들어갈 뜻을 세웠지만, 도중 난을 만나 뜻을 이루지 못하고 귀국했다. 이것이 제1차 입당이었다. 이 때 당으로 갈 수 없었던 것은 요동 부근에서 첩자로 의심을 받아 얼마간 잡혀 있다가 돌아 왔다. 《송고승전》에는 제1차, 제2차의 구별은 없고 다만 669년(唐·總章원년), 원효와 함께 출발하여 원효는 도중에서 토감에 숙박했을 때 '萬法唯心'의 도리를 깨닫고 돌아왔지만 의상은 당으로 가는 뜻을 바꾸지 않았다고 기술하고 있다.

당으로 들어간 경로에 대해서도 《송고승전》은 상선을 타고 산동반도 登州(山東省 蓬萊県 水城부근)에 도착하여 文登県의 一信士의 집에서 대접을 받았다고 서술하고 있지만, 唐의 사신이 귀국하는 배를 타고 양주에 도착했다고 하는 《삼국유사》 〈의상전교〉의 설이 옳다고 생각된다.

671년(〈浮石寺本碑〉에 따름) 귀국한 의상은 칙명에 따라 태백산 부석사를 창건했다. 또 가야산 해인사, 비금산 옥천사, 南嶽 화엄사 등의 화엄十刹(《법장화상전》)을 창건했다.

《송고승전》이 강조하고 있는 善妙의 전설[47] 즉, 의상을 연모한 선묘가 용이 되어 의상을 수호했다는 설화는 《三國遺事》를 비롯한 한국측의 자료에는 없고, 겨우 《송고승전》의 기사를 근거로 쓴 것으로 여겨지는 고려 문종조, 朴寅亮이 찬술한 〈海東華嚴始祖浮石尊者讃〉과, 아주 후대의 《新增東國輿地勝覽》 권25 영주군 부석사조에 단편적으로 기술한데 지나지 않는다. 무역항구로서 또는 해상교통의 요지로서 번영했던 등주부근 文登県에는 赤山法花院이라는 사찰이 있었는데 그 절에서 했던 독경·예참은 신라풍속을 따랐다. 아침 저녁으로 했던 예참만은 당의 풍속에 따른 법회가 있었지만 그 이외는 신라의 말과 음률에 따라던 것이다. 그 법회에 모인 승속은 물론 노인과 아이, 귀하고 천한 자를 가리지 않고 모두 신라 사람들이었다 한다(圓仁, 《입당구법순례행기》 권2 개성 4년 6월 7일조). 登州부근에는 당연히 신라의 처녀들이나 혹은 주막의 妓女들도 있었을 것이다. 이러한 무대를 배경으로 선묘의 전

47) 金煐泰, 〈說話를 통해본 新羅義湘〉 《佛教學報》 제18집, 1981.

설이 탄생한 것은 아닐까, 따라서 '善妙'라는 이름은 《日本書紀》 崇峻天皇조에 백제의 귀녀 妙光과 함께 신라의 귀녀 선묘란 이름이 보이므로 선묘란 이름을 가진 비구니는 실재했던 것이 확실하다. 더욱 《송고승전》의 선묘의 전설은 일본 鎌倉시대 明惠上人(高弁)이 눈여겨 보았다가 그의 뜻에 따라 〈華嚴緣起繪卷〉[48]이라고 하는 화려한 그림을 그리기에 이르렀다.

의상의 제자에는 悟眞·智通·表訓·眞定·眞藏·道融·良圓·相源·能仁·義寂 등을 비롯해 3천 문도가 있었다고 한다(《遺事》 권4 義解 제5). 또 진정과 相円(相源)·亮元(良圓)·표훈은 4영웅이라고 일컬었다(《法藏和尙傳》). 의상은 소백산 錐洞에서 草庵을 만들어 90일간 《화엄경》을 강의했는데 그 때 제자 지통은 그 樞要를 취해 두 권의 《錐洞記》(華嚴要義問答)를 저술했다(《삼국유사》 권5 孝善 제9). 이 책은 현존하지 않지만 道身의 《화엄일승문답》(道身章)의 일부는 《法界圖記叢髓錄》에 인용되어 있어 이에 따라 의상의 사상 일단을 추측할 수가 있다.

저서로서는 《華嚴十門看法觀》·《一乘法界品鈔記》·《阿彌陀經義記》의 4종(《義天錄》)이 있고, 《백화도량발원문》 1편은 의상의 저술인지는 의문을 남긴다. 4종 중 가장 중요한 것은 《華嚴一乘法界圖》[49]이다. 《화엄경》 및 《십지론》에 의해 화엄원교의 종요를 기록한 것으로서 스승이었던 지엄선사가 죽기 3개월 전(668년 7월 15일)에 완성한 것으로서 의상이 이해하고 있는 화엄교학의 종요를 서술한 것이다. 본서의 주석은 珍嵩의 《一乘法界圖記》, 고려 균여의 《一乘法界圖圓通鈔》 및 《법계도기총수록》(《大正藏》45) 등이 있다.

唐 법장의 화엄교학의 핵심에는 의상교학의 영향이 크게 미치고 있다. 예를 들면 법장의 《華嚴五敎章》에서 법계연기를 서술한 부분이 《일승법계도》의 사상에 영향을 받았다고 하는 것은 양자를 비교해 본다면 분명해 질 것이다. 의상의 화엄교학을 법장의 것과 비교해 보면 이론보다 실천면을 더욱 중

---

48) 梅津次郎, 〈義湘·元曉繪の成立〉 《美術硏究》 149호, 1948. 8.
八百谷孝保, 〈華嚴緣起繪詞とその錯簡に就いて〉 《書說》 제16호, 1938. 4.

49) 拙著, 《國譯一切經》 諸宗部 4, 大東出版社, 1979.

요시하여 이는 한국화엄교학의 전통이 되었다.

의상과 법장은 함께 화엄종 제2조 지엄을 스승으로 삼았다. 법장은 의상을 형으로 섬기고 편지를 써 보냈다. 이것이 '賢首국사, 해동에 보내는 글'[50] (《圓宗文類》 권22)이며, 의상이 신라에서 화엄의 오의를 개연하여 불국토를 건설하고 있음을 마음으로부터 기뻐하고 있다고 전하고 있다. 이 편지와 법장의 저서를 의상이 있는 곳까지 전한 사람은 신라 勝詮이었다. 법장이 보낸 글은 《華嚴探玄記》·《一乘教分記》·《起信論義記》·《法界無差別論疏》·《十二門疏》 등이 있는데 선배되는 의상에게 잘되고 잘못된 곳을 지적, 판단하여 친절한 지도를 바란다는 내용의 글이었다. 의상은 이 요청에 답하기를 《華嚴一乘教分記》, 즉 《화엄오교장》의 章을 세우는 방법에 관해 의견을 말했다 한다(균여, 《釋華嚴五教章圓通鈔》 권1).

그 이외 신라 화엄학자는 《화엄일승성불묘의》·《대승기신론동이략집》 등을 저술한 청구사문 見登 및 《海印三昧論》을 저작한 明皛, 《화엄경문의요결문답》을 찬술한 表員 등이 있다.

圓測 —— 在唐의 유식학자

신라 원효는 당에 유학하지 않고 대학자가 되었지만 신라에 귀국하지 못하고 이국만리에서 멸몰한 원측[51](613~696) 또한 위대한 유식학자였다. 현장이 가져온 유식의 경론으로 법상종을 수립한 것은 자은대사 窺基(632~658)이지만, 동시대의 선배로서 자기의 식견을 근본에 두고 현장의 유식을 선양한 준재가 바로 西明寺 원측이었다. 그러나 규기와는 학문의 견해를 달리한 탓으로 자은파에서는 적대시하였다. 현장이 규기를 위해 강론하는 新譯《成唯識

50) 神田喜一郎, 〈唐賢首國師眞蹟 '寄新羅義湘法師書' 考〉《南都佛教》 제26호, 1971. 7.
李丙燾, 〈唐法藏寄新羅義湘에 대하여〉 海圓黃義敦博士古稀記念《史學論叢》 1960.
51) 趙明基, 〈圓測의 思想〉 《震檀學報》 제16호, 1949.
稻葉正就, 〈朝鮮出身僧圓測法師について〉 《朝鮮學報》 제2집, 1951.
申賢淑, 〈唐窺基와 新羅圓測의 相違說研究〉《佛教學報》제17집, 1980.

論》을 듣기 위해 원측은 수위에게 뇌물을 주고 그 강의를 몰래 도청하고, 규기보다 먼저 유식을 발표했다고 하는 이야기가(《송고승전》 권4) 있지만, 이는 자은파의 중상모략에서 생긴 것으로 사실무근한 이야기이며 원측은 성품이 고귀하고 아름다워 慈恩대사와 같은 권세에 마음을 기울이는 사람은 아니었다.

원측 전기의 자료로서는 《宋高僧傳》의 圓測傳은 신용할 만한 것이 못되고, 신라 최치원이 지은 〈故翻經證義大德圓測諱日文〉(《智異山大華嚴寺事蹟》) 및 宋의 貢士 宋復이 찬한 〈大周西明寺故大德圓測法師佛舍利塔銘並序〉(《金石萃編》 권146 및 《대일본속장경》수록 〈玄奘三藏師資傳叢書〉) 등에 의해 전기를 고찰함이 옳을 것이다.

諱는 文雅, 원측은 字이다. 신라국왕의 자손으로 613년에 태어나, 3세에 출가하였고 15세로서 입당유학했다. 장안으로 가서 法常·僧辯 두 스승에게서 유식을 연구했지만 二師 모두 眞諦삼장이 번역한 《섭대승론》에 통달하고 있었다. 眞諦……曇遷 —— 法常 —— 圓測, 또는 眞諦 —— 法泰 —— 靖嵩 —— 智凝 —— 僧辯 —— 圓測, 혹은 眞諦 —— 道尼 —— 道岳 —— 僧辯 —— 圓測의 계통을 찾아 볼 수 있다. 이리하여 원측은 그의 저서에서 진제의 번역본을 많이 인용하고 있다.

그는 나면서부터 자질이 총명하고 특히 기억력이 좋아 6종의 언어에 능통했다. 貞觀(627~649)년 간에 唐 태종이 도첩을 주어 승려가 되어 장안 元法寺에서 《비담》·《성실》·《구사》·《비바사론》 등 모든 論을 배우고, 그외에 고금의 章疏에 능통했다. 그 후 세상에 명성이 높이 떨침에 칙명에 따라 장안 西明寺의 대덕이 되었다.

현장삼장이 천축(인도)에서 귀국할 무렵, 원측은 바라문으로 부터 열매를 얻어 가슴에 가득차는 꿈을 꾸었는데 때마침 현장이 귀국하여 단 한번 그와 만나 서로의 견해를 나누고 현장은 《유가론》·《성유식론》 및 新譯 대소승경론 등을 원측에게 보여 주었다. 원측은 이 경론들을 연구하여 많은 주석서를 저술하였다. 또 현장이 가져와 새로 번역한 대소승의 경론을 강의하여 널리 호평을 받았던 탓으로 자은 일파로부터 중상모략을 받았던 것이다.

원측은 則天武后의 숭배하는 바가 두터워, 신라 신문왕은 원측의 귀국을 요청했지만 무후는 이를 거절했다. 또 원측은 무후의 명에 따라 인도의 고승 地婆訶羅 Divākara와 實叉難陀 Śiksānanda가 하는 번역장에도 참석했다. 지바하라가 장안·낙양의 東西太原寺 장안의 弘福寺에서 《대승현식론》·《대승밀엄경》·〈대방광불화엄경입법계품〉 등을 번역할 때 원측은 嘉尙·靈辯·道成·薄塵·明恂·懷度 등과 함께 證義의 역할을 담당했다(《開元釋教錄》권9). 또 실차난타가 695년(唐·證聖1) 3월 14일부터 洛陽 大內大遍空寺에서 80《화엄경》을 번역하였을 때 원측도 그 번역장에 참예했으나 번역의 완성을 보지 못하고 696년(唐·萬歲通天1) 7월 22일, 洛陽 佛授記寺에서 84세로 입적했다. 25日 용문 香山寺 북쪽 계곡에서 화장하여 白塔을 세웠다가 장안 西明寺 慈善과 大薦福寺의 勝莊 등이 뼈를 나누어서, 終南山 豊德寺 동쪽 산봉우리에 별도로 부도를 세웠다. 그 곳은 원측이 일찌기 살았던 인연 깊은 곳이다. 1115년(宋·政和5) 4월 8일, 종남산 기슭에 자리잡고 있는 興教寺 현장탑 좌측에 다시 분골하여 새로운 탑을 세웠다. 이것이 바로 현존하는 興教寺의 원측탑이다.

원측의 저서는 《義天錄》·《東域傳燈目錄》·《諸宗章疏錄》 등에 기록된 것을 열거한다면 다음과 같이 18종이다.

《般若心經疏》	1권	
《般若心經贊》	1권(存)	(大正藏33)
《仁王經疏》	3권(혹 6권)(存)	(大正藏33)
《解深密經疏》	7권(혹 10권)(存)	(續藏34套·35套)
《成唯識論疏》	20권(혹 10권)	
《成唯識論別章》	3권	
《二十唯識疏》	2권	
《百法論疏》	1권	
《廣百論疏》	10권	

《無量義經疏》	3권
《觀所緣緣論疏》	2권
《六十二見章》	1권
《大因明論疏》	2권
《因明正理門論疏》	2권
《阿彌陀經疏》	1권
《瑜伽論疏》	(권수欠)
《俱舍論釋頌抄》	3권
《無量壽經疏》	3권

이상 18종의 저서 중에서 현존하고 있는 것은 《반야심경찬》·《인왕경소》·《해심밀경소》의 3종 뿐이다. 《반야심경찬》이란, 원래 《불설반야바라밀다심경찬》으로 (1)敎起因緣 (2)辨經宗體 (3)訓釋題目 (4)判文解釋의 4장으로 분류하여 주석한 것이다. 《반야심경》은 (1)四諦法輪 (2)無相法輪 (3)蓮華藏 등 정토와 穢土의 深密了義大乘을 설한 교리라고 한다. 또 宗에서도, (1)隨病別宗 (2)部別顯宗 (3)約時辨宗의 3宗을 세웠다. 이어 제목을 해석하고 최후에는 본문에 대하여 一言一句를 상세하게 드러내면서 해석을 하였다.

《인왕경소》는 구마라습의 역이라고 하지만 사실은 중국에서 저술된 《인왕반야경》의 주석으로서 이 저서 내용에서 진제삼장 paramārtha이 번역한 《인왕반야경》과 6권의 疏에 따라 서술했을 뿐만 아니라 《三無性論》·《部執記》 등 진제가 번역한 설을 많이 인용하고 있다. 이 저서도 (1)說經의 趣意와 경의 제목 등을 해석하고 (2)能詮의 敎体와 所詮의 종지를 논하고 (3)敎法의 所依와 所爲의 有情 등을 드러내고 (4)번역시대를 고찰한 다음 경문을 해석하고 4章으로 분류해서 저작한 것이다. 반야사상을 유식의 교의에 따라 해석한 것이 본 저서의 특색이다.

현존하는 저서 중에서 원측의 이름을 남긴 것은 《해심밀경소》이다. 이 책은 제10권이 없어져 9권만이 남아 있던 것을 1917년(民國 6년), 南京 金陵刻經

處에서 도륜의 《유가륜기》에 의해 제10권을 보충했던 《해심밀경주》가 간행되었고 다시 현재의 산실된 부분을 티벧 譯에서 환원했다.[52] 이 《해심밀경소》를 法成이 티벧어로 번역했던 것이다. 티벧 대장경은 인도 원전에서 번역한 것이 대부분의 내용이며 한역에서 번역된 것은 얼마 되지 않는다. 그도 인도의 원전을 한역으로 번역한 《대반열반경》과 같은 경전을 다시 티벧어로 번역하여 2중 번역본이다. 순수하게 중국의 찬술인 경론을 티벧어로 번역한 것은 적으나 그 의의는 크다. 원측계의 유식설은 慈恩派로부터 압력을 받고 있었으나 돈황에서 활약하던 曇曠이 계승하여 번영하였다.

《해심밀경소》와 함께 중요한 것은 《성유식론소》이지만 이 책은 유감스럽게도 없어져 남아 있지 않다. 그러나 그 학설은 慧沼의 《成唯識論了義燈》·太賢의 《成唯識論學記》 등에서 많이 인용되어 있다.[53]

원측의 저서를 통해서 말할 수 있는 점은 모두 각각의 다른 설을 총 망라하여 인용하고 있는 것에서 그 박식의 면모를 엿 볼 수 있다. 또 칙명에 따라 자주자주 번역장에 나아가 활약했던 것은 분명한 사실로서 그는 어학에도 능통했음을 알 수 있다. 원측은 자신의 저서에서 梵本을 검토하고 있어 조예가 깊었던 것을 알 수 있으며 梵語 뿐만 아니라 서역의 모든 胡語에 능통하고 있었다. 그의 법계를 계승한 신라학승에는 道證이 있다. 전기는 분명하지 않지만, 효소왕 1년(692) 당에서 귀국할 때 《天文圖》를 헌상했다.[54] 도증의 학계를 계승한 자가 명승 太賢이다.

太賢 —— 신라 유가의 시조

해동의 자은이라고 불리운 태현은 법상종을 중심으로 하고 있지만, 그 학문은 경·율·논 3장에 걸쳐 많은 저서를 저작했다.

---

52) 稲葉正就, 《圓測解深密經疏の散逸部分の研究》, 法藏館, 1949.
53) 申賢淑, 〈新羅圓測傳の二·三の問題について〉 《印度學佛教學研究》 제26권 제1호, 1977. 12.
54) 李能和, 《朝鮮佛教通史》 上, p. 90.

태현[55]의 전기에 관해서는 일본 謙順의 《諸宗章疏錄》에는 《太賢法師行狀錄》 1권이 기록되어 있지만 현존하지 않는다. 諱가 大賢, 또는 太賢이라 하며 태현이란 '매우 현명함'이란 의미라고 한다(照遠,《梵網經下卷古迹記述迹抄》 권1). 스스로 '靑丘沙門'이란 호를 붙였다. 원측의 제자 도증에게서 법상학을 배웠다고 하는 확실한 자료는 없지만 어떤 사람이 말하기를 "현장의 3천문도, 70명의 달성자 중 오직 하나라고 일컫던 원측법사의 문제인 도증의 제자로서 지금의 태현이다"(同)라고 전하고 있다.

태현은 명예를 바라지 않고 은거생활을 한 현자였다. 그로 인해 생몰년대 및 고향 등은 일체 밝혀진 바 없다. 다만 경주 남산 茸長寺에 살았다고 한것 뿐이다. 그 절에는 미륵의 석불상이 있어 태현이 불상의 주위를 돌아 다니면 불상도 태현을 따라 얼굴을 돌렸다고 한다. 또 경덕왕 12년(753) 여름, 가뭄이 심해 《금광명경》을 강설하여 마른 우물에 샘물이 터져나오게 하였다고 한다. 혜공왕 8년(774) 茸長寺에서 불국사로 이주했다(《삼국유사》 권5).

太賢의 저서[56]는 50여부 백여 권이라 하지만 현재 남아 있는 것은 다음의 5부 뿐이다.

《成唯識論學記》	8권 (續藏80套 1册)
《菩薩戒本宗要》	1권 (大正藏45)
《梵網經古迹記》	2권 (大正藏40)
《藥師經古迹記》	2권 (大正藏38)
《起信論內義略探記》	1권 (續藏71套 4册)

태현의 저서에는 '古迹記'란 이름이 붙어 있는 것이 특징이다. 그것은 각

55) 金南允, 〈新羅中代法相宗의 成立과 信仰〉 《韓國史論》 11, 서울大 국사학과, 1977. 12.

56) 蔡印幻, 〈太賢の戒學〉 《新羅佛敎戒律思想硏究》 國書刊行會, 1977.

소의 주석에서 요점을 따서 기록하고 자신의 의견보다는 고대 疏家들의 설을 건거로하여 경과 논을 주석했다는 이유에서 이다.

太賢의 교학은 유식교학이 중심으로 되어 있지만 당시 유행했던 華嚴교학의 영향과 원효의 화쟁사상을 계승한 탓으로 일승사상에 대해 조화적인 태도였다. 또 어떤 학파의 학설에 대해서나 공평한 태도로서 그를 접해 취할 것은 취하고 버릴것은 버려, 스승인 원측이나 道證의 학설에 대해서도 엄정한 태도로서 취사선택하고 있다. 태현의 유식은 원측이나 자은 양파의 좋은 것만을 취하여 집대성한 것이라고 하겠다.[57]

경흥의 정토교학

憬興[58]의 전기는 《삼국유사》 권5 〈憬興遇聖〉에 있다. 신문왕대의 대덕으로서 성은 水씨 熊川州의 사람이다. 18세 때에 출가하여 경·율·논 3장에 능통하여 명성이 높았다. 681년 문무왕이 죽으면서 "경흥을 국사로 삼으라"는 유언을 남겼다. 왕은 이 유지를 지켜 국노(國老)에 봉하고 三郎寺에 거주케 했다. 국노란, 국사에 관한 최고의 고문이며 영예로운 직책이었다. 문무왕은 信佛의 군주로서 죽어 용이 되어 신라국토를 지키기 위해 感恩寺에 출입했다는 이야기는 앞에서 서술한 것과 같다. 문무왕은 원효가 멸몰한 뒤에는 知義法師를 측근에 두었지만, 신문왕 때에는 경흥이 국노가 되었다.

경흥은 영험담이 많다. 병에 걸렸을 때 한 사람의 여승이 가면을 쓰고 춤을 추어 병이 쾌유되었다. 그 여승은 관음보살의 화신이었다고 한다. 또 경흥이 말을 타고 궁으로 갈려고 할 때 문수화신이 승려로 나타나 승마를 금했다고 하는 내용이 〈憬興遇聖〉에 서술되어 있다. 경흥에 관한 것은 玄本이 찬술한 〈三郎寺碑〉에 있다고 하지만 현존하지 않으므로 알 수 없다.

---

57) 趙明基, 《新羅佛教의 理念과 歷史》 新太陽社, 1962.
58) 渡邊顯正, 《新羅憬興師述文讃の研究》 永田文昌堂, 1978.
安啓賢, 〈新羅僧憬興의 彌勒淨土往生思想〉 《震檀學報》 제25·26·27, 1964. 12.
安啓賢, 〈憬興의 彌陀淨土往生思想〉 《佛教學報》 제1집, 1963. 10.

현장이 귀국한 이후 당에서는 새로운 유식교학이 융성해진 것에 자극을 받아 경흥은 유식연구에 힘을 쏟았다. 이미 자은의《成唯識論述記》나 원측의《成唯識論疏》, 도증의《成唯識論綱要》, 태현의《成唯識論學記》등 많은 저서가 연속해서 나타난 학계의 경향을 받아 경흥도 또한《成唯識論貶量》·《성유식론기》·《成唯識論樞要記》등 新譯《성유식론》에 관한 주석서를 저술했다. 또 현장이 번역한《유가론》에 대하여 자은의《瑜伽師地論略纂》, 신라 도륜의《瑜伽倫記》, 원측의《유가론소》에 이어 경흥도 또한《유가사지론기》·《유가사지론소》를 저술했다. 이들 유식관계의 책은 없어져 현존하지 않지만, 얼마나 유식학에 통달하였는가를 이해할 수 있다.

또 없어진 저서 중에서는《대승기신론문답》(《의천록》권3)이라든가《顯識論記》(《東域傳燈目錄》권上)과 같은 진제삼장의 번역서에 대한 저서도 있음을 주목해야 한다.《기신론》이나《현식론》과 같은 논은 진제의 여래장설이나 유식설을 나타낸 중요한 논서로서 이 같은 경흥의 책이 현존하고 있다면《기신론》에 관한 신라의 고도적인 정보를 얻을 수도 있을 것이다.

경흥의 현존저서는 다음과 같다.

《無量壽經連義述文贊》 3권 (大正藏37, 續藏32套 3冊)
《三彌勒經疏》 1권 (大正藏38, 續藏35套 3冊)

신라《無量壽經》의 주석서 중에서 현존하고 있는 것은 원효의《무량수경종요》와 玄一이 찬술한《無量壽經記》상권 그리고 경흥의《無量壽經連義述文贊》의 3종이 남아 있다. 경흥은 상권에서 여래정토의 인과를 밝히고 하권에서는 중생왕생의 인과를 밝혔다. 더욱《무량수경》을 강석함에 있어서는 (1)來意 (2)釋名 (3)解文의 3문으로 분류해서 논하고 있다. 그는 경문밑에 반드시 '述云'하고 자신의 해석을 기술하고 있지만, 帛延·支謙·法護·慧遠·世親·安慧·法位·元曉·義寂 등 많은 사람들의 학설을 종횡으로 채용하여 경문을 주석하였다. 또 본서는 일본 鎌倉시대 정토진종의 개조 親鸞의《敎行信證》에 자주 인용되어 깊은 존경을 표하고 있어 일본 정토교 발전에도 크게 영향을 주었다.

《三彌勒經疏》란, 《彌勒上生經料簡記》·《彌勒下生經疏》·《佛說彌勒成佛經疏》를 합한 것이다. 우선 《彌勒上生經料簡記》는 劉宋의 沮渠京聲譯의 《佛說觀彌勒菩薩上生兜率天經》을 주석한 것으로 (1)教의 흥기의 연기 (2)宗體를 변론하고 (3)경의 單經과 重譯·眞僞를 설하고 (4)제목을 석하고 (5)본문을 해석하여 5문으로 나누어 논술하고 있다. 《미륵하생경소》는 (1)來意 (2)釋名 (3)講文의 3문으로 나누어 강술하고, 《불설미륵성불경소》 또한 (1)來意 (2)제목의 해석 (3)본문의 해석 등 3문으로 이루어져 있다. 이들 經疏에서도 玄奘·慈恩大師窺基·文備 등의 唐代 諸家의 학설을 종횡으로 인용하고 있으며 경전주석에도 현장이 새롭게 번역한 유식의 학문이 훌륭하게 반영되어 있다. 이 같이 경흥은 45부가 넘는 다방면의 경론을 주석하고 있지만 통불교적 사상이나 종합불교적 태도는 원효사상의 흐름을 이어가고 있다. 종파와 학파를 초월한 경흥의 학문은 유가유식을 중심으로 삼고 통불교의 입장에서 불교학을 선양한 것이다.

道倫의 《瑜伽倫記》

현장이 번역한 《유가사지론》의 주석서로서 현존하고 있는 것이 둘이 있다. 하나는 자은대사 규기의 《瑜伽略纂》이며, 다른 하나는 지금 서술할 도륜의 《유가륜기》이다. 그것도 《유가약찬》은 《瑜伽師地論》 100권 중 제1에서 제60권까지 만을 주석한데 비해 《유가륜기》는 100권 전부를 주석하였고, 더욱 당대의 《유가론》 연구자 모두의 학설을 총망라하여 집대성한 것이다.

《瑜伽倫記》의 작자에 관해서는 道倫 또는 遁倫으로 기록하여 두가지 설이 있지만, 오늘날까지 학자들의 연구[59]에 따르면 道倫이 정확한 것이라 한다. 또 도륜이 신라 승려라고 하는 것은 1933년 중국 山西省趙城県廣勝寺舍利塔에서 발견된 金藏에서는 《瑜伽倫記》는 "海東興倫寺道倫撰"이라 하였고, 그

59) 結城令聞, 〈瑜伽論記の著者名に對する疑義〉《宗教硏究》 新제8권 5호, 1931. 9.

간기에는 자은대사 窺基의 제자로 되어 있다.[60] 또 일본 법상종의 학승 仲算은 "新羅遁倫師"(《法相宗賢聖義略問答》)라고 호칭하고 있는 것이나, 또 《유가륜기》에 인용되어 있는 21인의 唐代諸家들 중에서 11인의 이름이 신라 승려이다. 이처럼 많은 신라 승려의 학설을 인용한 저자는 필경 신라사람이라고 하는 이유에서 도륜은 신라승려였다는 학설이다.[61] 여기서 인용하고 있는 승려들 중 신라승려로서 국명을 상위에 붙인 사람은 신라원효사·신라현법사·신라인법사·신라정법사·신라국법사·신라효법사·신라방법사·신라홍법사가 있고 인명이 분명해서 알 수 있는 사람은 元曉·僧玄·道證·明晶·神昉·憬興이다. 그 밖에 신라인이라고 분명하게 밝혀지지 않았다 하여도 景師(惠景)·測師(圓測)·達師(行達?)·範師(玄範) 등은 신라사람으로서 그 학설을 인용하고 있다.

이 《유가륜기》가 현존하고 있으므로서 신라 유식학자의 학설의 일단을 알 수 있다. 자은대사의 제자였던 도륜은 현장문하 법계에 속하는 慧沼·智周보다 선배로서 700년 전후에 唐에서 활약했던 것으로 여겨진다. 《瑜伽倫記》는 705년에서 수년간에 걸쳐 찬술되었는지도 모른다.[62]

더욱 앞에서 인용된 신라학승들은 중국승려 못지 않은 활약을 하였다. 그 중에서도 神昉은 현장의 번역장에 참석하여 모든 경론의 번역에 종사하였고 弘福寺의 번역장에서는 證義大德 12인 중의 한 사람으로서 활약하여 '法海寺沙門神昉'이라 일컬었다. 또 현장문하의 4英으로서 窺基·普光·嘉尙과 함께 그 명성을 넓혔고 현장으로부터 대승보살계를 받아 '大乘昉'이라고도 호칭되었으며 《성유식론요집》·《地藏十輪經疏》 등을 저술한 사람이다. 〈十輪經序〉에 보면 현장의 번역본이 나오기 이전에 이미 北京失이 번역한 《十輪經》을 읽었으나, 현장이 다시 새롭게 번역할 것을 간망하여 그 번역장에서는

60) 塚本善隆, 〈佛教史料としての金刻藏經〉《東方學報》 제6책, 1936. 2.
61) 江田俊雄, 〈新羅の遁倫と倫記所引の唐代諸家〉《宗教硏究》 新제11권 3호, 1933. 5, 《朝鮮佛教史の硏究》 재수록.
62) 勝又俊教, 〈瑜伽論記に關する二·三の問題〉《佛教硏究》 2권 4호, 1938.

조력을 아끼지 않았다 한다. 《십륜경》은 三階敎의 소의경전으로서 신방 자신도 삼계교에 깊은 관심을 갖고 있어 신방을 통해 삼계교가 신라에 들어 왔을 가능성은 부정할 수 없다. 또 신라인과 밀접한 관련을 갖고 있는 일본 奈良시대의 行基의 활약이나 그의 교단에서 三階敎의 활약을 엿 볼 수 가 있기 때문이다.

眞表 —— 占察法會

진표[63]의 전기자료로는 《삼국유사》 권4 〈眞表傳簡〉과 〈關東楓岳鉢淵藪石記〉와 함께 《송고승전》 권14의 〈百濟國金山寺眞表傳〉이 있는데(《六學僧傳》 및 《神僧傳》 권7의 眞表傳은 《송고승전》에 의함), 여기서 문제가 되는 것은 《삼국유사》 권4의 두 개의 전기 기록이 전혀 다른 점이 있다.

우선 〈眞表傳簡〉에 따른다면 진표는 完山州(전북 全州) 萬頃県의 사람이며 성은 井氏이다. 12살 때 금산사 崇濟법사의 강의장소에 참석하여 출가했다. 이 崇濟는 당에 들어가 정토교의 善導(613~681)에게 사사하고 오대산으로 들어가서 문수보살로 부터 5계를 받았다. 숭제의 격려에 따라 진표는 명산을 방문하고 仙溪山의 不思議庵에 머물면서 亡身懺悔로서 계를 받았다. 우선 그는 7일간을 수행하였지만 성인의 감응이 없었음으로 다시 7일간 사신수행을 한즉, 지장보살이 나타나 淨戒를 주었다. 이것이 唐 개원 28년(740) 3월 15일 새벽이었다. 이 때 나이 23세였다. 진표는 다시 靈山寺에서 수행을 계속했더니 미륵보살이 감응하여 나타나 《占察經》과 證果의 簡子 189장을 주었다. 진표는 성인의 莂符를 받아 金山寺에 살면서 매년 戒壇을 열고 법시를 하였는데 그 단석의 정밀하고 엄한 것은 말세에 와서 아직 보지 못한 것이라 한다.

진표는 여러곳을 다니면서 법을 설하였는데 阿瑟羅州에 이르러 생선과 자라들의 영접을 받으면서 물속에 들어가 계를 주었다고 전하고 있다. 이 때가

---

63) 金煐泰, 〈新羅占察法會와 眞表의 敎法研究〉 《佛敎學報》 제9집, 1972.
蔡印幻, 〈眞表の懺悔戒法〉 《新羅佛敎戒律思想研究》 國書刊行會, 1977.

唐 天寶 11년(752) 2월 10일에 일어난 일이라 한다. 이 이야기를 들은 경덕왕은 진표를 궁중으로 청하여 보살계를 받고 조 7만 7천석을 주었다. 후궁들과 외척들도 모두 계를 받고 명주 5백단과 황금 50냥을 시주했다. 이것을 받은 진표는 諸山寺에 시주하여 불사를 일으켰다. 진표의 사리는 海族들에게 계를 준 곳인 鉢淵寺에 있다. 제자에는 永深・寶宗・信芳・體珍・珍海・眞善・釋忠 등이 있어 각각 한 절을 창건했다 한다. 그 중에서 속리산에 살았던 영심은 진표의 簡子를 물려받은 사람이라 한다.

다음 이것과는 다른 전기가 〈關東楓岳鉢淵藪石記〉의 내용이다. 이 기록은 1199년 鉢淵寺 주지 瑩岑이 세운 비문인데, 진표는 전주 벽골군 군산촌 대정리의 사람이다. 12세에 출가하여 금산사 順濟(〈眞表傳簡에서는 崇濟)의 제자가 되었다. 그는 사미계를 받고 다시 《供養次第秘法》과 《점찰선악업보경》을 받았다. 다시 미륵・지장 양 성인을 찾아가 참회하고 계법을 받았는데 이를 널리 세상에 전하라고 하였다. 27세 때 진표는 명산을 두루 다니면서 760년에 保安県(전북 扶安)으로 가서 산기슭에 있는 不思議房에 들어 갔다. 미륵상 앞에서 3년 계법을 받기 위해 기원했지만 받지 못해 분함을 참지못하여 벼랑에서 몸을 던졌더니 청의를 입은 동자가 나타나 몸을 받아 바위 위에 올려 놓았다. 다시 37일(21일)간을 밤을 밝혀 밤낮 수행하되 바위를 치면서 참회하기를 3개월 손과 팔뚝이 부러져 떨어졌다. 7일이 지난 밤 지장보살이 치료를 한즉 원래의 신체로 돌아 갔다. 보살로부터 가사와 발우를 받고 다시 37日 수행을 한즉, 지장 미륵 두 보살의 화신이 나타나 몸을 돌보지 않고 신명을 다해서 결의로서 계를 구하고자 참회한 진표를 찬탄하고 지장은 戒本을, 미륵은 두 개의 木簡을 주었다. 그 때가 762년 4월 27일이었다.

교법을 받은 진표는 용왕과 8만 권속의 수호를 받으면서 금산사를 수축하여 높이 16척이나 되는 미륵상을 만들어 금당에 안치했다. 이것이 766년의 일로 진표는 금산사에서 속리산으로 들어가서 吉祥草를 발견하여 표적을 해 두었다. 또 명주(강원도 강릉) 해변으로 가서 생선과 자라들의 무리에 계를 주었다. 또 고성군 개골산(金剛山)에 들어가 鉢淵寺를 세워 점찰법회를 열었다.

다시 발연사에서 나와 不思議房으로 갔다가 고향에 돌아 왔다.

속리산 대덕 永深은 融宗·佛陀 등과 함께 진표가 있는 곳으로 가서 계 받기를 원했다. 몇 번이고 반복해서 참회를 하여 진표는 灌頂으로서 계를 주고 가사·발우와 함께 《공양차제비법》과 《점찰선악업보경》, 簡子 189찰을 주고 또한 미륵의 眞札 중에서 제9와 제8 두 장을 주면서 "제9者는 法爾種子를, 제8者는 新熏種子를 말하는 것이다. 이것을 너희들에게 주니 속리산으로 가져가 吉祥草가 있는 곳에 정사를 창건하고 이 교법을 넓혀라"라고 말했다. 영심은 속리산으로 돌아와 길상초가 있는 장소에 길상사를 세웠다. 그리고 점찰계법을 열었다 한다. 진표는 아버지와 함께 발연사에 가서 효를 다하였다. 그곳에서 입멸하여 부도를 세웠는데 双樹가 나서 자랐다한다.

이상 《삼국유사》가 전하는 〈眞表傳簡〉과 〈關東楓岳鉢淵藪石記〉에서 전하는 전기중에서 단 한가지 일치하는 것은 12살에 출가 했다고 하는 것이다. 〈眞表傳簡〉에서는 淨戒를 받은 해를 740년, 23세 때라 하므로 태어난 해가 718년에 해당되며 〈石記〉에서는 760년 즉 27세라고 기록되어 이에 따르면 734년이 되는 것이다. 두 기록이 16년의 차이를 갖고 있다. 입멸한 연대는 알 수 없지만 〈眞表傳簡〉으로서는 718년~752?이 되고 〈石記〉로서는 734년~766?이 되는 것이다. 어느것이 정확한 것인지 알 수 없으므로 지금은 나란히 기록하는 것으로 멈추어 두겠다. 두 자료가 생년은 일치하지 않으나 참회계법을 구해 수행한 것과 점찰법회를 연 것에 대해서는 공통된 내용으로 서술하고 있어 진표야 말로 8세기 신라에서 점찰법회를 대성시킨 사람이라고 헤아릴 수가 있다.

더욱 《송고승전》 권14 金山寺眞表傳에서는 구법참회의 설화를 중심으로 서술하고 있다. 《송고승전》은 988년에 찬술되어 어느 전기 자료보다 빠른 것으로서 眞表의 생애를 기록하기 보다 修懺求戒의 행적과 점찰계법에 따라 홍법으로 신라 사람들을 감화시킨 상황만이 멀리 唐으로 전해졌다고 하는 것을 의미하고 있다.

3. 실천불교의 전개

통일신라의 점찰법회

신라시대에 진표 이외에도 점찰법회가 열렸던 기록을 볼 수 있다. 경주 만선북리에 살던 과부의 아들 '虵福'이란 자가 연화장세계에 들어간 뒤 그대로 땅이 합쳐져 버렸다. 사복을 위해 금강산 동쪽 기슭에 절을 세우고 道場寺라 칭하였다. 이 절에서는 매년 3월 14일에 점찰법회를 개최한다는 것을 규정지었다(《遺事》 권4 義解 제5). 또 같은 경주에서 '漸開'라는 한 승려가 흥륜사에서 六輪會를 개최하기 위해 시주를 구하였더니 福安이 베 50필을 시주했다(《遺事》 권5 孝善 제9). 이 육륜회란 점찰법회를 말하는 것으로서 보시를 하는 자는 천신이 항상 수호하여 하나를 보시하면 만 배의 이익을 얻을 수가 있어 안락과 장수를 기약한다고 하는 점개의 말을 듣고 복안의 집에서 품팔이를 하던 전생의 金大城이가 가난한 어머니에게 권유하여 고용살이에서 얻은 작은 밭을 육륜법회에 시주했다고 한다.

신라 정신왕의 태자, 寶川(寶叱徒)이 임종날 후일 오대산에서 행할 행사 목록을 기록해 남겼는데 그 중에는 점찰법회가 들어 있다. 즉 남대의 남쪽으로 향한 地藏房에서는 圓像地藏과 赤地에 8대보살을 상수로한 1만의 지장보살을 그려 봉안하고 복전 5인으로 하여금 낮에는 《지장경》과 《금강반야경》을 읽게 하고 밤에는 점찰예참을 염송케하여 이 법회의 이름을 金剛社라 하고 실천하도록 명했다 한다. 다시 오대산 東台 아래에는 관음보살의 원통사를, 서대 남쪽에는 미타여래를 위하여 水精社를, 북대의 남쪽에는 석가여래를 위해 白蓮社를, 중앙 중대 眞如院에서는 비로자나불을 위해 華嚴社를 개설할 것과 또 寶川庵을 개창한 화엄사에서는 화엄법회를 열었으며, 法輪社를 세울 것을 명했다고 한다(《遺事》 권3 塔像 제4).

밀교의 전래

한반도에 밀교[64]가 전래한 것은 7세기 중엽이었다. 먼저 신라의 밀교 신인종을 일으킨 사람은 明朗법사이다.

선덕여왕 원년(632) 명랑은 당으로 가서 4년간 밀교를 배우고 635년에 돌아왔다. 귀국길에 바다의 용을 만나 그 요청에 따라 용궁으로 가서 비법을 전하고 황금 천냥을 받아 지하로 잠적해서 자기집 우물 밑바닥에서 나왔다 한다. 자기집을 희사하여 절을 만들고 용왕이 준 황금으로 塔像을 만들었다. 광채가 한층 더 빛나 그 절을 金光寺라 이름했다.

그 후 30여 년을 지나 문무왕 8년(668)에 당나라 장군 李勣가 대병을 이끌고 고구려를 토벌하고 다시 신라를 정복하려 했다. 문무왕은 군대를 보내어 이를 막고자 했다. 당 고종황제는 이를 듣고 격분하여 薛邦에게 신라를 정복하라고 명하였다. 문무왕은 이를 알고 두려워하고 명랑에게 요청하여 비법으로서 제거하게 했다 한다(《遺事》 권5 神呪 제6).

이 점에 관해서는 《삼국유사》 권2 紀異 제2 〈文虎王法敏〉조에 상세하게 기록되어 있다. 이에 따르면 唐 고종은 10만 대군을 보내어 신라를 토벌하려 했다. 이 사실을 金仁問으로 부터 들은 의상은 곧 귀국하여 문무왕에게 보고했다. 왕이 신하들을 모아 놓고 방위책을 하문한즉, 角干 金天尊이 명랑이 용궁에서 비법을 배워 왔다고 했다. 즉시 명랑에게 하문한즉, 狼山(경주) 남쪽 신유림에 四天王寺를 세워 도량을 개설하도록 진언했다. 그 때 이미 당나라 군대는 바다로 육박해 오고 있었다. 명랑은 오색이 찬란한 천으로 임시 절을 짖고 잡초로서 五方神像을 만들어 유가종의 승려 12인과 함께 文豆婁

---

64) 朴泰華, 〈新羅時代의 密教傳來考〉 趙明基博士華甲記念《佛教史學論叢》 東國大學校出版部, 1965.
梅尾祥雲, 《秘密佛教史》 高野山大學出版部, 1933.
金在庚, 〈新羅의 密教受容과 그 性格〉 《大丘史學》 제14집, 1987.
徐閏吉, 〈韓國密教思想史〉 《한국철학연구》 제9집, 1979.
佛教文化研究院編, 《韓國密教思想研究》 東國大學校出版部, 1986.

mantra 비법을 외웠다. 그런즉 아직 교전도 하지 않았는데 풍랑이 일어나 당의 배가 모두 침몰했다. 이 절을 후일 다시 창건하여 四天王寺라 하였다. 671년 다시 당나라 군대가 침공해 왔지만 이 문두루의 비법으로 또 배를 침몰시켰다 한다.

명랑은 뒤에 신인종을 開祖했다. 명랑이 당나라에서 누구에게 밀교를 배웠는지는 밝혀지지 않았지만 만다라를 사용하여 비법을 수행했던 것은 분명하다. 특히 그 주문의 힘이 호국불교의 일환으로서 그 기능을 다 하였다는 데에 밀교 존재의 의의가 있었다 하겠다.

명랑과 동시대에 密本이 있었다. 선덕여왕의 병이 쾌유되지 않으므로 흥륜사 승려 法惕으로 하여금 기도케 했다. 궁중에 들어갔던 밀본이 왕의 침소 밖에서 《약사경》을 독송했더니 들고 있던 육환장이 실내로 날아 들어가 늙은 여우 한 마리와 승려 法惕을 함께 찔러 마당으로 던졌다. 얼마 후 병은 완쾌됐다. 그 때 密本의 머리 위에는 오색의 神光이 꽃혀 있어 사람들을 놀라게 했다(《遺事》 권5 神呪 제6). 이 이외에도 많은 기적을 나타내어 민중들이 귀의했다 한다.

그 당시 당나라로 가서 밀교를 배워 돌아온 惠通이 있다. 혜통에 관해서는 《삼국유사》 권5 神呪 제6 〈惠通降龍〉조에 있다. 혜통의 성씨는 알 수 없으나 집은 남산(경주) 서쪽 산기슭 은천동 입구에 있다. 출가해서 혜통이라 이름하고 당으로 들어가 無畏삼장에게서 3년간 밀교를 수학하여 印訣을 전수 받았다. 이 무외삼장을 善無畏三藏 śubhakara siṃha(637~735)이라고 본다면 문제가 있다. 그것은 《삼국유사》에 따르면 혜통이 귀국한 것은 당 고종 麟德 2년(신라 문무왕 5년 665)이다. 한편 선무외삼장은 스승인 달마급다 Dharmagupta의 명령에 따라 중국에 밀교를 전하기 위해 가시미라에서 서역으로 들어가 天山北路를 지나 716년에 장안에 도착하여 현종의 영접을 받는다. 혜통이 당으로간 665년에는 아직 중국에는 도착하지 않았다. 혜통이 확실히 선무외삼장에게서 밀교를 배웠다면 《삼국유사》에서 기록한 귀국년대가 잘못된 것이 되며, 반대로 귀국년대가 정확하다고 한다면 선무외삼장에게 배우지 않았던 것으로 된다. 제자가 되어 밀교를 배웠다고 하는 것을 사실로 인정하고 귀국 년대를 정정한 설도 있지만 그러나 당 고종 왕녀의 병마의 근본이었던 蛟龍을 쫓아 내고 그 병을 치료했다는 降龍傳說이나 신문왕(681~691), 孝昭王(692~701)의 시대에 일어난 설화가 《삼국유사》에 기록되어 있는 것 등으로 미루어 보아 665년에 귀국한 것은 움직일 수 없는 일이 된다. 그렇다면 당에 가서 제자가 되었다는 無畏三藏은 善無畏三藏과는 별개의 인물이 되는 셈이다. 그러나 7세기 후반에 무외삼장이라고 하는 밀교자는 존재하지 않고 당시는 겨우 智通이《千眼千臂觀世音菩薩陀羅尼神呪經》과《觀自在菩薩怛隨心經》을 역출해(《開天錄》 권8), 처음으로 本尊觀·字輪觀·種子觀을 설한 밀교경전이 전래되어 있을 뿐이었다. 다시 永徽 5년(654) 4월 15일은 중인도에서 온 아티구타 Atikūta가《陀羅尼集經》을 번역했다. 당 고종시대에는 佛陀波利가 인도에서 가져온《불정존승다라니경》도 존재했지만, 이것들은 모두 잡밀교이며, 체계적인 純密의 도래는 善無畏·金剛智 vajrabodhi·不空 Amoghavgjra이 오는 것을 기다리지 않으면 안되었다. 그래서 7세기 후반 당에서 잡밀교를 신라에 전파시켰다고 하는《삼국유사》의 〈惠通降龍〉의 설화는 당 선무외삼장에게 제자된 별개의 사람과 혜통을 혼돈한 것으로 생각된다.

이어 측천무후의 聖曆 3년(700)에는 신라 明曉가 유학길에서 다시 신라에 돌아 가지 않을 것을 맹서하고 總持門 밀교에 뜻을 두어 북인도에서 온 바라문 李無諂에게《不空羂索陀羅尼經》의 번역판을 요청하여 한 권 얻었다고 한다(《開元錄》 권9). 이와 같이 선무외나 금강지가 정통밀교를 중국에 전래하기 이전에 신라에는 잡밀의 유행이 있었고 정통밀교의 수입이 가능하도록 토양은 충분히 양성되어 있었다.

정통적 순수한 밀교를 처음 신라에 전수한 사람은 영묘사 승려 不可思議이다. 전기는 전혀 알 수 없으나 다만 불가사의가 저술한《大毘盧遮那經供養次第法疏》가 있다. 이 책은《大日經》 제7권의 〈供養次第法〉을 초하여 기록한 것으로서 "小僧不可思議는 다행히 화상을 뵙고 자문을 얻어 들은 바 法要의 분류에 따라 抄記하다"(大正藏39·790 b)라고 한 것과 같이 불가사의는 선무외삼장으로부터《大日經》의 깊은 비법을 구했던 것같다. 결국 不可思議가 신라 사람인지는 확실치 않으나 선무외삼장의 제자인 것만은 틀림없다. 혜통의 전기에서 무외삼장의 제자가 되었다고 하는 것은 이 불가사의의 일과 혼돈된 것은 아닌지 모르겠다.

선무외삼장으로부터 밀교를 배운 玄超도 그 전기는 확실하지 않으나 大悲胎藏毘盧遮那大瑜伽大敎 蘇悉地大瑜伽法 및 諸尊瑜伽 등의 법을 청룡사 惠果에게서 배웠다고 한다(《大唐靑龍寺三朝供奉大德行狀》). 현초가 만약 신라에 귀국했다고 한다면 三藏의 순수한 정통밀교를 혜과로 부터 전수받은 사람이므로 신라에 《대일경》을 가져왔다고도 볼 수 있다.

당나라 一行의 법제자에 해당되는 義林阿闍梨는 鎭國도량의 대덕으로서 선무외삼장에게 사사한 사람이다. 삼장으로부터 大悲胎藏曼荼羅의 묘법을 위촉받아 103세의 나이로 신라에서 大法을 넓혔다고 한다(〈順曉和上付法記〉《內證佛法相承血脈譜》 수록). 의림은 틀림없는 신라사람이나, 그 전기기록은 玄超와 함께 신라측의 자료가 전혀 없다.

《往五天竺國傳》을 저술한 혜초는 인도를 두루 여행하고 장안으로 돌아와서 733년(唐·開元 21) 금강지삼장에게 입실하여 8년간 밀교를 배웠다. 금강지가 장안 薦福寺 번역도량에서 경전 번역에 종사하였을 때에는 수필을 맡았다. 不空三藏이 당으로 와서 활약할 때 수법제자 6인 중에 한 사람으로서 본격적인 밀교를 배워 밀교의 수법자가 되었다. 780년(唐·建中元)4월 15일 혜초는 오대산 乾元菩提寺에 가서 경전번역에 종사했다. 당나라에서의 54년 간이란 긴 생활이 끝났다(《慧超傳考》). 20세 이전에 당으로 가서 잇달아 오천축을 순례하고 다시 당으로 돌아와 활약했지만 아마도 신라에는 돌아오지 못하고 당에서 입멸한 것으로 생각된다. 그러나 혜초가 배운 밀교의 경전은 신라고국에 전해져 금강지·불공의 정통밀교를 받아 들이고 기반을 만들었을 것이다.

또 정통밀교를 수학한 사람으로서 惠日과 悟眞이 있다. 오진은 惠果로부터 胎藏毘盧遮那 및 諸尊持念敎法을 전수 받았지만 789년(唐·貞元 5) 중인도로 가는 도중 티벨에서 병으로 죽었다(《大唐青龍寺三朝供奉大德行狀》). 惠日은 781년 혜과에게 사사하여 胎藏界·金剛界·蘇悉地經 및 諸尊瑜伽 30책을 수여받아 본국으로 돌아와 밀교를 넓혔다(同書). 아마도 《大日經》·《金剛頂經》·《蘇悉地經》의 3부경을 신라에 전한 것은 확실하며 不空이 번역한 경전과 密呪가 惠日에 의해 대량 신라에 전해졌을 가능성이 크다. 그것은 空海가 일본에 밀교경전을 많이 전한 것과 같으나 혜일은 공해의 사법형제였다.

신라에 진언 다라니가 유행하고 있었던 기록도 보인다. 진성여왕(887~896)의 유모 鳧好부인과 그의 남편 魏弘 등 3·4인의 간신이 권세를 마음대로 휘두르고 악정을 베풀어 王居仁은 밀교의 다라니 형식으로 "南無亡國, 刹尼那帝, 判尼判尼, 蘇判尼, 于于三阿干鳧伊娑婆訶"라고 써서 이것을 거리에 뿌려 왕과 권신들의 눈에 띄도록 했다. 찰니나제란 여왕을 가리키는 것이며 판니판니·소판니란 두 사람의 蘇判(궁성의 장관급을 말함)을 말하고, 우우삼아간이란, 2·3인의 간신들을 가리키는 것이고 부이란 부호부인을 지적한 것이다. 이 같이 악정을 풍자하는 데에도 불교의 다라니 형식을 취했다고 하는 것은 그만큼 민중속에 밀교가 보급되어 있다고 하는 증거이다(《遺事》 권2 紀異 제2). 또 胎藏界曼荼羅의 蘇悉地院에 배치되어 있는 십일면 관세음보살에 대한 신앙도 깊어 石像도 만들었다.

禪宗의 전래와 諸宗派

신라 전반기에는 당에서 가장 융성했던 법상·유식·화엄·밀교가 전래되었지만, 후반기가 되면서 그 사정이 달라졌다. 그 이유는 당 중엽 8세기 경에 이르러 中國禪이 발흥한 탓이다. 중국선은 5세기 초반 달마 Bodhidharma가 중국에 오면서부터 시작되었지만 큰 세력으로 발전한 것은 육조 혜능(638~713)의 南宗禪의 출현이었다. 당 선종에는 南宗·北宗·牛頭宗·淨衆宗·荷澤宗·洪州宗 등이 있었지만 신라에 본격적으로 전래된 것은 홍주종 馬祖道一(709~788)의 계통이다. 그러나 이에 앞서 한국의 禪[65]은 東山宗 道信(580

65) 高翊晉, 〈新羅下代의 禪傳來〉 《韓國禪思想硏究》 東國大學校出版部, 1984.

~651)의 계통에 속하는 法朗이 시초이다. 법랑은 당나라에 들어가 4조 도신의 법을 이어 받아 귀국하여 그 법을 神行에게 전하고 그 법계를 神行－遵範－慧隱－智證으로 이어졌다(崔致遠撰 〈鳳巖寺智證大師寂照塔碑〉). 즉 법랑은 호거산에 은둔하면서 법을 신행(信行·愼行 704~779)에게 전했다. 신행은 경주 사람으로 성은 김씨, 법랑으로 부터 인가를 받았다. 그 후 다시 당으로 들어가서 북종 普寂(651~739)의 제자 志空에게 가서 3년을 수학하고 신라로 돌아와 북종선을 전했는데 혜공왕 15년(779)에 斷俗寺에서 죽었다(金獻貞撰 〈海東故神行禪師之碑并序〉).

迦智山派

본격적인 남종선은 道義에서 시작된다. 속성은 王씨, 北漢郡의 사람으로 법호는 明寂, 선덕왕 5년(784)에 당으로 들어가 오대산에서 문수보살에게 감응했다. 廣州寶壇寺에서 수계하고 훗날 조계(육조혜능)에 가서 조사당에 참배하고 이어 江西 洪州開元寺에서 마조도일의 高弟, 西堂智藏(735~814)의 법을 받고 이름을 道義라고 고쳤다. 다시 百丈懷海(720~814)에게 참배하고, 당에 있기를 37년, 헌덕왕 13년(821)에 신라로 돌아왔다(《祖堂集》 권17). 도의가 남종선을 전했지만 당시의 불교계는 화엄·법상 등 교학불교가 주류를 이루고 있었기 때문에 실천을 존중 하는 禪은 받아들여 지지 않았다. 그 때문에 설악산 陳田寺에 은거하면서 법을 廉居에게 부촉했다. 염거는 설악산 億聖寺에 살면서 법을 體澄에게 전했다. 道義－廉居－體澄의 일파를 가지산파라 하고 고려시대에 이르러 선문구산 중 하나가 되었다. 설악산 진전사에서 도의의 靈塔에 참배한 사람으로서는 無師獨語의 眞空(855~937)이 있다.

忽滑谷快天, 《朝鮮禪教史》 2編 〈禪道蔚興の代〉 春秋社, 1930.
中吉功編, 《海東の佛教》 제7장 〈禪法の傳來〉 國書刊行會, 1973.
崔柄憲, 〈新羅下代 禪宗九山派의 成立〉 《韓國史研究》 7, 1972.
金煐泰, 〈五教九山에 대하여〉 《佛教學報》 제16집, 1979.

實相山派

도의와 함께 서당지당에게 사사한 사람으로서는 洪陟이 있다. 홍척은 귀국 후 남악에 살면서 無修無證의 마조의 선을 넓혔고, 홍덕왕(826~835)과 선강태자가 그에게 귀의했다. 또 지리산 실상사를 개창하여 실상사파를 형성했다. 입당구법은 도의보다 늦지만 귀국후 가람을 창건하고 山門을 형성한 것은 실상사파가 최초였다. 그러므로 한국의 禪은 홍척을 초조로 삼는다. 제자 秀徹(澈로도 씀. 816~892)은 實相山의 제2조이며 따라서 밀양 瑩原寺의 개조자였다. 경문왕과 헌강왕이 귀의하므로서 종풍을 크게 떨쳤고 문하에는 飮光 등 수백인이 있었다. 경문왕은 수철에게 敎와 禪의 같고 다른점을 질문했다 한다(〈深源寺秀徹和尙碑〉).

제42대 홍덕왕대에 활약한 사람으로는 慧照(惠昭 774~850)가 있다. 속성은 최씨, 전주 금마(전북 익산) 사람이며 804년 당으로 가서 滄州(河北省滄県)의 神鑑(마조의 문인)에게 삭발, 출가하고 戒를 받았으며 다시 嵩山少林寺에서 구족계를 받았다. 도의를 만나 道友가 되었다가 도의가 먼저 귀국하므로 혜조는 종남산으로가 13년간 止觀을 닦고 다시 3년간 보시행을 하고 830년에 귀국했다. 홍덕왕은 도의와 함께 혜조의 노고를 치하하고 그 공을 찬탄했다. 혜조는 상주 長栢寺에서 살다가 다시 지리산으로 가서 花開谷에 당우를 세우고 그 곳에서 살았다. 제44대 민애왕으로부터 '慧照'라는 호를 하사 받았다. 후일 南嶺의 승지에 玉泉寺를 세우고 육조혜능의 영당을 세웠는데 이것이 바로 유명한 쌍계사이다.

曦陽山派

한국의 선은 마조계통의 禪이 많으나 4조 도신의 계통을 이은 자가 智詵(824~882)이다. 속성은 김씨 고향은 王都이며 부석사 梵體로부터 화엄을 배우고 17세에 瓊儀로부터 구족계를 받았다. 당에 간 일은 없으나 慧隱에게 사사하여 禪을 배웠다. 그 법맥은 四祖道信－法朗－愼行(神行)－慧隱－智詵으로 계승되어 도신의 방계를 이루었다. 경문왕의 초청에도 굳이 사양하고 41

세에는 賢溪山 安樂寺로 옮겨 갔다. 그 후 제자들의 예우에 따라 沈忠의 요청으로 희양산 봉암사를 창건했다. 헌강왕의 신임이 두터워 입멸후에 '智證大師'라는 시호를 받았다(〈鳳巖寺智證大師碑〉). 제자에는 楊孚·性蠲·敏休·繼徽 등이 있다. 지선의 일파는 구산선문의 한 종파로서 희양산파를 형성하고 경북 문경의 희양산 봉암사를 본사로 삼았다.

桐裏山派

惠哲(惠徹 785~861) 字는 體空 성은 박씨, 경주사람이다. 부석사에서 화엄을 배우고 22때 구족계를 받았다. 헌덕왕 6년(814) 唐에 가서 서당지장에게 사사하여 心印을 받았다. 지장이 입멸한 후에는 西州浮沙寺에 가서 3년 동안 대장경을 읽었다. 839년에 귀국하여 무주 동리산(전남 곡성) 大安寺(泰安寺)에서 법을 폈다. 46대 문성왕은 혜철의 명성을 듣고 신하를 보내어 나라 경영에 관한 요점을 물었다. 입멸후 왕은 '寂忍禪師'라는 시호를 내렸다(〈大安寺寂忍禪師碑〉). 그 법계로서는 고려 태조의 신임을 받고 있던 允多(864~945), 고려불교의 방향을 설정했다고 하여도 과언이 아닌 道詵(821~898), 당으로 가서 조동종 洞山良价의 法嗣, 疎山匡仁의 법을 전한 慶甫(868~948) 등을 배출하여 선문구산의 한 종파인 동리산파를 형성했다.

鳳林山派

玄昱(787~868)의 전기는 《祖堂集》 권17에 있다. 성은 김씨, 신라 관인의 아들로서 父는 廉均이라 하고 관직은 兵部侍郎이었다. 808년에 구족계를 받고 824년에 입당하여 마조도일의 법사, 章敬懷暉에게 사사했다. 837년에 왕자 金義宗을 따라 본국으로 돌아와 남악 실상사에서 살았다. 민애·신무·문성·헌덕왕 등이 스승으로서의 예를 다했고 경문왕은 현욱을 혜목산(경기도 여주) 고달사에 머물게 했다. 82세로 입멸하였고 승랍 60년이었다.

현욱의 제자 審希(855~923)는 속성이 김씨, 어릴 때부터 불교를 좋아하여 9세때 혜목산 현욱을 알현하고 수행하여 그 법을 받았다. 19세에 구족계를 받고 명산승지를 두루 찾아 다니며 888~897년 사이에는 松溪와 함께 설악산에서 은거하면서 학인들을 교화하였다. 진성왕의 부름에도 응하지 않고 명주 託山寺에서 은거하다가 창원(경남)의 城主 金律熙가 암자를 짓고 그를 영접했다. 이 곳이 선에 적합한 곳임을 깨닫고 선찰을 창건하여 봉림사라 했다. 친분이 있던 김해 明義장군 金仁匡이 공덕주가 되어 사찰을 증축했다. 제54대 경명왕은 스승의 예로서 審希를 우대하여 '法膺大師'라는 존호를 하사했다(〈鳳林寺眞鏡大師碑〉). 제자 璨幽(869~958)가 법계를 번영케 하여 玄昱－審希－璨幽의 일파를 형성하여 봉림산파라 했다. 봉림산의 옛터는 경남 창원군 상남면에 있다.

聖住山派

無染(800~888)의 성은 김씨, 무열왕의 8대 손이다. 12세로 설악산 五色石寺에서 출가하고 法性에게 사사하기를 수 년, 다시 부석사 釋澄에게 화엄을 배웠다. 821년, 왕자 金昕을 따라서 당으로가 종남산 至相寺의 화엄강석에 참석했다. 잇달아 낙양 불광사로 가서 마조의 법을 이은 如滿과 대면했다. 다시 蒲州 麻谷寶徹을 참배하고 그 심인을 받았다. 당에 머물기를 20여 년 문성왕 7년(845)에 귀국했다. 왕자 昕의 요청에 따라 웅주 烏合寺를 중수하여 그 곳에서 살면서 많은 문인을 가르쳤다. 왕이 이 절을 聖住寺라고 개명하고 大興輪寺에 편록했다. 헌안왕·경문왕·헌강왕·정강왕 등의 예우가 두터웠고, 헌강왕은 '廣宗'이라는 법호를 하사했다. 입멸한 후, 진성왕은 '大朗慧'라는 시호를 하사했다. 제자의 수가 2천명이고 詢乂·圓藏·靈源·玄影의 4대 제자를 비롯해 僧亮·善信·僧光·深光 등이 있었다(〈聖住寺朗慧和尚白月葆光塔碑〉). 저서로는 《無舌土論》이 있다. 또 심광의 제자로서 法鏡大師 玄暉(879~941)가 있다. 무염의 법계는 선문구산의 하나로서 성주산파를 형성했다.

闍崛山派

梵日(810~889)은 계림의 명문인 김씨 출신으로 15세에 출가하여 20세에 구족계를 받았다. 흥덕왕(826~835)의 왕자 金義琮과 함께 당으로 들어가 마조문하 塩官齊安에게 가서 대오하고 다시 藥山惟嚴에게 법을 물었다. 會昌 4년

(844), 폐불사건이 있을 때 商山에 숨어 홀로 좌선하고 韶州(廣東省韶關市)에 가서 조사탑(육조혜능)에 예배했다. 847년 8월 귀국하여 851년 정월 白達山에서 안좌했는데 溟州都督 金公이 굴산사(강원도 강릉)에 초청하여 그 곳에서 머물었다. 범일은 경문왕 · 헌강왕 · 정강왕 등이 귀의하고 그를 예우하여 국사로 삼았다. '通曉大師'라는 시호를 내리고 탑명을 延徽라고 칭했다(《祖堂集》 권17). 제자로서는 개청(朗圓大師) 및 行寂이 있었고 범일의 일파는 사굴산파를 형성했다.

개청(854~930)은 8세에 유학을 습득하고 후일 화엄사에서 출가하여 《화엄경》을 배웠다. 구족계를 받은 뒤 蓬島의 錦山에서 참선하며 간경하였다. 범일의 禪道를 듣고 오대산으로가 입실하여 心印을 받았다. 범일 입적후 普賢山寺에 초청되어 교화의 문을 열었다. 제55대 경애왕은 국사의 예우를 했으며 77세에 입적하자 '朗圓大師'란 시호를 내렸다(崔彥撝撰 〈溟州普賢山地藏禪院朗圓大師碑銘〉).

行寂(832~906) 속성은 최씨, 출가 후 가야산 해인사로 가서 화엄을 배웠다. 855년에 구족계를 받고 굴산사로 가서 범일을 참배하고 수년 동안을 같이 禪을 닦았다. 870년 39세에 입당하여 장안으로 갔다. 칙명에 따라 조정에 들어가 의종과 문답했다. 다시 오대산 화엄사로 가서 문수에게 예배하고 875년 四川 淨衆精舍의 無相대사 영당에 참배했다. 무상은 신라 출신으로서 淨衆宗의 단 한사람의 영웅이었다. 이어서 道吾圓智의 법계 石霜慶諸에게 禪을 배워 靑原계통의 선을 계승했다. 행적은 衡岳에 올라 다시 남쪽으로 내려가 南華寺의 조계 육조탑에 참배하고 885년 귀국했다. 또한 범일을 배알하고 이어 제52대 효공왕의 초빙으로 궁전에 들어가 국사의 예우를 받았다. 915년 신덕왕의 명에 따라 南山 實際寺를 선찰로 정하고 여기에 머문 뒤 다시 石南寺로 옮겨 갔다. 입멸하니 '朗空'의 시호를 하사했다.

獅子山派

범일과 함께 귀국해서 南泉문하의 선을 전한 것이 道允(798~868)이다. 성은 박씨, 漢州 사람으로 18세에 출가하여 鬼神寺에서 화엄을 배웠다. 825년 당으로 들어가 마조문하의 南泉普願에게 사사하였다. 847년 여름 귀국해서 楓岳(雙峰山?)에 머물고 경문왕의 귀의를 받았다. 입적후 '徹鑑'이라 시호하고, 탑명을 澄昭塔이라고 했다(《祖堂集》 권17).

도윤의 제자 折中(826~900)은 오관산 珍傳법사에게 삭발하고 15세에 부석사에서 화엄을 배우고, 19세에 長谷寺(경기도 안성지역)에서 구족계를 받았다. 이어 풍악의 도윤을 찾아 사사하고 東山의 법을 이었다. 당으로 가서 道潭·慈忍과 문답했다 한다. 882년, 국통 威公의 진언에 따라 谷山寺에 머물다가 다시 사자산(강원도 영월) 釋雲의 초빙으로 興寧禪院에 머물면서 학인을 교화했다. 헌강왕은 사자산 흥녕선원을 中使省에 예속시키고, 효공왕은 折中에게 '澄曉大師'란 시호를 내렸다(《新羅國師子山興寧寺澄曉大師塔碑》).

須彌山派

신라의 禪法은 거의 마조의 계통이지만 조동종의 일파를 전한 사람이 利嚴(870~936)이다. 성은 김씨, 그 선조는 경주의 세력가였다. 迦耶岬寺 德良에게 출가하여 12세에 道堅으로부터 구족계를 받았다. 896년에 당으로가 洞山의 제자 雲居道膺(?~902)으로부터 심인을 전수받고, 911년에 귀국하여 蘇律熙가 시주한 勝光山에 머물다가 도적의 난을 피해 영각산으로가 제자들을 교화했다. 고려태조의 귀의를 받고 태흥사에 살다가 다시 개경의 서북 해주(황해도) 수미산 廣照寺에 옮겨 살았다. 시호는 眞徹, 탑명을 寶月乘空塔이라 했다. 제자로는 處光·道忍·慶崇·玄照 등이 있다(〈廣照寺眞徹大師碑〉). 이엄의 계통도 선문구산의 하나로서 수미산파라 하였다. 이엄과 함께 입당하여 운거도응에게 사사한 逈微(864~917), 慶猷(871~921), 麗嚴(862~930)이 있다. 형미는 891년 입당하여 905년에 귀국하였으며 無爲岬寺에서 교화했다. 경유는 형미와 함께 입당하여 908년 귀국하고, 고려 태조의 왕사가 되었다. 여엄은 909년 귀국하여 태조의 초청으로 양평 보리사에서 살았다.

마조계통의 선이 많이 전래되는 가운데 위앙종의 일파를 전한 사람이 順之

(생몰년대미상)이다. 속성은 박씨, 浿江 사람으로 선조는 지방의 호족이었다. 五冠山에서 삭발하고 속리산에서 구족계를 받았다. 858년에 당으로가 仰山慧寂(807~883)의 제자가 되어 玄旨를 계승했다. 귀국 후 고려태조의 조모 원창황후와 아들 위무대왕이 오관산 龍嚴寺(뒤에 瑞雲寺라 개칭함)를 창건하여 그 곳에서 살면서 법을 넓혔으며 65세에 입적했다. 시호는 '了悟禪師', 탑명은 '眞原之塔'이라 했다(《祖堂集》 권20).

위앙종의 圓相으로 깨달음을 나타내는 방법을 당에서 신라에 전한 사람은 順之지만 이 위앙종의 원상을 서술한 책으로서는 고려 志謙이 집록한 《宗門圓相集》이 있다.

정토교의 수용과 전개

신라 중기에서 후기에 걸쳐 아미타신앙과 염불이 성행했다. 신라 정토신앙의 기원[66]은 선덕왕대 고승 자장의 《阿彌陀經疏》에서도 알 수 있다. 그러나 현존하지 아니하므로 내용은 알 수 없으나 추측컨대 섭론종 계통의 정토신앙이 아닌가 생각된다. 또한 무열왕(654~660) 때 재상 金良圖는 깊이 아미타를 念하고 서방정토를 신앙했으며 花寶와 蓮寶 두 여인을 홍륜사의 노비로 주었다(《僧傳》 권1 法空傳).

문무왕(661~680)시대에 이르러서는 정토신앙이 점차 유행하여 廣德·嚴莊 두 승려의 일화가 생긴다. 두 사람은 극락으로 갈 때에는 서로가 알려 주기로 약속했다. 엄장이 극락왕생을 알려 주기 위하여 광덕을 찾아 가니 그는 이미 죽어 있었다. 광덕의 처와 살자고 했더니 광덕의 처가 말하기를, 남편과 하룻밤도 동침한 사실이 없고 다만 그는 매일 밤 단정히 앉아서 한결같이 아

66) 李基白, 〈新羅淨土信仰의 起源〉《學術院論文集》 人文社會科學 제19집, 1980. 12.
新羅 淨土敎에 관해서는
八百谷孝保, 〈新羅社會と淨土敎〉《史潮》 7권 4호, 1937.
李基白, 〈新羅淨土信仰의 두 類型〉《歷史學報》 제99·100합집, 1983. 12.
望月信亨, 《中國淨土敎理史》, (法藏館, 1964) 제17장 〈義湘·元曉·義寂等の淨土論并に十念說〉 등이 있다.

미타불을 염불하거나 혹은 《觀無量壽經》에서 설한 16상관을 닦으면서 달이 밝게 떠오르면 달빛 속에서 결가부좌를 하였다고 말했다. 극락왕생을 하는데 있어서는 이와 같이 노력을 하지 않으면 안된다고 경책을 받은 엄장은 부끄러웠다. 원효를 찾아가 가르침을 청했더니 원효는 '錚觀法'을 지어 왕생의 도를 가르쳐 주었다. 엄장은 죄를 뉘우치고 오로지 관법만을 닦아 결국 서방왕생을 할 수 가 있었다고 한다. 광덕의 처는 芬皇寺의 노비였으나, 《관음경》에서 설한 19응신의 한 사람이었다 한다(《遺事》권5 感通 제7). 여기에 광덕의 왕생가[67]를 소개한다면 다음과 같다.

달아, 서방까지 가시나이까.
무량수불 그 앞에 말씀아뢰소서.
다짐 깊은 부처님께 두손 모아
願往生, 願往生.
그리워하는 사람 있다고 아뢰소서.
아 아, 이 몸 남겨두고
四十八願 이루어질까.

이 노래는 서쪽으로 가는 달에게 부탁하여 왕생극락의 숙원이 서방 아미타여래가 계시는 곳까지 가닿을 것을 원하고 있는 것이다. 왕생의 숙원을 달에게 부탁하고, 또 광덕은 달빛속에 결가부좌하여 수행하는 등 신라인의 풍부한 정서를 엿볼 수 있는 내용들이다.

엄장에게 '錚觀法'을 준 원효는 정토교를 널리 펴 큰 공적을 세운 것은 이미 앞 장에서 서술했다. 마을에서 마을로 동리에서 동리로 염불하면서 춤을 추고 순회한 원효의 염불춤은 어쩌면 일본 一遍의 염불춤의 원류가 되었는지도 모른다.

---

67) 이 왕생가의 작자에 관해서는 廣德 또는 광덕의 처 등으로 나누어 말하며 또한 작자는 분명치 않은 것이라고 하는 등 여러가지 이설이 많다. (金思燁譯, 《三國遺事》, 六興出版, 1980, p.392, 註3) 참조.

당시 경주에는 念佛師도 있었다. 남산 동쪽 기슭 피리촌에 避里寺란 절이 있었는데 이 절에는 이름 모를 한 異僧이 살고 있었다. 항상 아미타불을 불렀는데 그 염불소리는 경주성까지 들렸다. 소리는 낭낭하여 높고 낮음도 없는 음성에 사람들은 이 승려를 '염불사'라 하여 존경했다. 죽은 뒤에 진흙으로 소상(塑像)을 만들어 민장사에 안치했는데 그가 살고 있던 避里寺는 그 후 念佛寺라 했다.

이 염불스님은 명성도 없고 보잘것 없는 승려였지만 일심으로 동요없는 음성은 마을 사람들을 감화시켰다고 하는 내용을 전하고 있다. 7세기에서 8세기경 경주의 동리와 촌락에서는 염불소리가 항상 들려오고 있었던 것이다.

남북조시대에 중국에서는 미타신앙과 미륵신앙이 병행했는데 신라에도 그와 같이 병행했었다. 경덕왕 19년(761) 4월, 하늘에 두개의 해가 나타나 10일 간이나 사라지지 않았다. 왕은 天文을 보는 역관을 불러 하문한즉 有緣의 승려를 불러 散化功德의 법을 닦는다면 사라질 것이라 했다. 아침 元殿에 제단을 차리고, 왕은 청양루에 행차하여 유연의 승려를 찾아 보았다. 그 때 月明師는 논두렁 길을 걸어 가고 있었는데 왕은 그를 불러, 산화공덕의 법을 행하도록 했다. 월명법사가 미륵불전에 왕생하도록 도솔가를 부른즉 하늘에 있던 두 개의 해가 사라져 버렸다. 왕은 그에게 상을 주었는데 수정염주를 하사했다 한다.

월명사 또한 죽은 누이를 위해 제를 베풀고 향가를 만들어 빌었다. 그런즉 회오리바람이 일어나 종이로 만든 돈을 날려 서방으로 보냈다 한다. 이 때 부른 왕생가는 다음과 같다.

생사의 길은 이승에 있으매 두려워 지고
나는 간다는 말도 못다하고 가느냐.
어느 가을 이른 바람에 여기 저기 떨어지는 잎과 같이
한 가지에 나서 가는 곳을 모르는구나.
아, 아미타정토에서 너를 만날 나는
도를 닦아 기다리련다.

서방정토에 간 누이를 만나기 위해 도를 닦아 기다려 보려고 한다는 향가이지만 깊은 인간적 정감이 깃드려 있다.

이 月明師도 경주 대찰이었던 四天王寺에서 가끔 피리를 불었다. 보름달이 밝은 밤, 문전 대로에서 피리를 불면서 지나는데 중앙에 빛나는 달이 그 발걸음을 멈추게 하였다 하여 그 길을 '月明里'라 하였다. 이 때 불렀던 향가는 단순한 노래 가락이 아닌 천지자연을 감동시키는 크나큰 힘을 가지고 있었던 것이다(《遺事》 권5 感通 제7).

또 신라 경덕왕(742~764) 시대에도 서방으로 왕생한 승려가 있었다. 경남 양산 동북 20리 기암괴석에 둘러 쌓인 布川山이 있었는데 여기에 5비구가 살고 있었다. 염불로서 서방에 왕생할 것을 발원하기를 수 십년 어느날 갑자기 25보살 성중이 영접해 가려고 나타났다. 비구들은 연화대에 앉아 공중을 날아 양산 통도사 문밖에서 잠시 머물다가 天의 음악이 연주되었다. 절에 있던 승려들이 나와보니 5인의 비구는 無常苦空의 도리를 설하며 유해를 남기고 광명을 발하면서 서방으로 향해 날아갔다 한다. 승려들은 유해가 버려졌던 곳에 정자를 세우고 '置樓'라고 이름했다(《遺事》 권5 避隱 제8).

정토신앙은 서민들 뿐만 아니라 노비들에게도 있었다. 경덕왕 때(742~762), 康州(진주)사람 수 십인은 서방왕생을 발원하여 미타사를 세우고 염불법회를 만들었다. 그 때 阿干(신라 관직의 제6위) 貴珍의 집 노비 郁面은 주인을 따라 절에 가서 법당 뜰에서 승려들을 따라 염불을 했다. 매일 저녁 벼를 다 찧고 절에 가서 염불하기를 게을리 하지 않았다. 새끼줄로 두 손바닥을 관통하여 말뚝에 묶고 합장하여 좌우로 돌며 염불을 열심히 하고 있을 때 공중에서 "郁面낭자여! 법당으로 들어가 염불하시요"라는 소리가 들렸다. 절에 있던 대중이 그 소리를 듣고 욱면을 법당에 들어가서 염불케 했다. 그런즉 서쪽 하늘에서 음률이 들려 오더니 욱면은 하늘 높이 솟아 절 대들보를 뚫고 서방으로 날아가 교외에 이르러 육신을 버리고 진신을 나투어 연화대 앉아서 대광명을 발하면서 서서히 사라져 갔다 한다(《遺事》 권5 感通 제7). 이 이야기는 염불자가 승려가 아닌 보통 속인으로서 그것도 노비라고 하는 천한 신분의 사람이었다.

미륵신앙이나 미타신앙은 문헌상에서 뿐만 아니라 불상에서도 확인할 수 있다. 경북 경주 내동면에 있는 신계리 감산사지에서 발견된 2구의 석불은 광배를 지고 연꽃 문양이 있는 立台에 서 있는 단정한 불상으로 唐의 영향을 받은 것이라 하겠다. 이 두 불상에는 광배에 판각된 명문이 있었는데 《三國遺事》권3 興法 제3의 南月山(甘山寺)조에 수록된 것은 〈金堂主彌勒尊像火光後記〉를 초한 기록이라 하겠다.[68] 감산사는 金志誠의 원찰이었던 菩提寺이다. 김지성은 無著 Asaṅga의 유식과 老莊에 능통한 사람으로서, 719년 亡考·亡妣의 명복을 빌기 위해 미륵석상을 만들어 금당에 모시고 아미타석상을 만들어 강당에 모셨다[69]. 이 시대에 아미타상이 만들어졌다고 하는 것은 아미타신앙이 침투한 것을 증명하고 있다.

신라의 仇史郡(義安郡)에 있는 백월산은 높은 산봉우리가 많은 큰 산이었는데, 이 산 동남 쪽 선천촌에 '努肹夫得 怛怛朴朴'이라는 풍체가 비범한 두 사람의 친구가 있었다. 20세 때 출가하여 승려가 된 다음 도를 닦기 위하여 적당한 암자에서 처와 함께 살고 있었다. 속세를 버리고 백월산 무등계곡으로 들어간 朴朴師는 북령의 사자암벽 밑에, 그리고 夫得은 동령 뢰석 아래에 각각 암자를 만들어 살았다. 朴朴은 미타를, 夫得은 미륵을 친견할 것을 염원하여 기도했다. 709년 어느날 관음보살[70]의 화신인 한 소녀가 朴朴이 있는 북령의 암자를 찾아가 하룻밤 머물게 해달라고 간청했지만 朴朴은 계를 지키기 위해 이를 거절했다. 소녀는 다시 동령 부득의 남암으로 가서 부탁했더니 부득은 자비심으로 소녀를 암자에 들어오게 하고 자신은 계속 염불만을 하고 있었다. 소녀가 산기가 있어 아이를 출산하였으므로 목욕을 시켰더니 목욕

---

68) 葛城末治, 《朝鮮金石攷》, 大阪屋號書店, 1935.
末松保和, 〈甘山寺彌勒尊像及び阿彌陀佛の火光後記〉《新羅史の諸問題》東洋文庫, 1954.

69) 中吉功, 〈新羅甘山寺石造彌勒・阿彌陀像について〉《朝鮮學報》 제9집, 1956. 3.

70) 洪承基, 〈觀音信仰과 新羅社會〉《湖南文化硏究》 제8집, 1976.

물이 금색으로 변했다. 부득도 그 물에 목욕을 했더니 연화대에 앉은 미륵불로 변했다. 관음보살이 부득을 도와 보리심을 성취케 했던 것이다. 파계한 부득을 비웃기 위해 남암으로 찾아간 박박도 금색물에 목욕을 하고 부득과 같이 무량수불이 되어 두 부처가 나란히 있게 되었다. 이 두 성인은 설교를 한 다음 구름을 타고 사라져 버렸다. 755년 경덕왕이 즉위하여 이 이야기를 듣고 그 다음해 신하를 보내어 대가람을 세우고 白月山南寺라 하였다. 764년 7월 15일에 절이 완성되자 미륵상을 만들어서 금당에, 미타상을 만들어서 강당에 안치하고, 금당에는 '現身成道彌勒之殿', 강당에는 '現身成道無量壽殿'이라고 하였다는 설화가 있다(《遺事》 권3 塔像 제4).

淨土經典의 연구

신라시대 불교학 연구의 융성함과 함께 정토경전에 대한 많은 연구가가 나타나 수많은 경전을 주석하여 세상에 내 놓았다. 먼저 서술한 바와 같이 자장은 《阿彌陀經義記》를, 의상은 《阿彌陀經義記》(《義天錄》 권1)를, 원효는 《無量壽經宗要》·《阿彌陀經疏》를 찬술했으며 이 이외에도 원측은 《阿彌陀經疏》를 (《東域錄》), 도륜은 《阿彌陀經疏》 (《東域錄》), 법위는 《無量壽經疏》(上卷만이 현존, 石田茂作 《奈良朝現在一切經疏目錄》)를, 현일은 《無量壽經疏》·《隨願往生經記》 (同書) 및 《阿彌陀經疏》(《義天錄》)를, 의적은 《無量壽經疏》(《奈良朝現在一切經目錄》), 경흥은 《無量壽經連義述文贊》(現在)·《阿彌陀經略記》를, 太賢은 《無量壽經古迹記》·《觀無量壽經古迹記》·《阿彌陀經疏》·《稱讚淨土經古迹記》를 각각 찬술했다. 그러나 이들 저서는 대부분 없어져서 그 내용을 밝힐 수가 없다.

원효의 《遊心安樂道》는 원효의 정토사상을 나타낸 독자적인 저서라고 일컬어 왔지만 《유심안락도》에는 원효가 죽은 뒤에 번역된 《大寶積經》·〈發勝志樂會〉(706~713년에 번역)와 《不空羂索神變眞言經》(707~709년에 번역)이 인용되어 있는 점과, 후배로 생각되는 懷感(~695~)의 《釋淨土群疑論》의 〈九品生位章〉의 내용이 인용되어 있는 점, 원효의 《무량수경종요》나 迦才의 《정토론》을 그대로 인용하고 있다는 점 등을 들어 원효의 저술이 아닐 것이라는 학자들[71]의 주장이 있다.

의적의 《無量壽經述義記》의 사상은 善導의 《往生禮讚》이나 懷感의 《郡疑論》의 영향을 크게 받아 '本願의염불', '口稱의 염불'을 강조하고 있는 것이 그 특색이라 하겠다. 이로 말미암아 의적의 정토교가 일본 平安시대의 정토교에 영향을 크게 주었다.

의적은 전기를 알 수 없지만 《三國遺事》 권4에 한국 화엄의 祖인 의상의 10대 제자중에 한 사람으로서 기록되어 있다. 또한 원측의 제자 道證이 유식종의 6家로서 규기·원측·보광·혜관·현범·의적의 이름을 열거하고 있어 의적이 《唯識未證決》을 저술했음을 말하고 있다(善珠 《唯識義燈增明記》). 그렇다면 의적은 도증 이전의 사람으로서 현장문하 법상종의 학장과 동시대의 인물임을 알 수 있다. 추정컨대 의상보다 후배로서 7세기 중엽에서 8세기 초에 활약했던 인물이라 하겠다. 신라에서는 자장·원효·법위·경흥 등의 정토교 학자와 대체로 동시대의 후배라고 할 수 있는 인물이다. 의적은 총 21부 67권의 책을 저술했지만, 《무량수경술의기》는 현재 복원이 되어 있다.[72] 의적의 정토교는 정영사 慧遠의 흐름을 이어감과 동시에 선도·회감 등의 사상도 도입하면서 저술된 것이다.

법위는 전기가 분명치 않지만 현일의 《無量壽經疏》와 憬興의 《무량수경연

71) 村地哲明, 〈遊心安樂道元曉作說への疑問〉 《大谷學報》 제39권 제4호, 1960.
安啓賢, 〈元曉의 彌陀淨土往生思想〉 《歷史學報》 제16·21집, 1961·63.
源弘之, 〈新羅淨土教の特色〉 《新羅佛教硏究》, 山喜房佛書林, 1973.
惠谷隆戒, 〈新羅元曉の遊心安樂道は僞作か〉 《印度學佛教學硏究》 제23권 제1호, 1974.
高翊晋, 〈遊心安樂道의 成立과 그 背景 —— 遊心安樂道는 無量壽經宗要의 增補改編이다〉 《佛教學報》 제13집, 1976.
章輝玉, 〈遊心安樂道考〉 《南都佛教》 제54호, 1985. 7.

72) 惠谷隆戒, 〈義寂の無量壽經述記について〉 《佛教大學硏究紀要》 통권 제35호, 1958. 10.
安啓賢, 〈義寂의 彌陀淨土往生思想〉 《新羅淨土思想史硏究》, 亞細亞文化社, 1976.
春日禮智編, 《無量壽經述義記》, 眞宗學硏究所, 1940.

의술문찬》에는 법위의 학설이 인용되어 있는 것으로 미루어 보아 그들 보다는 선배임을 알 수 있고, 또 따라서 원효와 동시대의 인물이라고 추정된다. 현일의 《無量壽經記疏》[73]는 나라시대에 일본으로 전파되어 源隆國의 《安養集》을 비롯하여 많은 정토교가들이 인용하고 있다. 법위의 사상은 정영사 혜원의 해석을 많이 계승하고 있다.

중국의 정토교학은 唐시대에 法常·道綽·迦才·慧淨·道誾·善導·基·龍興·靖邁·懷感·慧日 등의 학장을 배출한 데에 반해 신라에서는 자장·법위·원효·의상·현일·의적·원측·태현·도륜 등의 학자를 배출했다. 신라 정토교의 계보는 정영사 혜원의 地論계통과 玄奘·基의 법상계통으로 분류된다. 혜원계통에 속하는 학자는 자장·원효·의상·의적·법위·현일 등으로 이어 가며, 法相宗 계통으로는 원측·태현·경흥·도륜 등을 들 수 있다. 신라 정토교는 중국 정토교를 그대로 이어가는 것이 아니라 독자적인 전개를 펼쳐 신라 정토교가 일본 奈良·平安시대의 정토교 형성에 큰 영향을 미친 사실을 충분히 주목하지 않으면 안된다.

---

73) 惠谷隆戒, 〈新羅法位の無量壽經義疏の研究〉《日本佛教學會年報》제25호, 1960. 3. 安啓賢, 〈法位와 玄一의 彌陀淨土往生思想〉(前揭書).

제 3 장 고려의 불교

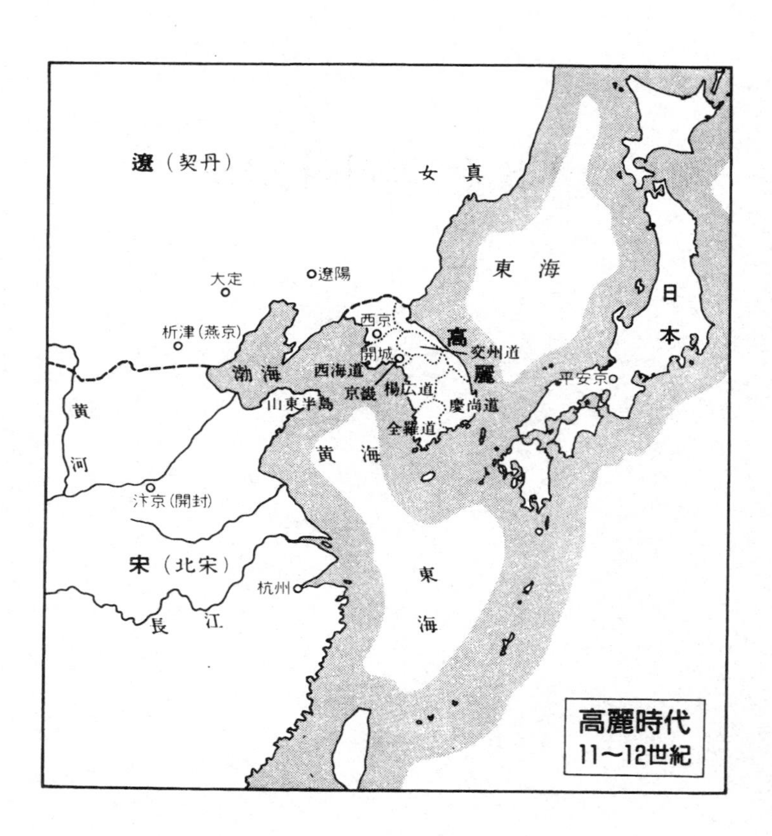
遼（契丹）
女 真
東 海
大定
遼陽
析津（燕京）
西京
高
麗
開城
交州道
日
本
平安京
渤 海
西海道
京畿
楊広道
慶尚道
山東半島
全羅道
黄
河
黄 海
汴京（開封）
宋（北宋）
杭州
東
海
長 江
高麗時代
11～12世紀

제 3 장 고려의 불교

한국불교사를 통해서 가장 큰 변화를 일으킨 것은 고려시대의 불교이다. 현재 한국불교의 모든 성격을 규정할 수 있는 것은 고려 및 이조불교이며 통일신라 불교의 영향은 거의 없다고 해도 무방할 것이다.

신라말에 수용된 禪은 고려시대에 와서 독자적인 전개를 하면서 현재 曹溪宗의 원류가 이 시대에 확립되었을 뿐만 아니라 한국불교 전체의 방향을 규정짓기도 한다. 또한 신라시대에 없었던 天台宗이 새로 성립되고, 禪宗과 함께 敎宗을 발전케 하여 한국불교의 특색으로서 禪·敎 兩宗의 체제가 확립되기에 이르렀다.

道詵의 영향을 강하게 받은 고려태조의 불교신앙을 계승하여 鎭護國家와 祈福禳災를 위한 법회나 도량이 빈번하게 개최되어 한국불교사상 가장 佛敎儀禮가 왕성하게 일어난 시대이기도 하다. 또 외적의 침입이 있어 민족의 英知를 집결시켜 세계에 자랑할 만한 문화재로서 《高麗大藏經》을 판각하였다. 그러나 한편으로는 妖僧이 배출되어 사회적 질서를 혼란케 하고 불교교단의 비대화와 함께 과도한 寺塔을 건립하여 많은 피해를 유발시켰다.

1. 諸王과 불교

신라도 말기에 이르러서는 귀족간에 왕위계승의 문제로 쟁탈이 현저하게 나타나 왕실의 세력이 지방에까지 미치지 못했다. 이러한 시국의 흐름을 타고 지방에서는 호족이 할거하고 도적이 곳곳에서 일어나 대혼란의 기미가 보이기 시작했다.

이미 앞에서 서술한 것처럼 백제의 옛 영토에서는 견훤이 후백제를 건국하고 북방에서는 王建이 고려국을 세웠다. 신라는 이 두 나라 사이에 끼어 쇠망의 길을 걷고 있었다. 후백제는 중국 江南 吳越과 교섭하여 세력을 증대시켜 갔고 고려 또한 중국·거란·발해와 교섭해서 국력을 충실히 다져갔다.

경순왕 39년(935), 신라 국왕은 귀족들과 함께 고려에 항복하여 재물을 가지고 고려 도읍으로 옮겨갔다. 다음 해 왕건은 일거에 후백제를 멸망시켜 반도를 통일했다. 고려는 이미 926년 발해를 멸망시키고 발해의 옛 영토를 포함하여 한반도에 처음으로 통일왕조를 수립하게 되었다. 발해인 중에는 귀화하는 사람들이 많았는데 고려는 이들을 우대했다.

고려 5백년을 통해 불교가 성행했는데 특히 고려태조는 많은 사원을 건립했다. 사원이나 승려들의 수가 증가되고 승관제도도 구비되어 있어 고승들의 사후에는 탑과 비가 건립되어 외면적으로는 신라와 같이 불교가 상하의 사회에 침투되어 있었다.

또 신라말에서 고려조를 지나 지금에 이르도록 사람들의 마음을 저울질하고 행동을 지배해 온 풍수신앙이 유행하여 讖緯說과 풍수지리설에 따라 반도의 요소에는 많은 불교사원이 건립되었다.

먼저 왕건이 나라를 세울 때 참위설이나 풍수지리설로서 예언했던 승려들에 대해 언급하고자 한다.

도선과 풍수지리설

고려건국의 예언자이며, 사상계를 지배한 道詵[74]은 신비의 베일에 싸여 있

74) 今西龍, 〈新羅僧道詵に就きて〉《高麗史硏究》近澤書店, 1944.
崔柄憲, 〈道詵의 生涯와 羅末麗初의 風水地理說 —— 禪宗과 風水地理說의 관계를 중심으로〉《韓國史硏究》11집, 1975.
徐閏吉, 〈道詵裨補思想의 淵源〉《佛敎學報》제13집, 1976. 10.

다. 훗날 여러가지 요소가 부가되어 가작된 것도 있지만, 도선의 전기를 연구하는 자료로서는 다음과 같은 것이 있다.

(1) 〈訓要十條〉(《高麗史》 권2 太祖26年條).
(2) 〈玉龍寺王師道詵加封先覺國師敎書及官誥〉(《東文選》 권27)—— 高麗仁宗(1123~1146) 때, 崔應淸이 왕명을 받들어 찬한 것이다.
(3) 〈白雞山玉龍寺贈謚先覺國師碑銘幷序〉(《東文選》 권117) —— 高麗毅宗4년(1150), 崔惟淸이 왕명을 받들어 찬한 것이다.
(4) 〈通編年錄〉(《高麗史》 高麗世系) —— 高麗毅宗(1147~1170) 때, 金寬毅의 찬술.
(5) 〈本朝編年綱目〉(《高麗史》高麗世系) —— 忠肅王(1314~1339) 때, 閔漬가 찬술함.
(6) 《龍飛御天歌》—— 朝鮮世宗 27년(1445)에 제작.
(7) 《世宗實錄地理志》 全羅道 靈巖郡條.
(8) 《東國輿地勝覽》 全羅道 靈巖郡條, 康津縣條, 光陽縣條.
(9) 〈道詵國師實錄〉·〈三聖山三幕寺事蹟〉·〈日封菴記〉·〈全南順天郡曹溪山仙巖寺事蹟〉〈釋王寺所傳高麗國師道詵傳〉(朝鮮總督府編 《朝鮮寺刹史料》)
(10) 《智異山華嚴寺事蹟》

도선의 전기는 각각의 자료가 제작될 당시의 사회적 배경에 따라 허구되어 가면서 도선은 고려건국에 신비성을 부여시키기 위해 신승화되어 갔다. 위에서 말한 자료중 (3)은 도선에게 '先覺國師'란 시호를 증정한 의종이 도선이 열반했던 곳인 희양현의 白雞山 玉龍寺에 비를 세우고 崔惟淸이 비문을 찬술한 것이다. 이 자료에 따라 도선의 전기를 간단히 서술하겠으나 이 자료는 도선의 신이를 필요로 하는 것도, 인정할 것도 아니어서 일체 기록하지 않았다.

道詵(827~898)의 속성은 김씨, 영암(전남)사람이다. 어머니 강씨가 꿈에

한 알의 구슬을 삼키고 임신하였다고 전하고 있다. 15세 때 삭발하고 月遊山(月出山?) 華嚴寺에서 살았다. 문성왕 8년(846), 20세에 이르러 唐 西堂智藏의 법을 받은 惠徹에게 사사하기 위해 동리산으로 갔다. 23세 穿道寺에서 구족계를 받고 雲峰寺에서 35년간을 안좌했다. 도선의 가르침에 따르고자 모여든 학도가 구름같았다. 헌강왕으로 부터 영접을 받고 본사로 돌아와 신라 효공왕 원년(898) 3월 10일, 72세로 열반에 들었다. 왕은 '了空禪師'라는 시호를 내리고 門人 珙寂의 요청에 따라 瑞書學士 朴仁範에게 비문을 찬술케 했다.

도선이 풍수지리설의 신승이라고 하는 이야기와 고려태조가 受命의 군주가 되어 나타날 것이라고 예언한 것이 후일 고려왕조가 도선을 존숭하게 되는 원인이 되었다. 그러나 이러한 내용들은 박인범이 찬술한 비문에는 없다. 최유청이 이 두 가지의 설화를 부가시킨 것이 아닌가 생각된다. 이와 같은 전설은 도선에게 禪師의 호를 추증한 현종왕대에 이르러 날조된 것같다. 그 밖에 (5)에 따르면 태조가 17세 때 도선과 면담한 사실이 있다고 서술하고 있지만 이는 모두 사실과는 다르다.

도선이 唐으로 가서 一行으로부터 地理法을 배웠다고 하는 설은 (4)와 (6) 등에서 엿볼 수 있고 또 일행에게 사사했다고 기록하고 있지만 唐의 일행(673~727)과의 직접적인 면담은 연대상으로 보아 있을 수 없고 또 도선이 당으로 들어간 사실도 없다. 스승이었던 혜철선사의 입당기사가 오인되어 도선의 사적으로 기록된 것에 지나지 않는다. 또 구례 화엄사의 개산조 연기법사와도 아무런 관계가 없으며, (9)나 (10)은 자료로서 신빙할 수가 없다.

도선은 고려초기에 건국과 결부되어 풍수지리설을 근거로 명산에 절을 세우면 국운을 바로 잡을 수 있을 것이라는 도참설[75]과 불교신앙이 결합되어 도처에 裨補寺院이 세워지고 있던 중, 시대를 배경으로 많은 전설과 얽히어 결국 고려불교계의 큰 세력으로 변했다. 그 이유는 도선의 풍수지리설이 당시

75) 李丙燾, 〈高麗時代의 圖讖思想〉《韓國思想》 제13집, 〈韓國思想史의 主流〉 1975. 12.

민중들에게 받아들여진 것이 큰 원인이라 하겠다. 경주를 중심으로 귀족층의 부패와 타락, 지방호족의 대두, 전란에서 안정을 바라는 일반 민심 등을 교묘하게 수람한 것으로서 한반도의 지리환경을 유기적·통일적으로 파악한 도선의 풍수지리설로서 비보사탑의 사상이 된 것이다. 또 이와 같은 풍수설[76]을 이용한 것이 고려를 건국한 태조였다. 군사적·전략적인 군지를 확보하고 연락을 취하기 위해서도 지리설은 필요했던 것으로서 태조는 이를 적극적으로 이용했던 것이다.

諸王의 奉佛行爲

太祖

태조왕건(918~943)은 고려의 건국이 부처님 가호력으로 이루어진 것이라 하여 불교를 보호하고 많은 사탑을 건립했다. 즉위 원년(918)에는 팔관재회를 개최하고 2년 정월에는 도읍을 송악으로 옮겼고 3월에는 법왕사·자운사·왕륜사·내제석사·사나사·천선사·신흥사·문수원·원통사·지장사 등 10개의 사찰을 도읍에 세우고 탑묘 등을 복구했다. 4년에는 오관산에 대흥사를 창건하여 利言을 맞아 들였고 5년에는 옛 자택을 廣明寺라 하여 절로 만들어서 유가법사 曇諦를 주지로 삼았다. 또 日月寺를 창건했으며 6년에는 사신 尹質이 梁에서 가지고 온 百羅漢畫像을 해주 崇山寺에 안치하고 다시 7년에는 外帝釋院·神衆院·興國寺를 건립했다. 9년에는 百座說經會를 황룡사에서 개최하고 승려 3백인에게 공양했다. 이것이 백좌를 개최하여 禪敎를 통설한 것으로서는 최초의 일이라고 한다(《遺事》 권2 紀異 제2).

11년(928)에는 신라승 洪慶이 당에서 대장경 1부를 갖고 돌아왔으므로 왕은 예성강까지 마중나가 제석원에 안치했다. 12년 6월 인도승 마후라가 왔다. 왕은 예로서 그를 맞아 들여 龜山寺에 머물게 했지만 다음 해에 죽었다. 13년에는 安和禪院을 건립했다. 21년(938) 3월 마갈타국의 대법륜보리사의

76) 金孝敬, 〈朝鮮佛教寺院選地における風水信仰の影響 —— 朝鮮佛教史上の政治的動向〉《佛教硏究》 제4권 제3호, 1940.

승 弘梵대사(室哩嚩日羅 śrivajra?)가 왔다. 23년(940) 12월에 開泰寺가 낙성되어 화엄법회가 열리고 태조는 친히 疏文를 써서 부처님의 힘으로 가호가 있기를 빌었다. 그 해 新興寺를 중수하여 공신당을 두고 三韓의 공신을 동서의 벽에 그렸다. 그리고 만 하루에 걸쳐 무차대회를 개최했다. 같은 해 7월에는 왕사 忠湛(869~894)이 죽었는데 탑을 원주 靈鳳山 法興寺에 세우고 친히 비문을 찬했다. 또한 태조는 왕사에 慶猷를, 국사에는 玄暉를 임명하고 그 밖에도 利嚴・麗嚴・允多・慶甫・希朗 등의 고승들을 중용했다. 그리고 불교에 심취된 제5 왕자를 출가시켰는데 그가 바로 證通국사이다. 26년 4월에는 내전에 나와 大匡 朴述熙를 불러서 친히 교훈을 내렸다. 이것이 바로 유명한 태조의 '訓要十條'이다. 이는 태조의 유언으로서 고려 5백년간에 걸쳐 정치적 교훈으로서 헌법의 법전이었다. 그러나 이는 태조시대에 제정된 것은 아니라고 학자[77]들은 논증하고 있다. 그 학설에 따르면 훈요 제8 등의 내용은 당시의 사정과는 모순점이 많고, 또 훈요 제2에서 불사를 금하라고 한 내용은 光宗이 이를 준수하지 않고 사찰건립을 많이 했다는 점 등을 미루어 이는 후대에 날조된 것이라고 한다.

定宗

재위는 4년에 지나지 않았지만 성품이 불교를 좋아하여 즉위 원년(946) 불사리를 開國寺에 안치하고 또 곡식 7만석을 大寺院에 헌납하고 각각 佛名經室과 廣學堂을 두고 불법 배우기를 게을리하지 않았다.

光宗

2년(951)에는 城南에 大奉恩寺를 창건하여 태조의 원당으로 삼고, 佛日寺를 東郊에 창건하여 先妣 유씨의 원당으로 삼았다. 한편 2년에는 서경 重興寺의 9층탑을, 또 4년에는 유명한 경주 황룡사 9층탑이 불에 소각되었다. 19년(968)에는 弘化・遊巖・三歸 등 많은 사찰을 건립했는데 이는 참소만을 믿고

---

77) 今西龍, 〈高麗太祖訓要十條に就きて〉 前揭書.

많은 사람들을 죽인 죄를 소멸하기 위해 齊會 등을 개최할 필요가 있었기 때문이라 한다. 사찰에서는 불경을 독송케 하고 도살을 금했다. 홍화·유암·삼귀의 세 사찰을 건립하던 해에는 惠居를 국사에, 坦文을 왕사에 임명했는데 25년(974)에 혜거가 죽자 탄문을 국사로 삼았다. 또한 唐 石霜楚圓의 법계인 谷山道緣의 밑에서 대오한 競讓(878~956)을 개성 사나선원에 초빙하고 '證空大師'의 호를 하사했다.

成宗

경종 6년(981) 11월 겨울, 팔관재회의 여러가지 잡다한 기법이 항상 틀려 번거로움으로 이를 모두 금했다. 法王寺에 행차하여 분향하고 돌아온 다음 조정에서 군신들의 朝賀를 받았다. 다음 해(982) 6월 上柱國 崔承老가 時務28조를 만들어 상소를 올렸다. 이 상소에는 불교에 대한 것이 장문으로 상소되었는데, 특히 광종이 재물을 탕진해서 비로자나참회법이나 무차수륙회 등 재회를 개최한 것은 백성의 뼈와 피를 짜서 한 것이므로 지금부터 절을 세우거나 제를 베푸는 것을 금지케 해달라는 내용이었다. 최승로는 나라를 경영하는 대도는 불교가 아닌 유교임을 말하고 "불교를 행하는 것은 수신이 근본이며, 유교를 행하는 것은 나라를 다스리는 근원이니, 수신은 내생을 위한 것이나 나라를 다스리는 것은 지금의 의무이다. 금일이란 지극히 가까운 것이며 내생은 지극히 먼 것이니 가까움을 버리고 먼 것을 구한다면 또한 오류를 범하는 것이다" (《東史會綱》 권4下)라고 했다.

4년에는 집을 희사하여 절을 만드는 것을 금지하였다. 그러나 한편 7년(988)에는 불교에 따라 정월·5월·9월, 이 3개월 간은 도살을 금했다. 그 다음 해 5월에는 상주국 최승로가 죽었다. 12월에 태조의 忌齊로서 5일간을, 왕비 왕후의 기제로서 3일간에 걸쳐 승려들의 의식에 따라 독경하는 것을 허락했다. 따라서 이 같은 기제가 있는 달에는 도살을 금하고 육식을 금했다. 이는 일찌기 당 태종이 皇考의 忌月에 실천했던 고사를 모방한 것이라 하겠다.

10년(991) 韓彦恭이 송나라에서 귀국할 때 대장경을 가져와 헌상했다. 이

것을 내전에 두고 승려들을 초빙하여 독송케 했다.

穆宗

2년(999) 7월 목종은 眞觀寺를 성남에 세우고 다음 해 崇敎寺를 세워 태후의 원찰로 삼았다. 6년 천추태후 皇甫는 大良院君 詢을 강제로 승려를 만들었다. 9년 6월에는 선교양종 대덕 이상의 승려들에게 법호를 주고 그 다음 해 진관사에 9층탑을 세웠다.

顯宗

12세에 출가하여 승려가 된 왕 詢은 처음은 숭교사에 있었지만 목종 9년(1006)에는 삼각산 신혈사로 옮겼다. 12년 2월 연총전에서 왕위에 즉위했는데 이가 현종이다. 원년(1010)정월 上元도량이 폐지되고 2월에는 성종 이후에 폐지되었던 연등회가 부활되었다. 11월에는 성종 때 폐지했던 팔관회도 부활시켰다. 다음 해에는 거란군의 격퇴를 기원하는 대장경 판각불사가 시작되었다(다음절 참조). 3년, 경주 조유궁의 목재로서 황룡사의 탑을 수리하고, 12월에는 重光寺가 창건되었다. 그러나 8년(1017)에는 다시 사가를 희사하여 절을 만든다든가 부녀자를 비구니로 만드는 것을 금했다. 9년에는 개국사의 탑을 중수하여 불사리를 안치하고 계단을 설치하여 승려 3천 2백 인을 득도케 했다. 11년(1020) 5월에는 1백 사자좌를 설치하고 《인왕경》을 3일간에 걸쳐 강론케 하고 또 이를 상례로서 규정지었다. 이 해 8월에는 安西道의 둔전 1천 2백 40결을 玄化寺에 시주했다. 이 현화사는 대사찰로서 9월에는 현종이 친히 행차하여 종을 만들고 法鏡대사를 왕사로 삼았다. 12년 5월에는 상서좌승 李可道에게 명하여 경주 高僊寺의 금란가사·불정골 및 昌林寺에 있던 부처님 치아를 가져오게 하여 내전에 두었다. 8월에는 현화사로 가서 친히 비액을 쓰고 한림학사 周佇에게 명하여 비문을 찬하게 했다. 또 황룡사의 9층탑을 네번째로 수리를 시작했다.

이와 같이 봉불행위를 많이 할 수 있었던 것은 門下侍郎平章事 崔沆의 역할이 컸기 때문이다. 팔관재회를 부활시키고 황룡사 탑을 수복케 한 것은 최항의 힘이었다. 최항은 불교를 지나치게 신봉하여 관료로서의 의무를 다하지 못하였고 또한 私家에는 불경과 불상을 두었으며, 결국에는 사가를 희사하여 절을 만들었다. 이로 말미암아 국가에서 금지시켰던(사가를 절로 삼는 것)모든 법령이 空文으로 돌아가 불교는 권력자에 의해 이용되기에 이르렀다. 18년(1027)에는 慧日重光寺의 창건이 명령됨에 따라 인부와 工匠들을 징발했다. 백성이 도탄에 빠져 어려움으로 이를 중지케 해 달라는 상소를 올리는 사람도 있었지만, 左承宣 李璦은 한 사람이라도 부처님을 위해서 사원을 건립하는 공덕은 무량한 것이라 하여 중지하지 않았다. 다음 해 장경도량이 會慶殿에서 개최되고 승려 1만 인에게 공양을 베풀었다. 그러나 그 당시 승려 사회는 부패되어 파계승이 많았다. 그 해 6월에는 양주 靑淵寺의 승려가 쌀 3백 60여 석으로 밀주를 만든 일로 벌을 받았고, 당시 처자와 함께 살고 있던 승려들은 모두 중광사에서 노동을 하게 했다.

德宗

재위는 불과 3년에 지나지 않았지만 현종의 숭불행위를 그대로 계승하여 즉위 원년(1031) 10월에는 毬庭(넓은 광장)으로 행차하여 승려 3만 인에게 공양을 베풀었다. 다음 해 정월에는 외제석원·왕륜사·묘통사에 행차하였고, 또 皇考諱辰도량을 베풀기 위해 현화사로 행차하고, 太祖諱辰도량을 위해 봉은사에 행차하고, 다시 응건전에서 보살계를 받았다. 또 승 法鏡을 국사로 삼았다.

靖宗

2년(1036) 5월, 아들이 4명인 자는 한 아들을 출가시켜 승려로 만드는 것을 허락했다. 또 雲通·嵩法·普願·桐華寺에 계단을 차리고 經律을 시험했으며, 8월에는 1만명의 승려에게 공양을 베풀었다. 7년(1041) 4월, 장경도량을 회경전에서 개최하고 봄 가을 두 계절에 법회를 열었다. 이러한 법회는 경전을 강론하는 것이 아니라 법회를 열어서 祈福禳災를 구하기 위해서였다. 또 9년 3월, 백좌도량을 회경전에서 개최하고 승려 1만 인에게 공양을 베풀었다.

11년(1045) 2월, 臨津課橋院을 하사하여 慈濟寺로 만들고 다음 해 3월에는 侍中 崔齊顔에게 명하여 거리에서 '經行會'를 열게 했다. 경행이란, 도성의 거리를 三道라 하여 각각 채루(7월 7일 칠석날에 사용하는 것으로 아름답게 장식한 받침)를 줄지어 행렬을 만들어 그 위에 반야경을 올려놓고 앞으로 걸어가면서 승려와 신자가 법복을 입고 독경하는 것을 말한다. 이것은 백성들의 복을 비는 행사로써 이 해부터 항상 시행했으며, 이 때 監押官(兵馬의 일을 보는 관리)도 공용의 의복을 입고 보행자들을 따라 거리를 순행했다. 정종이 병에 걸리자 大法雲寺로 옮겨가서 백관들은 부처님께 왕의 쾌유를 기도했다.

文宗

정종 12년(1046) 문종이 즉위했다. 승록사의 진언에 따라 성평절(왕의 생일)에는 외제석원에서 7일간 기복도량을 개최했다. 백관들은 홍국사에서, 東西兩京·四都護·八收(8州의 長)는 자기가 있는 지방의 절에서 기도를 올렸는데 이로부터 항상 시행하는 행사로서 제정되었다. 원년 3월에는 반야도량을 乾德殿에서, 다음 해는 백좌인왕경도량을 회경전에서 개최하고 1만 승려에게 공양을 베풀었다. 6월에는 봉은사로 행차하여 왕사 決凝을 국사로 삼고 8월에는 금강경도량을 文德殿에서 베풀었다. 2년 3월, 가뭄으로 인한 흉년으로 大雲·大安 두 절의 토목공사를 3년동안 하지 못하도록 중지시켰다. 이 해로부터 종종 금광명경도량, 백좌인왕도량이 회경전에서 개최되고 그 때마다 승려들에게 공양을 베풀었다. 고려시대의 법회에 관해서는 다음 절에서 논하기로 한다. 5년 4월, 보제사에 행차하여 5백나한재를 열고, 7년(1053)에는 왕이 건덕전에서 보살계를 받고, 그 해 9월에는 북숭산 神光寺에 숙박하면서 나한재를 지내고, 10월에는 자비령 미륵원에 머물면서 분향하고 또 의복을 보시했다.

숭불의 군주 문종은 신하들의 반대에도 불구하고 10년, 興王寺를 德水縣에 창건하고 덕수현을 양주에 부속시켰더니 중추원사 崔惟善이 이를 간했다. 9월에는 노역을 회피할 목적으로 출가해서 金利사업 및 축농업을 하는 승려들을 모두 환속시키고 내외의 모든 사원에서는 계행이 청정한 자만이 안주하도록 칙명을 내렸다. 당시의 승려들 중에는 계율을 지키지 않고 타락한 승려가 있었다는 것을 짐작할 수 있다(《고려사》 권7). 11월에는 왕이 내제석원으로 행차하여 海麟을 왕사로 삼고, 2년 뒤 5월에는 봉은사로 행차하여 왕사인 해린을 국사로 삼고 爛圓을 왕사에 임명했다. 또 그 사이에 消災도량을 건덕전과 수춘궁에서 개최했다.

13년(1059) 8월, 東·西 兩京과 동·남의 州·郡에서는 한 집에 아들이 3명 이상일 경우에 한하여 그 중 한 아들은 15세가 되면 삭발하고 승려가 되는 것을 허락했다. 15년 6월 문종은 봉은사에 행차하여 국자감에 이르러 신하들에게 "仲尼(釋尊)는 百王의 스승이므로 경의를 표하지 않으면 안된다"고 하여 모두 거듭 예배토록 했다. 17년 3월, 契丹에서 대장경을 보내 왔으므로 왕은 이 장경을 西郊에서 영접했다. 19년(1065) 5월, 왕은 경령전에 나와 왕사 爛圓을 불러 왕자 煦를 삭발시켜 승려로 만들었다. 이가 바로 고려 제일의 명승으로 활약했던 대각국사 義天이다.

21년 정월, 12년간이나 걸려 건축한 興王寺가 완성되었다. 병부상서 金陽과 右街僧錄 道院 등에게 명하여 계행을 갖춘자 1천 명을 선발해서 낙성법회에 참석케 했는데, 특히 연등대회는 주야 5일간이나 개최되었다. 24년에는 홍왕사에 행차하였으며, 새로 慈氏殿을 창건하고 慶成大會를 베풀었다. 숭불의 군주였던 문종은 그 다섯번째 왕자 竀(聰生僧統)를 현화사에 출가시켰으며 열번째 왕자 璟(聰惠首座)도 출가시켰다.

문종대에는 불사가 성행했는데 이 같은 일은 고금을 통하여 일찌기 없었던 일이라 하겠다. 27년(1073) 2월, 왕은 봉은사에 행차하여 연등회를 열고 새로 조성한 불상을 경찬하고, 거리에 연등회를 이틀 동안 개설했는데 불켜진 등이 3만이었다. 반야도량, 소재도량, 백고좌도량, 문두루도량 등을 차례로 개최했다.

30년(1076), 일본승 25인이 영암군에 와서 국왕의 수명장수를 축복하고 불상을 바치기를 청하므로 이를 허락했다. 당시 일본은 宋과의 불교교류가 왕성했지만 이처럼 고려에 와서 헌상하는 승려도 있었음을 잊어서는 안된다. 다음 해 31년에는 홍왕사에 행차하여 새로 완성한 《金字華嚴經》을 읽게 했다. 32년 7월에는 홍왕사의 금탑이 완성되었다. 이 탑의 안은 銀으로, 밖은 金으로 만들어 은 4백 27근, 금 1백 44근이 사용되었다. 34년에는 이 탑을 외호할 석탑이 완성되었다.

37년(1083) 3월, 태자에게 명하여 宋에서 가져온 대장경을 영접하여 開國寺에 안치하고 도량을 설치케 했다. 7월에는 화엄경도량을 5일간 홍국사에서 개설하였지만, 그 달에 문종이 승하하고 순종이 즉위했다. 이상 서술한 바와 같이 문종대에는 고려불교의 성왕기라 할 수 있다. 순종은 즉위 1년만에 승하하고 선종이 즉위했다.

宣宗

원년(1084) 정월, 보제사의 승려 貞雙 등이 9산선문에 참여하고 있는 학승들을 進士의 예에 따라 3년에 한번씩 과거를 시행할 것을 진언하여 이에 따랐다. 또한 도량에 문종 및 순종의 위패를 설치했다. 義天이 구법을 위해 宋으로 가게해 달라고 요청했으나 이를 거절했다. 2년 4월 宣王에게도 청원했으나 군신들의 반대로 허락치 않으므로 의천은 하는 수 없이 제자 두 사람과 함께 송나라 상인 林寧을 따라서 송으로 갔다. 송 哲宗은 의천을 수공전으로 불러 접견하고 국빈의 예를 갖추었다. 강남 등지의 많은 사찰을 두루 다니고 드디어 다음 해 6월 귀국을 허락받고 예성강으로 왔다. 이 때 宣宗은 태후로 하여금 봉영케하고 봉은사에 나아가 의천을 맞아 들였다. 이 때의 환영의식은 古今에 찾아 볼 수 없는 성대한 의식이었다. 의천의 활약과 천태종의 개종에 관해서는 뒤에서 서술하기로 하겠다.

선종도 숭불행위가 많아 4년에는 개국사에 행차하고 대장경 완성을 경축했다. 3월에는 송나라 상인 徐戩 등 20인이 와서 新註 화엄경판을 헌상했다.

선종 7년(1090) 정월, 崔士謙이 송에서 水陸儀文을 가지고 돌아와 왕에게 청하여 보제사에 수륙당을 세웠으나 소실되었다. 수륙의문은 수륙회(水陸의 중생들에게 齋食을 공양하는 법회)를 행할 때 하는 의례의 방법을 기록한 것으로서 송에서 시행하고 있던 법회가 처음으로 고려에 들어온 것이라 하겠다. 의례불교가 성행했던 고려는 9년 6월, 태후와 함께 천태종 예참법을 白州 見佛寺에서 약 1만일 간에 걸쳐 개설했다. 다음 해 왕은 '三寶詩'를 찬술하고, 또 5월에는 스스로 대찰을 건립하고자 뜻을 세우고 弘護寺를 창건했다.

재위 1년이었던 헌종(1095) 원년 2월에 송나라 상인 31인과 함께 자은종 승려 惠忍이 와서 보타낙가산의 聖窟을 보고자 했지만 조정에서는 이를 허락치 않았다.

肅宗

금광명경도량·소재도량 등 많은 도량을 개최하는 것은 선종대와 거의 같았다. 원년(1096) 9월, 전년에 왔던 송나라 승려 惠珍 省聰 등을 明悟三重대사에 임명했다. 다음 해 2월, 천태종의 근본도량으로서 國淸寺가 완성되었다. 3년에는 왕자 澄儼이 출가하여 의천을 스승으로 삼았는데 이가 圓明국사이다. 숙종은 왕륜사·보제사·인수사 등에 종종 행차했다.

6년(1101) 8월, 칙명을 내려 동방성인이었던 원효와 의상에게 追謚를 내렸다. 원효를 大聖和諍國師, 의상을 大聖圓教國師에 봉하고, 비문을 세워 그 덕망이 무궁하게 이어 가도록 했다. 그 해 9월에는 대각국사 의천이 죽었다.

숙종은 봉은·신중·왕륜·홍복사 등 많은 사원으로 행차하여 불교의 법회를 엄수했다. 그러나 한편으로는 6년 4월, 平州에 요승 覺眞이 망녕되이 음양을 논하여 사람들을 현혹시켜 혼란케 함으로 칙령을 내려 谷州로 귀양보냈다. 6월에는 남·여, 비구·비구니들이 집단적으로 모여 만불회를 개최하는 것을 금지했다. 일반민중과 승려들이 집단화되는 것은 위험하다고 생각한 것인지, 아니면 비구·비구니가 파계할 것을 두려워하여 이를 막기 위해 취한 것인지 알 수 없다.

7년 9월, 홍복사의 十王堂이 완성되어 태자로 하여금 행차하여 분향케 했다. 이 명칭에서 십왕신앙이 고려시대에 유행했던 것을 추정할 수 있다.

睿宗

예종도 스스로 보살계를 받은 숭불군주였는데 즉위 원년(1106), 건덕전에는 금강경도량, 회경전에는 반야도량, 장령전에는 우란분재, 건덕전에는 소재도량, 회경전에는 백좌도량, 문덕전에는 자비참도량, 건덕전에는 반야도량 등을 개최했다. 설치된 모든 도량은 5년간이나 성행했다.

예종 초기에 활약한 승려로서는 曇眞이 있다. 원년 6월에 왕은 장령전에 나아가 담진에게 명하여 禪을 설하게 하고 기우제를 지냈다. 이와 동시에 거리에서는 경행(행렬을 만들어 독경하는 행사)법회를 열고, 5部의 백성들 모두가 이에 맞추어 각자가 처하고 있는 장소에서 경행법회를 열었다. 이 행렬이 闕西里에 왔을 때 마침 비가 내려 왕은 쌀과 비단을 베풀고 다시 독경하면서 행렬케 했다. 이 때 공을 세운 담진은 다음 해 왕사가 되었다. 2년 윤10월 처음으로 元始天尊像을 옥촉정에 두고 月醮(매월 제단을 설치하고 제를 지내는 행사)을 시행했다. 이로서 도교의 주존상을 처음으로 모시게 된 셈이다. 3년 3월 女眞의 도적떼가 침범하므로 근신에게 명하여 경내에 있는 사원에 기름과 향, 활과 칼을 헌납하고 기도를 올려 부처님의 가피력으로 적군을 격퇴시키고자 하였다. 6월에는 보제사에 행차하여 분향하고 적국의 격퇴를 빌고, 다음 해에도 계속되었다.

5년(1110) 7월, 문하시랑평장사 李頫가 죽었다. 그는 조용하고 욕심이 없으며 불교를 좋아하여 스스로 '金剛居士'라고 불렀다. 이 같이 신분이 높은 관료에게도 불교신자가 있었음을 볼 수 있다. 淸平거사 李資玄도 대단한 불교신자였다. 그는 中書令 李子淵의 후손으로서 용모가 뛰어나고 성품이 총명하여 大樂署承이 되었지만 관직을 버리고 춘천 청평산으로 들어가 文殊院에서 살았다. 소채만을 먹으면서 禪道를 하였다. 왕은 내신을 파견하여 차와 향, 금과 비단을 하사하고 관직에 돌아올 것을 권유했지만 은거생활에 뜻을 둔 그는 한 번 왕을 배알한 다음 다시 산으로 돌아 갔다.

9년(1114) 3월, 예종은 봉은사에 행차하여 왕사 曇眞을 국사에 승격시키고 樂眞을 왕사로 삼았다. 11년 윤월 왕은 보제사에 행차하여 담진에게 선법의 설교를 듣고 후하게 사례했다. 다음 해 정월 왕사 낙진을 폐하고 덕연을 왕사로 삼았다. 15년 5월에는 덕연을 초빙해 《금강경》을 강하게 하고 16년 5월에는 기우제를 지내게 했다. 다시 다음 해 6월, 德緣을 국사에 봉하고 學一(1052~1144)을 왕사로 삼았다. 따라서 담진의 시대는 지나고 덕연이 승관으로서 절대의 권력을 갖게 되었다.

예종도 자주 사원으로 행차하여 각종 도량을 개설하였으며, 禳災의 의례도 역시 행해졌다. 15년에는 외제석원으로 행차하여 5部에 명하여 《반야경》을 3일간 독경케 하고 질병을 물리치는 기도를 올리게 했다.

仁宗

인종도 국사 德緣과 왕사 學一을 우대했다. 왕은 즉위하면서 바로 건덕전에서 보살계를 받았다. 그리고 여러가지 도량을 설치하였고, 원년(1123) 5월에는, 가뭄이 계속되므로 승려들을 내전에 초빙하여 경전을 강하고 기우제를 지냈다. 7년(1129) 4월에는 부처님의 진골을 大安寺에서 인덕궁으로 옮겨 안치하고 불사리공양을 자주 시행했다. 국가적인 규모로 양화기복제를 올릴 때는 백관들도 분에 따라 공양미를 내고서 재회가 개설되었다. 예를 들면 8년 4월에는 문하시중 李公壽와 兩府大臣들의 회의를 거쳐서 현성사와 영통사에서 재회 개설되었던 것이다.

당시 요승 妙淸은 인종을 설득시켜 상안전에서 관정도량을 개설했는데 그 법술이 거짓이어서 믿을 바가 못되었다 한다. 6년 8월에는 묘청과 함께 新宮을 林原驛地에 정하고 11월에는 신궁을 건축하기 시작했다. 內侍郎中 金安에게 명하여 감독케 했는데 날씨가 혹독하여 백성들의 원성이 높았으나 인종은 다음 해 2월 西京의 신궁으로 옮겼다. 8년 10월에는 묘청의 진언으로 選軍廳에서 無能勝도량을 21일간 개최했다. 다음 해 3월 모든 선비들은 老莊의 학문을 배우는 것을 금했다. 8월에는 무당들의 음탕한 제식이 크게 유행하므로 무당들을 소탕하는 것이 옳을 것이라는 진언이 있어 有司에게 명하여 이를 허락했다. 그러나 무당들은 은병 백여 개를 모아 관리들에게 뇌물을 주고 "귀신은 형상은 있지 않으나 실제로 존재하는지 아니하는 지는 알 수 없는 것이다" 라고 진언한 탓으로 금지령이 유예되었다. 당시 요승들이 어지럽게 활약한 사회적 배경을 상상할 수 있다.

12년(1134) 정월 묘청은 三重大統에 임명되고 자색의 가사를 하사받았다. 그러나 이것이 그의 권세의 최후가 되었으며, 5월에는 國子司業 林完이 상소를 올려 묘청을 주살할 것을 권했다. 묘청은 드디어 다음 해 정월 柳昆·趙匡 등과 함께 서경에서 반정모의를 일으켰다. 이 때 김부식은 원수가 되어 이를 토벌했다. 묘청은 서경에서 참살되었고 柳昆은 항복을 원했지만 14년 2월 全軍이 서경을 공격해 성은 함락되고 趙匡 등은 분신 자살했다. 이리하여 묘청의 난은 진압되었지만 묘청의 주살이 상소된 8월에는 인종은 승 繼膺을 불러 《華嚴經》을 강했다. 또 난이 평정해진 다음 해 15년 7월에는 숭불자로서 온후하고 검약하게 살아온 문하시중 李公壽가 죽었다.

19년(1141) 인종의 제4자 冲曦가 출가하여 元敬국사가 되었다. 이 해 원명국사 澄儼이 죽었다. 24년 왕이 병에 걸려 백관은 보제사와 十王寺에서 기도를 올렸으나 결국 승하했다.

毅宗

왕이 보살계를 받고 법왕사 등에 행차하고 백좌회를 개최한 것은 다른 왕들과 같았다. 2년(1148) 11월 아우인 홍왕사 法尊玄曦를 증세승통에 임명했다. 3년 9월에는 정당문학 尹彦頤가 죽었는데 그는 만년에 불교를 좋아하여 스스로 호를 '金剛居士'라하고 僧 貫乘과 교우를 맺었다. 그는 임종할 때에 붓으로 벽에 불교의 게송을 쓰고 죽었다 한다(《東史會綱》 권7). 5년(1151), 가뭄이 심해 7월에 이르러 용왕도량을 貞州의 배 위에서 개설하여 7일 간의 기우제를 지냈고 다시 문반 4품 이상과 무반 3품 이상의 관인들을 불러 오백나한재를 보제사에서 개최하고 기우제를 지냈다. 극심한 가뭄으로 인해 굶주린자, 병든자가 많아 다음 해 6월에는 개국사에서 굶주린자, 병든 사람에게 밥을 주었다.

의종은 불교경전 중에서도 특히 화엄경을 가장 좋아하여 원년 5월에 영통사에서 기도하고 《華嚴經》을 50일간 강설케하고, 10년 4월에는 홍왕사에 행차하여 《화엄경》을 강독케 했다. 왕은 왕위를 계승할 왕자가 없어 왕비 김씨와 함께 만약 왕자를 낳으면 금·은으로 쓴 《화엄경》 4부를 작성할 것이라는 맹서를 하였는데 3년 4월에 왕비 왕씨가 그 첫째 왕자를 생산함에 2부를 완성케하여 홍왕사 弘教院에 소장하고 대법회를 개설했다. 또 24년(1170)에는 영통사에 행차하여 화엄회를 개설하고 《華嚴經疏》를 친히 저술하여 문신들에게 보였다.

11년(1157) 정월, 건조한 바람이 불어 나라에 근심이 있을 것이라는 태사의 진언에 따라, 卜者內侍 榮儀가 재앙을 물리치는 제를 올리는 것이 옳을 것이라고 진언했다. 그의 진언에 따라 왕은 영통·경천 등 5寺에서 해가 저물도록 항상 불사를 시행하여 재앙을 소멸토록 하라는 명을 내리고, 다시 목친전에 나아가 玄曦 등 2백여 승려들을 불러 齋會를 개설하고 복을 빌었다. 왕은 또 國淸寺·敬天寺·觀靜寺·總持寺 등 사찰에 행차하여 재앙을 소멸하는 기도를 올렸다.

그리고 왕이 불교를 좋아하는 것을 이용하여 궁정에는 승려들로 가득 찼으며, 왕의 은총을 바라는 승려들은 환관들과 결탁하여 백성들의 노고도 헤아리지 않고 다투어 사찰을 건립하여 그 피해가 날로 극심했다. 왕이 현화사에 행차하면 東西 양쪽 사원의 승려들은 각각 차를 마시는 정자를 세워 왕을 영접했는데, 이 같은 행사는 화려한 사치만을 가중시켜 결국 불교계를 타락시켜 갔다. 이에 왕도 점차 불사를 화려하게 장식해 갔다. 14년 10월, 보현사에 행차하여 승려들에게 공양을 베풀었는데 이 때 무게 30근의 은병을 만들어 그 속에 각각 5香과 5藥을 담아 절에 헌납했다. 왕 자신이 사원에서 술에 만취하기도 하여 승려들도 이에 영합했다. 18년(1164) 3월에는 예종의 궁녀 소생인 왕자 법천사 주지 覺倪는 주연을 준비하고 어가를 달령원으로 모셨다. 풍류를 좋아하는 왕은 학사들에게 시조를 읊게 하고 술을 마시게 했다.

왕이 불교에 빠지자 관료들 가운데 사찰을 사유화하는 일이 나타났다. 19

년 4월에 왕이 친히 행차했던 觀瀾寺를 내시시랑 金敦中과 待制 金敦時 형제가 이 절을 수리하여 자신들의 願堂(신을 모시고 복을 비는 것)으로 삼았다. 또 吏部侍郎 韓靖도 별도로 사찰을 인제원 안에 세우고 자신의 願堂으로 삼았다. 왕이 그 절을 보고 싶어하므로 한정은 松栢·杉檜·奇花·異草 등을 심고, 단을 쌓아 어좌를 만들고 벽은 금으로 장식하고 계단은 괴석을 사용하여 화려함이 극치에 달했다. 김돈중도 주연을 사찰의 西台에 마련하고 帷帳, 器皿, 珍羞(진기한 음식)는 화려하고 아름다워 사치함이 극치에 달했다. 왕과 근신들은 이 곳에서 환영회를 베풀고, 김돈중·돈시 형제와 한정에게 白金·羅絹·丹糸 등을 하사했다. 願堂이란, 신을 모시고 복을 비는 곳이나 이 사찰은 왕이나 고관들의 주연장소로서 제공되었다.

20년(1166) 4월, 불탄일에 왕은 연등에 점화를 마치고 別院에서 기도를 올렸다. 밤에는 구경차 미행을 했고 覺倪가 창건한 성수원에서 주연을 베풀고 다음 날 각예를 불러 月賦詩를 배웠다. 각예는 확실히 파계승이었다.

22년 3월, 서경 관풍전으로 행차하여 '敎六條'를 하교했다. 敎6조란, 奉順陰陽, 崇重佛事, 歸敬沙門, 保護三寶, 遵尙仙風, 救恤民物의 6조이다. 이는 숭불군주의 면목을 유감없이 발휘한 것이라 하겠다. 만년에는 완전히 불교에 치우쳐 재위 마지막 해인 24년 정월에는 영통사에 행차하여 화엄회를 개설하고 친히 疏를 써서 문신들에게 보였으며 백관은 이를 경하했다. 이렇듯 미혹하게 불교를 좋아하여 백성의 괴로움을 헤아리지 못하던 의종의 시대는 끝났다.

明宗

보살계를 받고 여러 사찰로 행차하는 일, 소재도량을 개설하는 일, 기우제를 지내는 것 등은 선대의 인종과 같았다. 원년(1171) 9월에는 승려 德素를 왕사로 삼았다. 4년 정월, 승도들의 반란이 일어나 귀법사 승려 백여 명은 성의 북문을 공격하여 당시 총애를 받던 僧綠彥宣을 죽였다. 이에 당시 권력자 李義方이 군사 1천 명을 이끌고 나와 진압하여 수 십인의 승려를 죽였지만 군사의 희생도 적지 않았다. 다시 중광·홍호·귀법·홍화사 승려 2천여 명은 성 동문에 모였으나 성문을 굳게 닫아 침범을 막으므로 승려들은 성밖의 인가를 소각하였다. 이에 이의방은 다시 병력을 모아 백여 명의 승려를 참살하고 성문을 지켜 승려들의 출입을 금했다. 또 병력을 중광·홍호·귀법·용흥·묘지·복홍사 등으로 보내어 사찰을 파괴하려 했으나 義方의 아우 俊儀가 이를 중지시켰다. 의방은 아우의 충고를 받아들이지 않고 절에 방화하여 재물과 그릇·접시 등을 탈취했으나 승려들이 이를 다시 빼앗았다. 준의가 형의 행동을 비난하자 의방이 크게 노하여 아우를 죽이려 했지만 다른 사람의 만류로 중지되었다. 이같은 대규모적인 승려들의 반란이 왜 일어났는지는 확실히 알 수 없으나 국정을 마음대로 하는 李義方의 폭정에 반대하여 승려들이 항거했던 것으로 이해되고 있다. 이 때 尹鱗瞻이 西郊에 병력을 집결함에 이에 항쟁했던 승려들도 합세했다. 드디어 12월, 실책에 대한 책임을 지고 이의방과 그의 일당을 죽였다. 따라서 이의방의 폭정과 승려들의 항쟁도 끝을 맺었다. 또한 같은 달에 중서시랑평장사 崔惟淸이 죽었다. 그는 불교를 좋아하여 매일 불경을 독송한 숭불가였다.

5년 4월, 칙소를 하교하여 사원에서의 주연과 사치를 금했다. 따라서 金·銀은 탱화·불상·법보 외에 사용되는 것을 금지하여 의종 때의 사치스럽고 화려했던 불사를 안정시켰다.

그 때 종종 농민의 반란이 일어나 나라가 어지러워지므로 9년(1179), 개국사에서 백좌법회를 개설했다. 백좌법회는 3년에 한번씩 개최하는 것으로 제정되어 있었으나, 재앙의 소멸을 위해 주술승 致純의 진언에 의하여 특별히 지난 해 10월에 개최되었던 예에 따라 올해도 실시하게 된 것이다. 11년 정월, 寫經院이 소실되었다. 전왕의 명에 따라 은자대장경을 사경하고 있었는데 이 사경을 위해 公·私의 사람들이 앞을 다투어 돈과 재물을 헌납했다. 이 재물을 훔치기 위해 무뢰한 자가 방화를 한 것으로 기록되어 있다. 23년(1193) 3월, 평장사 林民庇가 죽었다. 그는 불교를 좋아하여 항상 사경하고 있던 사대부였다.

그러나 명종 말기에는 崔忠獻·忠粹 형제가 권력을 잡았다. 그들은 불교의 폐단을 말하고 승려들을 물리칠 것을 진언하였다. 이를 반대하는 內侍戶部待郎 李尙敦, 軍器少監 李芬 등 50인을 숙청했다. 또 승려가 된 洪機·洪樞·洪規·洪鈞·洪覺·洪貽 등 7인의 왕자가 궁내에 있으면서 정사에 관여하는 것을 옳지 못하다고 진언하여 이들을 모두 본사로 돌려 보냈다. 그리고 왕의 총애를 받던 雲美를 속퇴시켰다(《通鑑》 28). 다음 해 9월 최충헌이 홍왕사에 가려고 할 때 익명의 투서가 있었는데, 홍왕사 승려 寥一과 杜景升이 살해음모를 하고 있다고 알려 홍왕사에 가는 것을 중지했다. 그 달에 崔의 두 형제는 초례청을 마련하고 明宗의 폐위를 하늘에 고했다.

神宗

5년(1202) 10월, 경주인들이 영주를 공격했을 때 雲門賤(운문사승도) 및 符仁·桐華寺의 승려들도 영주를 공격했는데 도리어 공격을 받아 패주했다. 승려들이 군사를 조직하는 것은 중국 北魏의 佛教匪[78] 등에서 흔히 볼 수 있으나 고려에 있어서도 같은 양상이었다. 신종 때에도 잇달아 소재도량 등 많은 도량을 설치했는데 이 시대에 바로 韓國禪을 일으킨 개조자 知訥이 출현하는 것이다. 희종 7년(1211) 제4 왕자가 출가하여 鏡智선사가 되었고 제5 왕자가 출가하여 冲明국사가 되었다. 강종 2년(1213) 6월, 승려 至謙을 왕사로 삼았다.

高宗

3년(1216) 일본 승려가 건너와 불교를 배우기를 요청했다. 이 시대에는 일본에서도 道元·親鸞·明惠 등이 대활약을 하던 시대이나 고려에 온 승려가 누구인지 그 이름은 알 수 없다. 3년 9월 契丹의 군사가 묘향산을 침입해 들어와 보현사를 소각했다. 다음 해 정월에는 승려들이 최충헌을 암살하려고 했으나 도리어 최충헌의 군사로부터 공격을 받아 3백여 명의 승려가 참살되고 많은 승려들이 잡혀 갔다. 또한 도주한 승려 3백여 명을 南溪寺의 하천에서

78) 拙著, 《中國佛教史》 第 3 卷 東京大學出版會, 1984.

참살하는 등 모두 8백여 명의 승려가 죽었다. 승려들의 반란도 점차 규모를 더해가고 있었다. 그 해 12월 최충헌은 術人 李知識의 말을 믿고 乾元寺를 파괴하고 또 북병의 침입을 물리치고 성종의 초상을 개국사로 옮겼다.

10년(1223) 8월 최충헌의 아들 崔瑀는 황금으로 13층탑과 꽃병을 만들어 홍왕사에 두었는데 무게가 2백근이나 되었다 한다. 19년, 몽고병이 침입하여 부인사의 장경판목을 소각했다. 禳兵을 위해 소재도량을 종종 개설하고 사찰에도 행차하였지만 25년(1238)에는 몽고병이 동경(경주)까지 공격해 들어와 탑을 소각했다. 이렇듯 국가가 위태로운 시기를 틈타 27년 12월에는 崔瑀의 서자인 승 萬宗과 萬全이 무뢰한 승려들을 모아 식리사업을 시작하고 패당을 지어 극악의 비도를 행했다.

38년(1251) 9월 왕은 서쪽 성문밖에 있는 大藏經板堂으로 행차하고 백관과 함께 분향하였다. 현종 때 판목이 몽고병에게 소각되었던 것을 고종과 군신들이 다시 판각을 만들고자 도감을 설치하여 16년의 세월이 지나 겨우 그 사업이 끝났다. 대장경의 조인에 관해서는 뒷 절에서 서술하고자 한다. 고종은 화엄신중도량을 비롯해서 많은 도량을 개최하여 양화구복을 빌었다.

元宗

즉위 원년 강녕전에서 灌頂과 보살계를 받았고 3년(1262) 10월, 미륵사와 공신당을 중수했다. 태조 이래 공신들의 영을 그려 벽에 걸고 매년 10월에는 그들의 명복을 빌었으나 도읍을 옮김에 따라 한동안 중단하고 있었는데 이를 다시 부활시켰다.

12년(1271) 8월, 몽고의 티벨승려 4인[79]이 왔으므로 왕은 선의문 밖에서 이를 영접했다. 다음 해 정월 숭불가였던 李藏用이 죽었다. 이장용은 經史·음양·의약·律曆 등에 능통할 뿐만 아니라 불교 경전에도 밝아 《禪家宗派圖》을 저술하고, 또 《華嚴錐洞記》 등을 윤색했다. 3월에는 황태후가 장경을 많이 만들고자 발원하여 鈿函造成都監을 설치했다. 14년 2월에는 사원조성별

79) 李龍範, 〈元代喇嘛教의 高麗傳來〉 《佛教學報》 제2집, 1964. 12.

감을 두고 홍불사업이 추진되었다. 4월에는 천문기상에 종종 변괴가 일어나 소재도량을 설치하고 죄인들을 방면하였으며 현성사로 행차하여 오교양종의 승려들을 모아 男山宮에 도량을 설치하고 도적의 평정을 기원하였으나 원종은 다음 해 승하했다.

이와 같이 당시의 불교는 양화기복을 위해 국왕이 여러 사찰에 행차하여 기원하고 여러 종류의 도량을 설치하여 기도를 올리는 등 국가적 규모로서의 儀禮불교가 대부분의 내용이며, 일반 인사들은 세상을 도피하는 수단 방법으로 승려가 되었다. 예를 든다면 15년 10월, 大府注簿 卓之琪는 府藏에 돈이 하나도 없어 供費가 복잡하게 되자 고통을 견딜길 없어 결국 삭발하여 승려가 되었다. 관료가 출가한 한 예라 할 수 있다.

忠烈王

원년(1275)11월, 왕은 관음보살상 12구를 그려 법회를 궁정에서 열고 복을 빌었다. 또한 현성사・보제사 등에 행차했다. 왕의 제3왕자 湑이 출가하여 '王少君'이라 불렀다. 그 해 티벹승려가 왔는데 이 승려는 육식과 음주를 모두 행하는 파계승이라 한다. 다음 해 3년 왕륜사의 丈六塑像이 완성되어 왕과 공주가 친히 행차하고 법회를 열었다. 그 해 궁을 희사하여 旻天寺라 했는데 충렬왕도 대단한 봉불군주였다. 유명한 《삼국유사》의 저자 一然은 9년(1283), 國尊에 임명되었다. 16년(1290)에는 금자경을 사서하기 위해 元에 백명의 사경승을 파견했다. 18년 10월에는 惠永을, 21년에는 景宜을 국존에 임명했다. 23년(1297) 5월, 공주가 병에 걸려 법회를 열고 왕이 스스로 연비를 받고 공양을 올렸다. 왕과 공주는 현성사에 행차하고 창고에 쌓아둔 쌀 1백석을 가난한 양민들에게 나누어 주고 공주를 위해 복을 빌었다. 그러나 공주의 병은 심화되어 끝내 현성사에서 죽었다. 24년 정월, 왕은 충선왕에게 왕위를 양위함에 이에 충선왕이 즉위했다.

26년 10월에 죽은 動安거사 李承休는 불교를 좋아하여 삼척 두타산에 은거하여 이름을 '容安'이라 하고 三和寺의 장경을 열람하였다. 28년에는 廉承益

도 관직을 버리고 승려가 되어 불교를 신봉했다. 삭발하여 가사를 입고 화로를 손바닥에 놓고 향을 피우면서 염불하여도 얼굴색이 변하지 않을 정도로 견고한 신앙을 갖고 있었다. 당시 불교신자에는 관직에 있는 자가 많아 韓康도 그 중 한 사람이었다. 그는 왕이 일찌기 富國長久의 방법을 하문한즉 상세하게 불교 내용으로 대답했다.

30년(1304) 7월, 중국 강남의 승려 紹瓊이 왔는데 왕은 군신과 함께 예복을 갖추어 그를 수녕궁으로 영접하고 禪法을 들었다. 강남의 승려 뿐만 아니라 충렬왕 때에는 元에서 사신이 종종 고려로 와서 장경을 독경하기도 하였다. 또 사경승려도 세 차례에 걸쳐서 파견되었다.

忠宣王

1309년 즉위 원년, 칙령을 하교하였는데 그 중에는 "출가하여 승려가 되면 위로는 군왕에게 절하지 말고, 아래로는 부모에게 절하지 말라 하였으니 이후 승려와 속인이 서로 배알하는 경우에는 法과 같이 행하여 재가의 庸僧이라 하여도 관직인으로 삼지 말라"고 명했다. 6월, 태상왕과 국왕 · 공주는 티벧 승려로부터 계를 받고 이 승려에게 공양을 베풀었다. 공주는 神孝寺에 행차하여 우란분제를 설치하고 2천 2백여 인의 승려를 수녕궁으로 초빙해 공양제를 베풀고 불교의 법회를 대단히 중요시했다. 또 수녕궁을 희사해서 절로 만들고 모후를 위해 旻天寺에 현판을 하사하고 명복을 빌었다. 이와 같은 왕의 숭불행위는 신하들에게도 파급되어 贊成事 權咀은 속세를 떠날 뜻을 품었으나 아버지의 만류로 뜻을 이루지 못하고 관직에 머물었지만, 불교를 광신하여 육식을 끊고 40년을 지냈으며 스스로 '夢庵거사'라 칭했다. 늙어서는 禪興寺로 들어가 삭발하고 승려가 되었다.

충숙왕에게 양위한 충선왕은 상왕이 되어 5년(1313) 10월, 연경궁에서 승려 2천여 명에게 공양제를 베풀고 연등 2천개를 점화하여 5일간을 밝혔다. 그 때 佛前에 은병 1백개를 시주하고, 손에는 향로를 들고 풍악을 울리게 하고, 선종승 冲坦과 교종승 孝楨을 영접하여 설법을 듣고, 각각 백금 한 근씩을 하사하고 여타 2천여 명의 승려에게는 백금 20근으로 분배해 주었다. 왕의 발원은 1백 8만의 승려들에게 공양제를 올리고 108만의 연등에 점화하는 것이어서 그 목표를 달성하기 위해 하루 2천여 명의 승려들에게 5일동안 공양제를 베풀어 1만 승려의 수를 삼았고, 또 1만등을 점화했다. 이를 '萬僧會'라 불렀는데 이 때의 비용은 막대한 것이라 한다. 다음 달에는 왕사 丁午를 국통으로, 國一대선사 混丘를 왕사로 삼았다. 매월 만승회(萬佛會)를 계속하여 그 비용의 손실은 막대했다. 상왕은 광명사에 있는 왕사 混丘와 묘련사에 있는 국통 丁午를 방문하는 등 미혹하게 불교에 빠진 上王이라 하여도 지나치지 않을 것이다.

忠肅王

상왕의 만승회는 계속되었다. 충숙왕도 旻天寺에 승도를 모아 놓고 충선왕을 위해 명복을 빌었다. 12년(1325) 5월, 상왕이 승하하자 왕은 승 祖衡을 왕사로 삼고 불교와 도교를 숭상하여 제사를 지내도록 명하였다. 15년에는 유명한 호승 指空(禪賢 Dhyānabhadra)이 계율을 延福亭에서 설했는데 남·여의 주민이 모두 몰려와 이를 들었다고 한다. 이 때 鶴林府司錄 李光順은 無生戒를 받았다. 李光順은 주민들에게도 계율을 지키라고 요구했으며, 성황제에도 고기를 사용치 말라는 금지령을 내렸다. 또 돼지 사육을 금하여 어느날 주민들은 일시에 돼지를 모두 죽였다 한다. 지공의 활약에 대해서는 뒷 절에서 서술코자 한다.

충숙왕은 17년(1330), 보위를 忠惠王에게 양위했지만 2년 뒤 원나라에서 사신을 보내어 충숙왕의 복위를 요구하므로 다시 즉위했다. 충숙왕이 복위한 지 7년(1338) 7월에 원나라에서 사신을 파견하여 불경을 寫書할 종이를 요구했다. 다음 해 3월, 충숙왕이 승하하고 다시 충혜왕이 즉위했다.

忠惠王

1331년, 일차 왕위에 올랐던 충혜왕은 짧은 재위 기간 때에 알았던 승 乃圓

을 왕사로 삼았다. 드디어 1340년에 복위하고, 三司右尹 金永煦을 元으로 파견하여 佛畵를 헌상했다. 4년(1343) 3월, 習射場을 폐하여 동서의 大悲院에 부속시켰다. 이 대비원은 悲田院과 같은 것으로 승 羀仙의 요청에 따라 개설하여 장안의 병자들을 모아 약과 의복을 급여했다. 그러나 이 복지사업이 중대해 감에 혹선을 '사부'라 했다. 혹선은 왕과 왕자에게 절을 하지 않아 제주도로 유배되었다. 그 해 7월에는 오교양종 7사찰의 논과 밭, 선대 공신들의 논을 모두 정부에 소속시켰다.

다음 충목왕이 즉위하여 선왕들을 이어 靈寶도량, 백고좌도량, 기우도량 등을 개설했고 충정왕도 역시 각 도량을 설치하여 불사를 시행했다. 충혜왕의 서자 器髮을 출가시켜 萬德寺에 두었다.

恭愍王

숭불의 왕으로서 즉위 원년(1352) 5월, 칙명에 따라 西江에 방생제를 지냈으나, 연회는 열지 못하도록 금지령을 내리고 그 비용으로 地藏寺에서 1천명의 승려들에게 공양을 베풀었다. 숭불의 군주를 위해 백관은 왕의 祝壽齋를 설치했다. 그 때 신하를 파견하여 太古普愚(《高麗史》에서는 普虛라고 되어 있음)를 맞아들였다. 5년(1356) 2월, 보우를 내불당으로 모셔 공양을 베풀었고 다음 달 왕과 공주는 대비를 모시고 봉은사로 가서 보우의 설법을 들었다. 그리고 비단과 銀발우 등을 보시했다. 4월에는 보우를 왕사에 임명했다.

10년(1361) 5월, 御史台가 불교의 숙정을 상소했다. "불교는 원래 청정해야 하는 것인데도 불교도는 죄와 복을 가르치고, 과부나 독신녀를 유혹하여 비구니를 만들어 음욕을 강행하고 사대부 및 종실에까지 불사를 권유해서 풍속을 혼란케 함으로, 지금 이 시각부터 일체 이를 금하고 만일 위반하는 자는 단호하게 벌을 내려야 한다"는 내용이었다. 또 다음 해 11년에도 감찰대부 金續命, 右獻納 黃瑾 등이 잇달아 상소를 올렸다. 즉, "치국의 도는 經史에 따르는 것이며 佛書에 따라 정치를 한적은 일찌기 없는 일이며, 왕이 불도를 지나치게 숭상하므로 이후 승려가 궁중에 출입하는 일, 연회를 베푸는 일 등을 금하고, 성현의 글을 읽고 불서와 같은 이단서를 읽어서는 안된다"는 내용이었다. 불교나 승려들이 정치에 미친 폐단이 현저하게 나타난 것이다.

당시의 풍속은 4월 8일 석가탄신일에 집집마다 연등에 불을 켜고 어린이들이 기를 만들어 들고 성안의 거리를 돌면서, 쌀, 베 등을 얻어서 연등불사의 비용으로 삼았다. 이를 '呼旗'라 했는데 이 풍속은 공민왕 12년경에서부터 시작된 것이라 한다. 14년 공주가 죽었다. 이후 왕은 더욱 불교를 신봉하여 요승 遍照(신돈)를 사부로 삼고 '淸閑居士'라는 호를 하사하여 국정에 참여케 했다. 이 편조는 바로 그 유명한 辛旽이다. 신돈은 왕과 밀접하게 되어 守正履順論道燮理, 保世功臣, 壁上三韓三重大匡, 領都僉議使司, 判監察司事, 鷲城府院君, 提調僧錄司事, 兼判書雲觀事 등에 임명하고, 국정을 마음대로 하게 했다. 신돈은 영산현 玉川寺의 노비로서 그 출신이 천하고, 승려라 하나 순수한 출가승이라고는 말할 수 없으며 파계승, 정치승이었다. 元에서는 신돈에게 집현전 태학사라 하고 옷과 술을 하사했다.

16년 5월, 국학을 중히하라는 칙명이 내려 유교학자가 모여 程朱의 성리학(북종의 程伊川을 계승하고 남송의 주자에 의해 대성한 理學)을 처음으로 일으켰다. 불교를 배척해 가는 태세가 서서히 성숙되어져 가기 시작했다.

신돈은 세력을 확장시키기 위해 자신의 처사에 적합한 千禧를 국사로, 禪顯을 왕사로 삼았다. 이윽고 신돈을 탄핵하는 세력이 나타나 왕에게 신돈을 가까이 하지 말라는 진언을 했지만 신돈의 세력에 성사치 못했다. 왕은 또한 법회를 개최하고 불사를 행하여 과도한 불교 신앙은 날로 더해 갔다. 20년(1360) 6월, 選部議郎 李韌인이 익명의 書를 상소하여 신돈의 역모를 고하여, 신돈 및 그 일당을 주살시켰다. 이 해에 고승 懶翁惠勤이 왕사에 임명되었으며 이로서 신돈의 시대는 종말을 지었다.

禑王

우왕의 어릴 때 이름을 '牟尼奴'라 부른 것은 신돈의 노비첩 般若가 낳았기 때문이며 우왕이 왕위를 계승한 것은 태후의 역할이 컸다. 즉위 후 왜구 등의 침범으로 군비충실의 필요성이 급박해졌다. 모든 사찰의 주지승이나 전쟁에 필요한 말이 징용되고, 사찰의 논과 밭을 회수하여 군비에 충당하고 승려들을 모아 전쟁에 필요한 배를 만들었다. 조선 태조 李成桂는 해주에서 전쟁을 막았고, 우왕 9년(1383) 9월에는 中外의 사찰 151개소가 鎭兵法席으로 사용되었다. 14년(1388), 우왕과 崔瑩은 요동을 공격하기 위해 中外의 승도들을 군사로 소집했다. 우왕은 평양으로 가서 8도의 군사를 통감하고 최영을 八道都統使에, 曹敏修를 左軍都統使, 이성계를 右軍都統使로 삼고 진군했다. 승 神照는 이성계와 함께 軍師로서 진군했다. 그러나 6월, 이성계의 위화도 회군으로 우왕은 강화도에 위리안치 되고 그 아들 昌이 즉위했지만 재위 반년만에 자리에서 물러났다. 이 때 그 동안 불교가 끼친 폐단을 생생하게 눈으로 본 典法判書 趙仁澤 등은 상소로서 불교도를 숙정할 것을 진언했다. 종래에 방치해 두었던 논과 밭 그리고 노비들도 모두 빼앗았다. 또한 승려가 인가에 유숙하는 것, 부인이 비구니가 되는 것 등을 금하고, 그 밖에도 鄕吏·驛吏 등 公·私의 노비가 승려가 되는 것도 금했다. 또 귀천을 막론하고 설사 부모의 상을 당해 제를 지내기 위함이라 해도 부인들이 절에 출입하는 것을 금했다. 신돈 사건 이래 승려들의 행동은 눈으로는 참아 볼 수 없는 광경에 이르러 이 같은 상소가 잇달았다.

恭讓王

고려 최후의 왕 공양왕 원년(1387) 12월, 白蓮會를 南神寺에 설치한 문하시중 李穡은 左思議 吳思忠, 門下舍人 趙璞 등의 상소에 의해 불교로서 인심을 미혹시키고 풍속을 어지럽게한 죄로 탄핵을 받았다. 숭불의 공양왕에게 정몽주도 진언하였으나 용납되지 않았다. 오히려 연복사, 法猊는 사찰의 5층塔殿과 三池九井을 수리한다면 국가와 백성이 안정하게 될 것이라 하여 왕을 기쁘게 했다. 또 조계승 粲英을 왕사로 삼을 것을 진언했다. 왕은 즉위한 이후 매월 1일과 15일에는 궁중에 승려를 초빙하여 독경케하고 도량과 法席을 개설하고, 檜嚴寺로 행차하여 대법회를 베풀고 왕비와 세자도 함께 철야로 부처님께 예배를 올렸다. 성균관 대사성 金子粹, 정당문학 鄭道傳, 이조판서 鄭摠 등은 장문의 상소를 올려 唐 韓愈의 배불론을 인용하여 불교는 인륜을 망각하는 敎로서 제왕은 이를 존숭해서는 안된다고 강조했다. 불교는 인륜을 배반할 뿐만 아니라 사탑의 건립이나 법회는 이익은 없고 낭비만을 더해 갈 뿐이라고 당시의 지식인들은 우려했다. 조선에 와서 철저하게 배불정책이 일어날 수 있었던 이론적 준비가 고려말에 이미 갖추어져 있었다.[80]

4년 6월, 足利義滿(일본 무로마치막부의 제3대 장군)이 사신을 파견하여 대장경을 요청했다. 그 전년에도 일본승 玄敎·道本 등 40여 인이 와서 여러가지 물건을 헌납한 사실이 있었다. 7월 공양왕은 왕위를 이성계에게(조선 태조) 선양했다. 이리하여 파란의 세월이 계속되었던 고려조는 끝을 맺었다.

2. 사원과 법회

사원경제의 발전

고려시대에는 많은 사원이 건립되고 따라서 많은 법회가 개최되어 국가는 불교사원의 세력을 무시할 수가 없게 되었다. 왕권의 보호를 받아 오던 사찰에는 사원령이 설정되어 세금이 면제되고 적극적인 국가의 보호를 받으면서 불교사회의 세력은 한국역사상 가장 융성한 시대를 맞이하였다.

불교를 국교로 삼은 고려는 불교에 의해 보호되고 이익이 온다고 하는 '國家裨補' 관념이 발생하였다. 이 관념은 고려의 전시대를 통해 존재했다. 고려말 창왕 원년(1388) 7월, 대사헌 趙浚 등이 올린 상소내용에 따르면, "寺社의 밭은 태조성왕 이래 五大寺·十大寺 등에 국가비보를 위해 내린 것으로서 도성 안에 있는 사찰은 급비로서 받은 것이며 도성 밖에 있는 것은 시제를 지내기 위한 땅으로서 준 것입니다"(《麗史》 권78 食貨志1)라고 한 문헌을 볼 수 있다. 대사찰에 역대왕이 언제나 행차한 내용에 대해서는 전 절에서 서술한 바

80) 韓沽劤, 〈麗末鮮初의 佛敎政策〉《서울大學校論文集》 人文·社會科學編, 1957.

와 같다. 불교가 국가를 옹호하여 발전시킬 힘이 있다고 한다면 왕실이나 귀족이 불교의 흥륭과 번영을 위해 노력하는 것은 당연한 일이다. 이렇게 해서 불교 사찰이 건립되고 막대한 비용을 투자하여 각종 법회가 개최되어 1만의 숫자를 헤아리는 승려들에게 급식으로서 공양하는 飯僧행사가 고려역사를 통해 시행되었던 내용도 전 절에서 서술했다. 귀족도 사찰과 결탁하여 상호간의 이익을 얻고 있었다.

사원경제[81] 발전상 가장 중요한 역할을 한 것은 寺領이다. 신라시대에 있어서도 寺領은 있었지만, 고려에 이르러 급속히 증대한 것은 왕실의 기증이 날로 증가되어 갔기 때문이다. 현종 11년(1020) 8월에는 해주(황해도)의 둔전 1천 2백40결을 현화사에 시납했다. 또 공민왕의 妃 노국 대장 공주가 죽었을 때 왕은 밭 2천 2백40결, 노비 46구를 雲岩寺에 기증하고 공주의 명복을 빌었다. 이와 같이 팽대한 밭이 사원에 시납되어 사원은 광대한 寺田을 갖게 되었다. 귀족들의 토지에는 세금이 부가되었지만 사원의 토지에는 면세였다. 더우기 왕이 사원에 토지를 기증할 때에는 토지를 경작할 노비도 수반되었다. 寺田의 경작은 노비와 소작인 그리고 승려자신도 이를 담당했다. 寺領의 존재가 사원의 경제적 기초를 굳건히 하여 승려들이 사회적으로 권력을 갖는 큰 원인이 되었다.

寺領이 광대해짐과 함께 간과할 수 없는 것은 사원에서 하는 상업과 고리대금업이었다. 이것이 한층 더 사원 경제를 윤택하게 만들었다. 문종 10년(1056)에 내린 조령에는 승려들이 고리대금업, 축산업, 상업 등을 한다는 내용이 담겨져 있다. 판매되는 물건으로서는 사찰에서 경작한 곡물로서 만든 밀주, 사원에서 생산되는 차·총(파의 일종) 등을 비롯하여 염전에서 생산되는 소금 등이었다. 이 같이 상업에서 얻은 이익은 고리대금의 자본으로 사용되었다. 사원에는 長生庫[82]가 설치되었는데, 이 '長生'이란, 무한한 회전을

81) 旗田巍, 〈高麗朝に於ける寺院經濟〉《史學雜誌》 제43편 제5호, 1932.
82) 稲葉岩吉, 〈寺院經濟資料と長生標〉《東亞經濟研究》 제15권 102호, 1931. 4.
稲葉岩吉, 〈長生標及び長生庫補考〉《東亞經濟研究》 제15권 제4호, 1931. 10.

의미하는 것으로서 이자 발생의 법칙을 근원으로 형성된 기구이며, 장생고에 저축되는 자본은 '장생전'이라고도 하고 또 '무진재'라고도 하여 子母展轉의 자본이었다(《釋氏要覽》). 축적된 자본을 회전시켜 이자를 생산케하는 것이 임무이며, 장생고가 사원에 존재했다는 것은 고리대금업의 자본이 존재했다는 것을 증명하고 있다. 공민왕 원년(1352)의 조칙에는 "사원의 常住(사원에 소속된 재산의 전원과 잡구 등) 이익은 이자를 취함이 동일하지 않고 2分을 지나는 것들이 많아 有司는 법정이자를 정해서 임의로 이식을 취할 수 없도록 하라"(《高麗史》 卷79 食貨志2 借貸)고 한 기록이 있다. 이는 사원이 폭리를 취하고 있기 때문이다. 장생고는 이미 중국 송나라시대 사원에 설치되어 있었는데 이것이 고려사원에도 있었다고 하는 것은 〈龍壽寺開刱記〉(《寺刹史料》上)에 숙종 6년(1101)의 조칙(《麗史》 卷79 借貸) 등에서 이미 밝히고 있다. 장생고는 중앙에서만이 아니라 지방사원에도 설치되어 있었다.

승려계층의 형성

승려들에게 공양을 베푼 飯僧會에서 가장 수가 많았던 것은 현종 9년(1018)의 10만 명이며, 다음으로는 숙종 6년(1101)의 5만 명이며, 3만 이상의 반승은 자주 있었다. 사실 고려말기에 이르러서는 국가재정의 궁핍으로 인하여 반승의 숫자가 급속히 감퇴되어 갔다. 팽대한 숫자의 승려들이 사역을 도피하고 포식하면서 안일한 생활을 탐하고 있었던 것이다. 이로 인하여 농민들이 승려가 된 숫자도 적지 않았다. 문종대에는 한 가정에 자식이 셋이 있으면 그 중 한 사람은 승려가 될 수 있도록 허락했지만, 충숙왕 12년(1325)에는 이를 인정하지 않고 도첩을 받은 자가 아니면 승려가 될 수 없었다. 이 제도는 엄중히 실행하라는 하명이 있었다. 도첩을 받기 위해서는 소재하는 宮司에게 정전(丁錢 人頭稅) 50필의 베를 상납하지 않으면 허락을 얻지 못했다(《高麗史》 卷84 職制 恭愍王 20년 12월조). 그러나 이 같은 제약을 취해도 승려가 되는 자가 줄을 지었다. 세금이나 사역을 도피하기 위해서 승려가 되려는 까닭에 승려들의 자질은 저하되고 파계무참한 행동을 하는 자가 많았던 것은 당연한 일이었다.

신라시대에도 승려들이 무기를 들고 전쟁을 한 적이 있었지만 고려의 승려들은 일단 사건이 생기면 승병으로서 출전했다. 승려들이 항마군을 조직해서 국가를 위해 일반 군부에 소속되어 전쟁을 했다(《高麗史》 卷81 志第35 兵制5 軍 肅宗 9년조). 의승군의 조직은 고려조정으로서는 상당한 도움이 되었다. 승려들은 국가 지휘하에 활약할 뿐만 아니라, 사원을 방어하기 위해서도 조직화 되었다. 사원세력을 유지하고 발전시키기 위해서는 승병은 불가결의 조직이었다. 사원의 경제적 기반의 광대, 승병의 출현, 다수의 승려들이 갖는 승려계급의 출현은 드디어 국가권력에 대해서 큰 위협을 갖게 했다. 그 때문에 고려왕조는 종종 寺領의 증대를 금지하는 칙령을 내리고 출가자의 숫자 등을 억제하기 위한 정책을 강력히 추진하려고 했지만, 중앙정부의 실력으로서는 탄압정책을 강행할 수 없었다.

승과제도

고려시대에 처음으로 승과[83]가 개설되었다. 승과란 승려들의 국가시험 제도이다. 金廷彦이 찬한 〈法印國師碑〉의 내용 중 "龍德 원년(921) 海會를 설치, 緇徒(승도)를 선발했다"라고 한 것은 승과를 처음에는 '海會'라고 한 제도였음을 알 수 있다. 그러나 제4대 광종 9년(958), 한림학사 雙冀의 진언에 따라 국가관리의 등용문으로서 과거제도가 설치되어 이에 따라 승려의 선발시험이 실시되었다. 부석사의 圓融국사 決凝은 28세에(成宗 10년 991) 選佛場으로 나아가 選經대덕이 된 점에서 이미 국가적인 제도로서 승과가 실시되고 있었음을 알 수 있다.

승과에는 '宗選'과 '大選'이 있다. 종선은 총림(各宗의 본사)에서 실시하는 선발이며, 대선은 국가에서 선발했다. 종선에서 선발된 자만이 대선을 응시할 수가 있었다. 대선은 禪宗大選과 教宗大選으로 분류되어 전자는 주로 廣

83) 李載昌, 〈高麗時代의 僧科·僧錄司制度〉 崇山朴吉眞博士華甲紀念 《韓國佛教思想史》 圓光大學校 1975.

明寺에서, 후자는 王輪寺에서 실시했다. 선종대선은 《전등록》과 《염송》이, 교종대선에서는 《화엄경》과 《십지론》이 시험 출제의 내용이었다. 승과는 3년에 한 번씩 시행되었다.

선종에서는 大選·大德·大師·重大師·三重大師·禪師·大禪師가 있고, 교종의 법계는 대선·대덕·대사·중대사·삼중대사·首座·僧統이 있었다. 또 선종에서의 선사·대선사 교종에서의 首座·僧統 등의 최고 법계에 오른 승려들 가운데서 왕사나 국사가 선발되었다. 왕사와 국사는 왕의 정치상, 학문상, 수양상에 있어서 최고 고문의 지위였다. 승려가 정치에 개입한 탓으로 국정이 문란해지는 예도 있었고, 고려시대에는 왕실이나 귀족의 자제들이 출가해서 왕사나 국사가 되는 예가 많았다. 고려의 승과제도는 그대로 조선으로 답습되어 갔다.

僧錄司

승록사란, 승려와 교단을 일체 관리하는 일과 불교행사를 주관하는 국가적인 대행기관으로서 左右兩街로 분류되어 있었다. 고려 태조 21년(938) 3월, 마갈타국의 대법륜 보리사의 사문 弘梵대사 Śrivajra?가 왔을 때 태조는 양가승록을 갖추어 위의를 다하여 이들을 맞이하였다(《麗史》 권2). 이 兩街란 승록사의 초기적인 구성조직으로 보인다. 고려 현종 13년(1022)에 기록된 〈高麗靈鷲山大慈恩玄化寺碑陰記〉(《總覽》上)에 따르면 官使左街都僧錄大師 光肅, 副使左街副僧錄 彥宏, 左街副錄 釋眞, 判官右街僧正 成甫 등의 명칭이 있어 현종대에는 좌가도승록·부승록·우가승정 등의 승록사가 설치되어 있었음을 알 수 있다. 右街僧正과 함께 左街僧正도 있어(〈浮石寺圓融國師碑〉 同) 좌우양가에 같은 명칭의 승록사가 설치되었던 것이다. 정종 9년(1043) 원융국사 決凝이 부석사로 돌아올 때면 국사를 호위해서 봉송한 것이 좌가승정 得生이었다. 승록사의 직급은 僧維·僧正·副僧錄·都僧錄의 순서로 진급해 갔다.

또 좌우가를 통솔하는 관명이 만들어져 현종 17년(1026) 崔冲이 찬한 〈稷山

弘慶寺碣〉(同)에는 좌우양가승통 通眞의 이름이 기록되어 있고 충선왕 5년(1313)에는 慈淨國尊 普明이 이 자리에 취임했다. 좌우양가를 총괄하는 최고기관인 좌우양가 도승통은 단순하게 '兩街都僧統' 또는 '都僧統'이라고 불렀다.

승록사와는 다른 兩街僧摠과 兩街都摠攝이 있었다. 이 두 직책은 일종의 명예직으로서 학덕을 겸비한 고승들에게 하사되었다. 승관으로 실무를 시행하는 것은 아니었지만 승려 최고의 지위를 표하는 것으로서, 예를 든다면 眞覺國師 千凞는 '國師大華嚴宗師禪敎都摠攝에 임명되었다(〈眞覺國師碑銘〉).

팔관재회의 유행

《高麗史》를 펼쳐 보면 불교관계 기사가 약 6천건에 달하고 있다. 불교자료가 대부분을 차지하고 있는 것이다. 그것도 자료의 대부분이 불사를 위한 왕의 행차와 법회개최의 기록이다. 이 시대의 불교의례가 한국불교사를 통해 가장 성대하게 시행되었음을 보여 주고 있다. 고려의 역대 왕들과 귀족들은 화려한 불교의례에 매혹되었다. 이러한 역사는 동아시아 불교사를 통해 희유한 것이라 하겠다. 고려불교의 의례 중에서 팔관재회와 연등회에 관하여 기술하고자 한다.

불교의 계율 가운데 재가인들이 받는 8계가 있다. 이 8계를 수여하는 齋會를 '八關會' 또는 '八關齋會'라 한다. 팔관재회의 시작은 신라 진흥왕 12년(551)과 33년(572)에 개최하였다는 기록을 남기고 있을 뿐 그 외에는 팔관재회에 관한 기록은 보이지 않는다. 신라시대에는 국가적 행사로서 시행되었다.

고려 최초의 팔관회[84]는 태조 원년(918)에 시행되었다. 이어 성종 즉위 원년(981) 11월에도 개최되었지만, 팔관회와 함께 행했던 잡기는 금지되었고 6

---

84) 二宮啓任, 〈高麗の八關會について〉《朝鮮學報》 제9집, 1956. 3.
安啓賢, 〈八關會攷〉《東國史學》 4, 1956.
里道德雄, 〈朝鮮佛教における八關齋會考 —— その歷史的展開〉 西義雄博士頌壽記念論集《菩薩思想》 1981, 5.
里道德雄 〈高麗佛教に於ける八關會の構造〉《東洋學硏究》 17, 1982.

년(987) 10월에는 兩京의 팔관회가 정지되었다고 전하고 있다. 현종 원년(1010) 11월, 다시 팔관재회가 부활되어 왕은 위봉루에 행차하여 이를 참관했고, 이를 계기로 정종 원년(1034) 11월에는 더욱 성대하게 개최되어 이 해를 전환기로 팔관회의 기사가《高麗史》에 현저하게 많이 나타났다. 정종에서 의종까지 130년 간 팔관회가 성왕했으나 명종에서 고종에 이르는 90년 간은 쇠퇴했다. 다시 원종 이후에는 종말을 향하다가 공양왕 3년(1391) 2월 고려 최후의 팔관회가 개최되었다.

팔관회가 개최되었던 달(月)과 날(日)은 주로 11월 15일 전후였으나 (《麗史》卷84 刑法志1 官吏給暇), 정종에서 예종에 이르는 80년 간은 10월에 개최되었다. 언제나 東西兩京에 개최되었다. 이 행사는 태조 원년에 개최되었던 제1회의 기사에 따르면, 궁중의 넓은 뜰에는 둥근 輪燈을 하나 두고 香燈을 사방으로 나열하고, 높이 50척이 남짓한 2개의 채붕으로 묶고서 그 앞에서는 百戱歌舞를 봉정했다. 백관은 행렬을 지어 절을 했고 왕은 위봉루에 나와 이것을 관람했다. 팔관회의 의례는 의종(1146~1170)代에 이르러 완성되었지만, 그 행사는 전야제의 小會와 다음 날 행하는 大會의 의식으로 분류되어 있다. 소회에서는 위봉루에서 受賀(賀詞를 받음)를 행하면서 군신들의 獻壽(축하의 물품을 드리는 것)나 지방관직들의 賀表 등의 봉정이 있고, 大會에서는 小會와 같이 受賀·獻壽 등을 시행하고, 송나라의 상인이나 東西의 女眞·耽羅(제주도)·日本 등의 외국인이 조공을 하고 예물과 名馬 등을 헌상했다.

팔관회의 행사는 국가적인 의례로서 엄밀한 의미로서는 불교적 요소는 거의 없었지만, 왕이 반드시 태조가 창건한 法王寺에 행차하여 분향했다는 점에서는 불교적 의례라 할 수 있다. 다음에 서술할 연등회는 奉恩寺로 행차했다.

고려의 풍속절은 元正·上元·寒食·上巳·端午·重九·冬至·八關·秋夕(《麗史》卷84 刑法志1 禁刑)의 9절이 있었지만 이 중에서 최대의 행사가 팔관재회이며, 더우기 외국인을 포함한 국제적 행사였다. 그 비용이 막대하여 국가의 낭비를 막기 위해서 중지되었던 때도 있었다.

上元燃燈會

연등이 공양의례 중에서 하나라고 하는 것은 불교경전에서 많이 볼 수 있는 것으로 唐代의 상원관등회가 불교 연등회의 유래라고 한다. 중국에서도 연등회는 唐 이전에도 있었지만 매년 일정한 시기에 연중행사로서 시행되었던 것은 唐 이후이다. 당 天寶 3년(744) 11월, 칙명에 따라 정월 14·15·16일에 시행되었는데 이후로부터 연등회의 행사는 해마다 상습적으로 시행하는 의식으로 변했다[85](《唐會要》 卷49 燃燈之條). 이 연등회는 그대로 신라에 전해졌고, 또 宋대의 연등회는 고려에 전파되었다.

한국에 있어서 연등회[86]에 관한 고대의 기록은 《삼국사기》 권11, 신라 경문왕 6년(866) 정월 15일조에 "황룡사로 행차하여 연등회를 관람하고, 백관들에게 연회를 베풀어 주었다"라고 하는 기록이 있다. 이어서 진성여왕 4년(891) 정월 15일에도 황룡사에서 연등회가 열렸던 것을 기록하고 있다.

고려조에 이르러서는 성종(982~997)대에 연등회가 폐지되었다가 현종 원년(1010)에 다시 부활되었다. 고려조의 연등회가 최초에 시행되었던 것은 언제인지 알 수 없지만, 팔관회와 함께 개국당시부터 시행하고 있었는지도 모른다. 그 후 차츰 성행을 보게 되어 11세기 중엽인 고려 靖宗(1035~1046)에서 文宗(1047~1083)대 까지는 국가적 행사로서 연등회가 형성되었다. 그것은 부처님께 공양하는 것이라기 보다 건국자인 태조에 대한 예배로서, 또 국가적인 행사로 발전되었다. 연등회의 최고의 성황기는 의종(1205~1211)대이며 이 이후에는 쇠약기로 접어 들었다. 元의 침공에 따라 강화도에 천도했을 때에도 연등회는 열렸지만, 원종 15년(1274)의 개최시에는 국가적으로 다망한 일

---

85) 洪淳昶, 〈シナの上元觀燈について〉《東洋史會紀要》 제5책, 東洋史會編纂 1947. 4.

86) 三品彰英, 〈朝鮮における佛教と民俗信仰〉《佛教史學》 제4권 제1호, 1954. 8.
二宮啓任, 〈高麗朝の上元燃燈會について〉《朝鮮學報》 제12집, 1957. 9.
安啓賢, 〈燃燈會攷〉 白性郁博士頌壽記念《佛教學論文集》 1959.
徐閏吉, 〈護國法會와 道場〉《佛教學報》 제14집, 1977. 8.

들 때문에 중지되었다. 이 해가 바로 몽고가 처음 침략해 왔던 해이다. 이 이후부터 伎樂은 제외되었지만, 기록상으로 연등회가 마지막 개최된 것은 우왕 14년(1338) 2월이다.

고려 연등회의 성쇠는 팔관회와 거의 같다. 또한 조선 이후에도 개설하기도 하였지만 태종 16년(1416) 정월 상원연등회는 폐지되어 이 해로서 신라이래에 긴 역사의 문을 닫게 된 것이다.

연등회는 통상 2월에 개최되었지만 先王의 기월이 같은 2월이면 정월에 시행했다. 《고려사》 권84 志38·刑法1의 〈官吏休暇〉조에서는 上元은 1월 15日을 전후하여 3일간이라 정하고, 연등은 2월 15일이라고 정해져 있다. 고려조를 통해 가장 큰 규모의 祭會는 팔관재회와 연등회였다. 이 두 행사는 서로 다른점이 있는데, 팔관재회는 天靈·五嶽·山川·龍神에게 제를 지내는 국가적인 행사인데 비해, 연등회는 부처님께 공양을 올리는 행사였다. 신라의 팔관회가 전사한 장병들을 위해 개설되었던 것과는 달리 고려 팔관회는 도교적인 색채를 띠고 있는 국가적 행사이며 고구려의 東盟祭와 신라의 팔관회를 통합한 민족적 수확제의 의례로서 발전해 간 것이라 한다.[87] 또 팔관회가 외국의 사절단을 영접하여 행하는 국제적 행사인데 비해 연등회는 국내적인 행사였다. 고려조의 팔관회는 원래는 불교의 8계에 근원을 둔 것이지만 차츰 불교의 색채를 벗고 신라의 신선적 풍류의 색채를 띠고 국가적·국제적 행사로 변모해 갔다.

3. 고려대장경

고려시대의 문화사업으로 가장 유명한 것이 있다면 대장경의 간행[88]이라 할 수 있는데 이것은 3종이 있다. 제1은 고려 현종대에 간행한 대장경, 제2는

87) 三品彰英, 《古代祭政と穀靈信仰》 《三品彰英論文集》 제5권, 平凡社, 1980.
88) 管野銀八, 〈海印寺大藏經板に就て〉 《史林》 제7권 제3호, 1922. 7.
池內宏, 〈高麗朝の大藏經〉 上·下 《東洋學報》 제13권 3호, 1923. 8, 또 제14권

대각국사 義天이 간행한 속장경, 제3의 간행한 현재 해인사에 있는 대장경이다.

初彫대장경

宋 태종 태평흥국 8년(983), 北宋勅版大藏經(益州版)이 완성되었다. 다음해 일본승 奝然은 송으로 가서 勅版대장경을 가져 왔다. 고려에서는 성종 10년(991) 4월, 韓彦恭이 송에서 돌아오면서 대장경을 가져와 왕에게 헌상했다. 이미 契丹에서는 대장경이 간행되어 있어서 고려는 契丹대장경도 수입하고 있었다.

初彫大藏經의 판각년대에 관해서는 이설이 있다. 먼저 판각 시작의 해를 현종 2년(1011) 설과 현종 10년(1019)설이 있다. 현종 2년 설은 이규보의 〈大藏刻板君臣祈告文〉(《東國李相國集》 卷25)으로, 이는 거란군이 침공해 옴으로 현종이 군신과 더불어 무상대원을 발하여 대장경 판목을 각해서 부처님의 힘에 의해 거란병을 격퇴시키기 위해서였다. 현종 10년 설은 〈玄化寺碑陰記〉(《總覧》 上)에 따르면 현종이 양친부모의 명복을 빌기 위해 《大般若經》 6백권, 《화엄경》·《금광명경》·《묘법연화경》을 인출하였지만, 이것은 初彫대장경의 판각은 아니므로, 현종 2년 거란의 침입을 계기로 하여 국가적 사업으로서 만든 것이라고 하는 것이 타당하다. 그 사업은 대구 부인사에 도감을 두고 만들었다.

이 初彫대장경이 완성된 연도에 관해서도 文宗 5년과 宣宗 4년의 양설이 있다. 전자는 문종 5년(1051)정월, "眞觀寺에 행차하여 새로 만든 《화엄경》 및 《반야경》을 전독했다"(《고려사》 권7)고 하는 기록에 따르는 것으로 이것이 初

제1호, 1924. 7.
小野玄妙, 《佛教の美術と歴史》 제9편 제2장 〈朝鮮伽耶山海印寺大藏經板〉, 제3장 〈韓國海印寺の大藏經板に就いて〉, 제4장 〈高麗祐世僧統義天の大藏經板雕造の事蹟〉, 제5장 〈高麗顯宗及文宗開板の古雕大藏經〉, 제6장 〈高麗大藏經彫印考〉 등 大藏出版社, 1937.
高橋亨, 〈高麗大藏經板印出顚末〉 《朝鮮學報》 제2집, 1953. 10.
朴相國, 〈高麗大藏經〉 《韓國文化》 제6권 제11호, 1984. 11.

彫대장경의 완성인지 그 여부에 관해서는 분명하지 않다. 다음 선종 4년(1087) 2월, "開國寺에 행차하였고 또 4월에는 歸法寺에 행차하여 대장경 완성을 경축했다"(《고려사》 권10)고 하는 기사가 있지만, 이것이 初彫대장경의 경축이었는지에 대해서는 분명하지 않다. 각 사찰에 봉납되어 있는 대장경이 완비됨을 경축한 것인지도 모르기 때문이다. 다시 선종 4년 설을 따른다면, 1011년에서 1087년까지 판각한 것이 되므로 국가적 사업으로서 현종의 발원에 따라 판각하기 시작한 것이 이처럼 장기간을 지나 완성을 보았다고는 생각하기 어렵다. 아마도 현종대에서 문종대에 완성한 것이라 생각된다.

그러나 의천의 〈諸宗敎藏彫印疏〉(《大覺國師文集》 권15)에 따르면, "顯祖는 5千축의 비장을 다듬었고, 文孝는 이에 千萬頌의 契經을 새겼다"라고 있다. 이를 근거로 顯宗과 文宗이 각각 별개의 대장경을 판각하였다고 해석하고, 현종대를 제1회, 문종대를 제2회로 하여 대장경이 조인되었다고 보는 설도 있고, 현종대에 시작한 初彫대장경의 조인이 부자 2대에 걸쳐 계속해서 조인되었다고 하는 설도 있지만 이것을 확정 짓기에는 현재 단계로서는 곤란하다.

初彫대장경은 앞에서 서술한 바와 같이 고종 19년 몽고의 침입으로 모두 소각되어 그 이후 국내의 동란으로 판목도 모두 없어져 버렸다. 현재 한국내에는 59종의 판목이 발견되었고, 또 初彫대장경의 현존본으로서는 일본 南禪寺 正因庵에 《佛說佛名經》 등 7종이 있고 이 이외 최근 학술조사단에 의해 대마도와 壱岐島에 初彫本 520권이 있음을 새로이 발견했다(《日本對馬·壱岐島總合學術報告書》 서울新聞社).

續藏經의 간행

속장경의 간행은 문종의 네째 아들인 대각국사 의천에 의해 이루어졌다. 유년시절부터 대장경의 보유로서 경론의 疏와 鈔를 수집해서 그것을 판본으로 만들 뜻을 세워 19세때 '代世子集敎藏發願疏'를 상소했다. 疏鈔를 수집하기 위해 宋으로 들어갈 것을 시도하여 선종 2년(1085) 4월 杭州 南山慧因院의

淨源에게 가서 중국 각지를 순례하면서 章疏를 모아 3년에 귀국했다. 諸宗의 疏鈔를 수집하기를 20년, 선종 7년(1090) 8월, 드디어 《新編諸宗敎藏總錄》(《義天錄》)을 편찬했다. 그 章疏는 모두 고려의 현존하고 있는 것들이었다. 의천은 귀국 후 흥왕사의 주지가 되어 바로 교장도감을 설치하여 속장경을 간행했는데 그 시기에 관해서는 명확하지 않다. 현존 刊記에서 추정한다면, 1090년 경에서 그가 죽은 1101년 까지의 사이에 간행된 것으로 생각되며, 의천 만년의 一大 업적을 남긴 것으로 생각된다.(다음절 참조).

의천의 속장경 영인본은 거의 없어졌지만, 겨우 일본 東大寺 도서관에 소장되어 있는 澄觀의 《華嚴經隨疏演義鈔》 40권, 名古屋 眞福寺에 소장되어 있는 《釋摩訶衍論通玄鈔》 4권, 고려대학교 도서관에 소장되어 있는 《天台四敎儀》 등이 현존하고 있다. 또한 전남 승주 송광사에는 金 壽昌 5년(고려·숙종 4년 1099) 의천이 스스로 교감하여 판각한 《大般涅槃經疏》 2권 (卷9·10)의 중수본이 현존하고 있다. 또한 《大日本續藏經》에는 古板經과 판각년대가 같은 최치원의 《法藏和尙傳》, 징관의 《華嚴經行願品疏》(貞元新訳華嚴經疏), 지엄의 《金剛般若經略疏》, 鮮演의 《華嚴經談玄決擇》, 慧遠의 《地持論義記》 등이 수록되어 있다.

《新編諸宗敎藏總錄》에 수록되어 있는 5천 48권의 전체가 판각된 것인지에 관해서는확실하지 않다. 여기서 중요한 것은 의천이 속장경을 판각했다는 사실과 그리고 그 업적은 불변의 가치를 지니고 있는 것이라고 할 수 있다.

再彫高麗大藏經

대장경과 속장경이 완성되어 궁중에 안치하고 장경도량이 개설되었지만 初彫대장경의 경판이 몽고군에 의해 소각되었던 사실은 이미 서술했다. 符仁寺에 소장했던 대장경의 경판도 파괴되어 없어져 수년에 쌓은 공이 모두 재가 되어 국가의 대보배를 잃고 말았다. 再彫대장경도 몽고군의 침입을 격퇴시키기 위한 민족적 悲願으로 조각되어 고종 23년(1236)에서 38년(1251)까지

16년에 걸쳐 완성되었다. 경판을 조각하는 기관으로서는 대장도감이 강화도에, 分司大藏都監이 남해지역과 강화도에 설치되어 그 사업이 추진되어 갔다. 이 再彫대장경이 고려시대에 판각되었다는 이유에서 '고려대장경판'이라고 하며, 판각된 경판의 수가 8만장에 달한다 하여 '팔만대장경'이라고도 한다. 또 경판이 현재 해인사 장경각에 보관되어 있는 탓으로 '해인사대장경판'이라고도 하며, 또 대장도감이 판각사업 전체를 관리하였다는 이유에서 '해인사고려대장도감판'이라고도 부른다. 고려대장경은 가장 완벽한 대장경으로서 높이 평가되고 있다. 이 중에서 해동사문 守其가 편찬한《高麗國新彫大藏校正別錄》(《新撰校正別錄》) 30권이 수록되어 있는데, 그것은 再彫할 때 만들어진 校合錄이다. 守其가 契丹本·初彫大藏經本 및 宋本대장경 등을 비교하면서 교정하여 오자와 잘못된 곳을 정정하는 등 완전한 대장경을 판각하기 위한 노력이 깃들어 있음을 알 수 있다.

이 해인사 대장경판은 正藏과 副藏으로 분류되어 있다. 正藏은 대장경 목록에 수록되어 있는 경을 말하고, 副藏(補板)[89]은 대장목록에 수록되어 있지 않는《宗鏡錄》등 4종을 말한다. 정장은 대장도감과 분사대장도감이 판각한 1천 4백97종, 6천 5백58권의 경을 말하며, 부장은 分司대장도감이 판각한 4종, 1백50권을 말한다. 再彫대장경판은 한민족의 자부심에 의해 국가의 총력을 다하여 판각한 가장 완벽한 대장경판으로서 현재 경남 합천 해인사에 보존되어 있다.

일본으로 가져 감

조선 태조 때 조선과 일본과의 交涉史에서 중요한 것은 7년(1398), 일본의 足利義滿이 大內左京을 파견하여 대장경을 청원했다고 하는 것이다. 이 이후부터 대장경을 구하고자 하는 자가 잇달았다. 9년(1409) 足利義持는 승려 周護·德林을 파견하여 대장경을 요청했다. 세종 5년(1423)에는 대장경의 경

89) 大屋德城, 〈朝鮮海印寺經板攷 —— 特に大藏經補板並に藏外雜板の佛教文獻學的研究〉《東洋學報》제15권 제3호, 1926. 4.

판을 요청하였지만 세종은 이를 허락하지 않았다. 일본측은 다시 요청했지만, 경판을 일본에 준다는 것은 조선조로서도 승인할 수 없는 문제였다. 후일 경판을 단념했으나 대장경을 요구하는 사신이 잇달았다. 세조 3년(1459), 왕은 대장경을 인쇄해서 8도의 명산에 소장하도록 명하고 일본의 사신들에게도 대장경을 주었다. 이 대장경은 일본 建仁寺에 소장되어 있다.

성종 6년(1475) 8월, 일본은 사신으로서 승려를 파견하여 불경과 儒書를 요청함과 동시에 銅錢을 요청했다. 12년에는 智恩院 榮弘이 제자 두 사람을 보내어 대장경을 요청해, 다음 해에 대장경을 가지고 일본으로 돌아와 지은원에 소장했다. 성종은 따로 사신을 보내어 경을 주었다. 17년에도 足利義政이 대장경을 요청함으로 5년 후 성종은 대장경을 일본으로 보냈다. 그 이후 應仁의 난으로 소각된 대장경을 보충하기 위해서 足利幕府는 또 조선에 대장경을 요청했다.

足利막부 1백년 간을 전후하여 15·16회에 걸쳐서 대장경 및 경판을 조선조에 요청했을 뿐만 아니라 私的으로도 대장경을 구하기 위해 한국으로 건너온 승려들도 많았던 것으로 추정된다. 이렇듯 많은 고려대장경이 일본으로 건너갔다.

4. 教宗의 발전

── 天台宗의 성립 ──

신라시대에는 화엄·법상·계율·선종 등 많은 종파가 성립했고 고려시대에는 이를 계승했다. 그러나 '五教兩宗'이라는 말이 고려중엽에서 이조초기에 걸쳐 《고려사》나 《조선왕조실록》에서 볼 수 있지만, 이 말의 내용이 확실치 않다. '五教'란, 계율종·법상종·법성종·원융종·천태종이며, '兩宗'이란 禪寂宗·조계종이라고 하는 설이 있고[90] 또한 조계종과 천태종 이라고 하는 설[91]이 있어 명확하지 않다. 그러나 조선 태종 6년(1406) 폐불 이

90) 李能和, 《朝鮮佛教通史》上, p. 479.

91) 金映遂, 〈五教兩宗에 對하여〉《震檀學報》제8권, 1937.

전에는 조계종·총지종·천태소자종·천태법사종·화엄종·도문종·자은종·중도종·신인종·남산종·시흥종 등 11종이 있었다고 하며, 그것들을 모두 통합해서 조계종·천태종·화엄종·자은종·중신종·남산종·시흥종 등의 7종으로 만들었다(《태종실록》)고 하는 기록에서, 조선의 7종을 고려시대의 5교양종에 비교해 규정지어 말하는 것도 문제가 있는 것이라 생각된다.

그렇다면 고려시대의 '오교양종'이란 무엇을 의미하는 것일까. 오교양종이란 당시에 성립된 종파의 명칭을 통괄해서 말하는 것이 아니라, (1) 오교승통·오교법석·오교사문 등을 총칭하여 당시 불교전체를 나타내는 말이며, (2) '五教兩宗諸山納子'란 전 불교의 승려를 나타낸 것으로서, 또한 (3) 조선의 불교개혁 때 불교전체를 나타낸 말이라고[92]도 한다. 그렇다면 〈大覺國師墓誌銘〉에 계율종·법상종·열반종·법성종·원융종·선적종이 있었다고 하는 것은 대체 무엇을 의미하는 것일까. 이는 당시 불교학 계통의 분류로서 고려시대에 성립한 종파명이라고는 생각할 수 없지만, 여기서 말하는 법성종이란 분명히 천태종을 말하는 것이다. 의천에 의해 천태·현수·남산·자은·조계·西天梵學이 동시에 전해진(〈天台始祖大覺國師碑銘〉) 것이므로 이와 같은 말은 고려시대에 성립한 종파를 의미하는 것이 아니라 당시 중국에 있어서의 종파분류의 명칭이었다. 이상 '오교양종'이란, 반드시 고려시대에 구체적으로 성립한 종파명은 아니다. 본서에서도 오교양종을 분류해서 서술하는 것이 아니라, 教宗과 禪宗으로 분류하여 서술하고자 한다. 教宗의 대표는 의천에 의해 확립된 천태종이며, 禪宗의 대표는 지눌을 개창자로 하는 조계종이다.

천태종의 전래

신라시대에는 수·당대의 법상종·화엄종·율종·구사종·삼론종·밀교·정토교·선종 등이 전파되었지만, 천태종만이 국가적으로 공인을 받지

---

92) 韓基斗, 〈韓國佛教の五教兩宗問題〉《朝鮮學報》 제98집, 1976.

못했다. 물론 신라의 玄光은 惠思에게 사사하였고, 또 신라의 緣光이나 고구려의 波若은 智顗에게 사사하였지만 천태종을 한반도에 까지 전파하지는 못하였다.

중국의 천태종은 隋대의 天台智顗가 완성한 종파로서 南朝의 학문불교와 北朝의 실천불교를 종합, 통일한 것으로서 중국에서는 화엄종과 함께 쌍벽을 이룬 중요한 종파이다. 천태종이 신라에 전파된 것은 제6조 荊溪湛然(711~782)에게 사사한 신라의 法融·理應·純英 등에 의해서 전해졌지만, 종파로서는 인정을 받지 못했다.

고려에서 천태교학[93]을 융성하게 한 것은 諦觀[94](~960~)이었다. 당시 중국은 당이 망하고 오대·십국의 시대였다. 천태종이나 화엄종의 典籍은 會昌의 폐불이나 오대의 전란으로 거의 없어졌으므로, 天台德韶는 吳越의 忠懿王의 권유로 사신을 고려에 파견하고 경전과 전적을 청했다. 그래서 고려는 961년 체관을 중국으로 파견하고 천태종의 章疏를 吳越에 주었다. 체관은 천태종의 義寂에게 사사했다. 중국에서 10년간을 체재하다가 죽었는데 체관이 소유하고 있던 대나무 상자 속에서 광채가 발하므로 열어본즉 그 속에서 체관의 저서《천태사교의》가 발견되었다 한다. 이《천태사교의》는 천태교학의 강요로서 중국에서는 물론이며 한국, 일본에서도 긴 세월에 걸쳐 학자들이 이용하였다.

훗날 의천이 천태산으로 가서 지의의 탑을 배알하였을 때 "고려에 옛날 체관이란 스님이 있었는데 천태교관을 전해주었지만, 지금은 오랫동안 절연되어 있었던 탓으로 분발해서 이를 중국에 홍포하려고 마음 먹었다"고 했다. 원래 고려 태조시에는 "大唐中國에는 會三歸一을 설한《법화경》과 천태대사의 一心三觀의 禪法이 있었는데, 이것은 신라·백제·후고구려(고려통일 이전의 삼국분립을 말함)의 삼국이 통일되어 고려 일국이 된 것을 상징한 것이므

93) 한국 천태사상에 관한 종합적 연구성과로서는 佛教文化研究所編《韓國天台思想研究》(東國大學教出版部, 1983)가 있다.

94) 金哲埈, 〈高麗初의 天台學研究 —— 諦觀과 義通〉《東亞文化》2, 1968.

로, 왕이 천태종의 가르침을 청해서 이를 유포시킨다면 후사들이 수명장수하고 왕업은 끊어지지 않고 항상 일가를 이룰 것입니다."(閔漬撰,〈國淸寺金堂主佛釋伽如來舍利靈異記〉《東文選》卷608)라고 하는 상서가 있었다. 이 같은 사명을 다한 사람이 대각국사 의천이었다.

고려 천태종에는 2파가 있다. 하나는 天台疏字宗인데 국청사 주지를 지냈던 敎雄(1076~1142)으로부터 시작한다. 교웅은 국청사에서 경론을 강의한 전법자였던 탓으로 교웅의 일파를 '天台疏字宗'이라고 한다. 한편 고려 선종 9년(1092) 6월, 왕과 왕태후는 천태종의 예참법을 白州(황해도)의 見佛寺에서 개설했다(《고려사》 권10). 이후 법화참법을 닦는 일파를 '天台法事宗'이라 한다. 이 疏字宗과 法事宗의 두 파는 조선초기까지 계승되었다.

고려에는 시홍종이 있었는데 이 종파는 천태종을 말하는 것이다. 천태종의 浮庵無寄가 금강산·오대산 등 명산성지를 유역하면서 始興山에 도달하여 한 암자를 세우고 은거생활을 하면서 《法華經》을 독송하면서 염불하기를 20년, 불경과 祖師의 글을 깊이 탐색하여 《釋迦如來行蹟頌》 등 주석서를 찬술했다. 그러나 이 시홍산의 소재는 확실하지 않지만 고려말에 이르러 시홍종은 禪의 조계종과 대립하는 천태종계의 일파로서 활약했다고 한다.[95] 그러나 시홍종이 무엇을 의미한 것인지에 관해서는 많은 이설이 있어, 정토종이라고 하는가 하면, 천태종의 일파라고 하기도 하고, 또 열반종이 오교양종 중에서도 가장 빠르게 성립된 종파이기 때문에 열반종의 異名이라고도 한다.

義天 —— 해동천태의 개조

신라 원효에 대적할 수 있는 불교학자를 고려조에서 찾는다면 우선 제일 먼저 대각국사 義天[96](1055~1101)을 들 수 있다. 고려왕조의 불교전승기에 중국

95) 李能和, 《朝鮮佛敎通史》下, p. 330.

96) 高橋亨, 〈大覺國師義天の高麗佛敎に關する經論について〉《朝鮮學報》 제1집, 1956.
內藤雋輔, 〈高麗の大覺國師に關する硏究〉《朝鮮史硏究》 제1장 참조 (東洋史硏究會, 1961).
趙明基, 〈大覺國師 義天의 思想과 續藏의 業績〉 白性郁博士頌壽記念 《佛敎學論文

뿐만 아니라 일본에까지 큰 영향을 미친 의천의 활약은 고려와 宋과의 문화교류에도 크게 기여했다. 그는 입송 전에는 화엄종을 학습했지만 宋으로 가서는 천태종을 비롯하여, 法相·禪·律 등 5宗을 배우고 귀국하여 고려불교를 일으킨 고승이다. 특히 4천여 권의 모든 종파의 章疏를 수집하여 이를 간행한 것은 불교전적의 역사상 큰 의의를 갖는다.

의천은 고려 문종의 네째 아들이다. 문종은 영민한 군주였을 뿐만 아니라 흥왕사를 세우고 불교의 법회를 융성하게 일으킨 숭불의 군주였다. 三寶를 융성하게 하기 위해 두 왕자를 출가시켜 승려로 만들었다. 문종 뿐만이 아니라 의천의 생모인 仁睿태후도 또한 국청사를 창건한 불교신자였다. 이 같은 불교의 분위기 속에서 성장한 의천은 유년시절부터 총명해서 11세 때 부왕이 "너희들 중에서 누가 승려가 되어 복리를 일으킬 것인가"라고 말한즉, 의천이 홀로 일어나 "신은 출세에 뜻이 있지만 다만 상감마마의 명에 따르겠읍니다"라고 대답했다. 그리하여 의천은 靈通寺에서 爛圓을 스승으로 득도하여 영통사의 한 사미가 되었다. 의천은 불교 뿐만 아니라 經子史集의 중국 고전을 탐독하여 13세에는 '祐世僧統'의 호를 하사 받았다. 소년시절에는 유학과 불교를 배웠지만, 16·17세 부터는 불교학에만 전력하여 19세에 이르러 佛教章疏의 수집을 발원하게 되었다. 부왕 문종의 대장경 彫造의 완성을 지켜본 의천은 속장경 간행을 발원하고 호법에 정열을 품었다.

의천은 스스로 화엄교학을 연구했지만 의문점을 해결하기 위하여 스승을 중국에서 얻을 결심을 하고 杭州에 살고 있는 淨源(1011~1088)에게 종종 편지를 내어 의심을 질문했다. 정원은 그의 의문에 대하여 정중하게 답서를 우송함과 함께 의천에게 새로 나온 책들을 보냈다. 이 때의 친서들은《대각국사문집》[97]에 수록되어 있다.

集》東國大學校, 1959.

洪庭植,〈高麗天台宗 開立과 義天〉崇山朴吉眞博士華甲紀念《韓國佛教思想史》圓光大學校, 1975.

崔柄憲,〈天台宗의 성립〉《한국사》6, 1975.

97) 河村道器,〈大覺國師集の異版に就て〉《青兵學叢》제4호, 1931. 5.

宋 元豊 8년(1085) 5월, 의천은 입송했다. 이 때 그의 나이 31세였다. 송의 국도 汴京으로 간 의천은 송의 철종과 회견하고 융성한 대접을 받았다. 화엄의 有誠, 雲門宗의 宗本에게 사사했지만, 좀 더 뜻을 관철시키기 위해서 항주에 있는 정원에게로 갔다. 정원은 宋代 화엄의 중흥조로서 칭송받는 일대석학이었다. 의천은 정원으로부터 화엄을 배우고, 또 고려에 있는 많은 화엄전적을 慧因寺로 가져갔다. 이어서 從諫으로부터 천태를, 元炤로부터 律을 배웠다. 한 때 칙명에 의해 도읍으로 갔다가 다시 慧因院으로 돌아왔다. 이어서 천태산으로 가서 智者대사의 탑에 예배하고 천태의 교관을 고려에 널리 펼 것을 발원문으로 뜻을 세우고, 명주에서 귀국길에 올랐다.

선종은 태후와 함께 봉은사에서 의천을 맞았다. 송으로 간지 14개월, 모든 종파의 교학을 습득하고 귀국한 뒤, 諸宗의 敎藏 3천여 권을 가져왔다. 문종 21년(1067)에 완성한 흥왕사에 머물면서 敎藏司監을 두고 遼·宋·일본에서 구한 諸宗章疏를 간행하기에 이르렀다. 또 수집한 경론장소의 목록인 《신편제종교장총록》을 완성했다. 이 외에도 흥왕사에 살면서 의천의 업적으로서 특별 기사가 되는 것은 화폐의 제조였다. 숙종에게 화폐사용에 대한 그 유리한 점을 진언해 드디어 海東通寶를 발행했다.

선종 6년(1089) 국모 태후의 발원으로 松山 서남 기슭에 천태종의 근본 도장으로서 國淸寺가 창건되었다. 이는 중국의 浙江省 천태산 국청사를 원류로 한 창건이었다. 이로서 중국의 천태종이 고려에 이식되었다. 의천은 43세에 이르러 국청사에서 천태의 교관을 강의했다. 고려에서는 오직 체관이 천태학에 능통했을 뿐, 체관이 죽은 뒤에는 천태학이 어떤 것인지 아는 자가 없을 때 의천의 강의는 사람들의 마음을 크게 환기시켰다. 그 때 숙종의 다섯째 왕자였던 澄儼(1090~1142) 이 출가하여 의천을 모셨는데 후에 그는 圓明국사가 되었다.

의천은 숙종 6년(1101) 10월 5일, 47세로 입적했는데 만년에는 心勞의 병으로 고통을 받았던 것같다. 입적하기 1년 전, 국청사에서 《법화현의》를 강의할 때 "나는 심로의 병이 있어 요즘에 와서는 날로 더욱 심화되어 감으로, 경서를 강독할 때 항상 마음에 고통을 느껴 학업을 황폐하겠다."(《대각국사문집》 권20)라고 기록하고 있다. 아마도 入宋 14개월 동안 전신의 생명을 걸고 구법유학했으며 또 귀국 후 속장경의 간행과 그 이외 사업으로 인하여 심신에 피로가 회소될 여유조차 없었던 것같다. 신명을 아끼지 않았던 호법정신이 그의 생명을 단축시킨 것은 아니였을까. 의천이 입멸한 이후의 국청사의 천태종은 敎雄(1076~1142)으로 계승되었다. 또 제자에 戒膺・惠素가 있어 각각 의천의 종풍을 선양했다. 혜소는 스승이 입멸하자 《行錄》을 찬술했다.

다음에는 의천의 업적을 요약해서 서술하고자 한다. 淨源의 처소에서 화엄을 배웠을 때, 의천은 고려에서 지엄의 《搜玄記》・《孔目章》, 法藏의 《起信義記》・《探玄記》, 澄觀의 《화엄경소》 등 많은 책을 宋으로 가져갔다. 그가 고려에서 가져간 화엄전적에 자극을 받아 宋代 화엄교학이 부흥하였다. 의천이야말로 宋 화엄학 부흥의 단서를 열었던 사람으로 이 업적이야말로 제일로 삼아야 할 것이다.

《신편제종교장총록》의 편찬과 속장경에 관해서는 이미 서술했지만, 불교전적에 관한 의천의 업적으로서 중요한 것은 《圓宗文類》와 《釋苑詞林》의 편집이다. 《圓宗文類》는 22권의 대저서로서 화엄종에 관한 중요한 문헌을 수집한 것을 의천의 제자들이 편찬한 것이다. 완성된 시기는 확실치 않으나 아마도 귀국 후 6・7년이 경과되어 완성된 것으로 생각된다. 이 중 《圓宗文類》는 14권과 22권이 《대일본속장경》에 수록되어 있고, 다른 일부가 한국 李能和씨의 저술과 일본 金澤文庫에 현존하고 있는 것 이외는 거의 없어졌다. 그러나 현존부분 만으로도 華嚴結社에 관한 자료와 화엄종의 역사를 해명하는 중요한 자료가 망라되어 있다. 의천이 최후에 편집한 것은 《釋苑詞林》 250권이나 이것도 현존하고 있는 것은 겨우 5권에 지나지 않는다. 그러나 이 중에서 이미 없어져 버린 北宗 神秀의 《華嚴經疏》 등이 인용되어 있는 점에서 매우 주시할 만한 것이다. 《圓宗文類》나 《석원사림》이 모두 현존한다고 한다면 화엄종사를 다시 작성할 수가 있을 것이다. 아니 화엄종사 뿐만 아니라 중국 불교사와 한국 불교사의 해명에도 큰 공헌을 할 수 있을 것이나 매우 애석할 따름이다.

萬德山 白蓮社의 고승들

의천의 뒤를 이어 천태종을 넓히고 백련결사[98]를 창설한 사람은 원묘국사 了世[99](1163~1245)이다. 속성은 徐씨 新繁縣(경남 합천)의 사람이다. 12세로 출가하여 천태교관을 배웠다. 23세에 僧選에 합격되고 햇수를 더해 宗乘에 올랐다. 신종 원년(1198) 법회를 高峰寺에 개설했는데 異論자들의 주장이 빈번하였다. 이 때 了世가 법좌에 올라 강론하니 대중은 모두 요세의 강론을 따랐다. 같은 해 靈洞山 長淵寺에서 개당설법을 하고 그 후 禪宗의 知訥에게 사사하였다. 희종 4년(1208) 월생산 약사사에 머물면서 천태종의를 선양했다. 또한 53佛에게 예배하는 수참법을 12회나 시행했다. 고종 4년(1217) 남해 인근 古萬德寺의 옛터에 가람을 창건, 낙성했다. 19년(1232), 보현도량을 개설하고 법화삼매를 닦아 왕생정토를 구원했는데 이 때 제자가 38인, 보현도량에 입사한 자가 3백여 명에 이르렀다. 산림에 은거하면서 50년 동안 날이면 날마다 《法華經》 1부, 准提呪 1천편, 미타불호를 1만번 염송했다 한다. 저서에는 삼대부의 節要가 있었다. 고종은 요세에게 선사의 호를 하사하고 입멸 후에는 국사로 봉하고 원묘라는 시호를 하사했다. 요세가 개설한 백련사에서는 법화삼매참에 근원을 둔 참회멸죄의 행법이 시행되었다. 知訥의 정혜결사에 반해서 백련사는 천태계의 결사로서 그 특징이 있다. 또 《삼대부절요》도 지눌의 《法集別行錄》이나 《華嚴論節要》에 따른 것이다.(萬德山白蓮社圓妙國師碑銘〉《東文選》 117).

요세의 법화참법을 계승한 사람은 백련사의 제2세 靜明국사 天因(1205~1248)이다. 속성은 박씨. 諱는 천인, 燕山郡(충북 청주)의 사람으로 제4세 眞靜국사 天頙는 다른 사람이다.[100] 了世에게 득도한 뒤 다시 송광산 수선사의 慧諶으로부터 曹溪禪을 배워 만덕산으로 돌아와 《법화경》을 독송했다. 11년

98) 蔡尙植, 〈高麗後期 天台宗의 白蓮社結社〉《韓國史論》 5, 1979. 10.
99) 高翊晋, 〈圓妙了世의 白蓮結社와 그 思想的動機〉《佛敎學報》 제15집, 1978.
100) 高翊晋, 〈白蓮社의 思想傳統과 天頙의 著述問題〉《佛敎學報》 제16집, 1979.
李永子, 〈天頙의 天台思想〉《佛敎學報》 제17집, 1980.

간 보현도량을 개설하다가 비금산으로 은거했다. 훗날 상왕산 法華社에 들어가 천태교관을 넓혔다(<萬德山白蓮社靜明國師詩集序>《동문선》 83). 《靜明國師詩集》 3권은 없어졌지만, 일부만이 《동문선》에 수록되어 있다.

백련사계[101] 고승에는 雲默이 있다. 字는 無寄, 浮菴이라 했고, 天頙의 제자 佛印靜照 국사에게 출가하여 천태학을 배웠다. 僧選에 합격하여 굴암사의 주지가 되었지만, 명리를 버리고 금강산·오대산 등 명산승지를 역유하다가, 시흥산에 암자를 세우고 《법화경》을 독송하며 아미타불을 염하고 불상을 그리고, 경을 사서하는 것을 일과로 삼아 20년을 지냈다 한다(《列傳》 권 1). 저서에는 《석가여래행적송》·《天台末學雲默和尙警策》이 있다. 전자는 불교문학으로 성불 후의 석가의 전도를 천태의 五時敎判說에 의하여 서술한 점이 천태학자로서의 특징이다.

백련사 제4세 天頙은 字가 天因, 호는 內願堂, 시호는 眞靜국사이다. 출가하여 요세로부터 가사와 발우를 받았다. 만년에는 국사가 되어 백련사의 용혈암에 살았다. 저서로는 《海東傳弘錄》·《湖山錄》[102]이 있다. 전자는 해동의 《법화경》에 대한 영험담을 수록한 것이다.

백련사계의 천태종을 계승한 사람으로 了圓이 있다. 충혜왕 원년(1331)에 왕사가 된 사람으로 저서에는 《法華靈驗傳》이 있다. 이는 唐의 慧祥의 《弘贊法華傳》과 고려 진정국사의 《海東傳弘錄》 등에서 《법화경》의 영험담을 수집하여 편찬한 것이다. 《東文選》 권22에는 '幻菴'이라고 제목한 7言絶句가 수록되어 있다. 了圓은 묘련사를 중심으로한 천태종단에 소속한 사람이다. 그 밖에 천태종에는 無畏·義旋·神照·祖丘·玄具·明一·覺恒 등 명성이 높은 승려들이 나타나 고려말에 이르도록 융성했다.

---

101) 閔泳珪, <高麗雲默和尙無寄輯佚 —— 無寄警策과 釋迦如來行蹟頌並書> 崇山朴吉眞博士華甲紀念《韓國佛敎思想史》 圓光大學校, 1975.

102) 李永子, <天頙의 湖山錄>《韓國佛敎學》 제4집, 1978.

華嚴教學의 부흥

화엄종은 원래 가야산 해인사를 중심으로 하여 후백제 견훤의 지지를 받았던 觀惠와 고려태조의 지지를 받았던 希朗이 宗匠이지만 신라말에서 고려에 이르는 사이 남북의 두 파로 분열되었다. 南岳 화엄사 관혜의 문하를 '남악파'라 하고, 北岳 부석사 희랑의 계통을 '북악파'라 한다. 이 양파의 학설은 서로 용납되지 않아 논쟁이 있었다고 하지만, 고려 광종(949~975) 시대에 균여대사가 나타나 양파의 모순적 대립을 지양하여 화엄종을 통일하였다.

均如[103](923~973)의 속성은 변씨, 황주사람으로 '圓通首座'라 불렀다. 15세에 復興寺의 識賢화상에게 출가하여 영통사 의순에게 사사했다. 광종의 발원에 따라 송악의 기슭에 귀법사가 창건되어 그 절 주지가 되었다.

균여는 《釋華嚴教分記圓通鈔》[104]·《釋華嚴旨歸章圓通鈔》·《華嚴三寶章圓通記》·《十句章圓通記》[105]·《一乘法界圖圓通記》[106]·《普賢十種願生歌》등 많은 저서가 있는데, 앞의 두 저서는 唐 법장(643~712)의 찬술인《華嚴五教章》의 교재에 관한 전승이 서술되어 있다. 종래의《華嚴五教章》의 교재는 일본에 전래한 和本과 趙宋의 주석가들이 이용한 宋本의 두 종류가 있었는데

---

103) 李永洙, 〈均如大師傳の研究〉上・中・下 1, 下 2, 東洋大學東洋學研究所刊《東洋學研究》7・8・13・18호, 1973・74・79・83.
金鍾雨, 〈均如의 生涯와 그의 鄕歌〉《國語國文學誌》3, 1961.
金杜珍, 〈均如의 生涯와 著述〉《歷史學報》75・76합집, 1977.

104) 金知見編, 《均如大師華嚴學全書》上권 解題 大韓傳統佛教研究院, 1977.
拙稿, 〈釋華嚴教分記圓通鈔の註釋的研究〉《東洋文化研究紀要》제84책, 1981. 3.
中条道昭, 〈高麗均如の教判について〉《印度學佛教學研究》29권 2호, 1981. 3.
吉津宜英, 〈華嚴教判論の展開 —— 均如の主張する頓圓一乘をめぐって〉駒澤大學《佛教學部研究紀要》제39호, 1981.
金杜珍, 《均如華嚴思想研究 —— 性相融會思想》一潮閣, 1983.
李杏九, 〈光宗の佛教政策と均如の華嚴思想〉《韓國佛教學 SEMINAR》제1호, 1985. 12.

105) 木村清孝, 〈十句章圓通記について —— 韓國華嚴思想の發展に關する一考察〉(《華嚴學研究》創刊號, 華嚴學研究所, 1987. 3.

106) 金知見, 〈校註 法界圖圓通記〉《新羅佛教研究》山喜房, 1973. 6.

신라・고려에 전승되었던 별본이 있었음이 알려져 이 교재 및 법장의 원본을 고찰・연구하는데에 넓은 시야가 확립되었다. 학계에서는 異說[107]이 있어 훗날의 검토에 맡길 수 밖에 없지만, 이와 같은 균여의 저서가 있었기 때문에 신라 의상에 의해 전해진 해동화엄의 사상적 특질을 연구할 수 있게 되었으며, 중국・일본과도 다른 한국화엄의 특질을 파악할 수가 있게 되었다.

균여와 동시대에 활약한 화엄학자로는 坦文(탄문;900~975)이 있다. 字는 大悟, 속성은 고씨, 경기도 광주 사람으로 5세에 北漢山 莊義寺 信嚴에게 사사하여 화엄을 습득하고, 15세에 구족계를 받았다. 고려태조의 신임을 받아 九龍山寺에 머물면서 화엄을 강론했다. 光宗 14년(963)에는 歸法寺 주지가 되었다. 19년(968) 왕은 坦文에게 弘道三重대사의 호를 하사하고 왕사에 임명했다가 다시 국사가 되었지만, 병으로 인하여 故山인 가야산 普願寺로 돌아갔다. 승려들이 坦文을 영접할 때에는 부처와 같이 하였다 한다. 제자에는 靈撰・一光・明會・芮林・倫慶・彥玄・弘廉 등이 있었다(〈普願寺法印國師塔碑〉).

대각국사 의천이 수학한 爛圓(란원;999~1066)의 제자에 樂眞[108](1048~1116)이 있다. 의천과 함께 송으로 가서 晋水淨源으로부터 화엄을 배우고 돌아와, 숙종때에는 승통에, 예종때에는 왕사가 되어 '悟空通慧'의 법호를 하사받았다. 귀법사・법수사의 주지로 있으면서 화엄을 넓혔다.

숙종의 제4 왕자 澄儼(1090~1141)은 호를 '世福'이라 하고 시호를 '圓明국사'라 했다. 의천에게서 화엄[109]을 배우고 개성 홍왕사에 살면서 도승통이 되

---

107) 結城令聞, 〈華嚴五教章に關する日本・高麗兩傳承への論評〉《印度學佛教學研究》 제24권 제2호, 1976. 3.
結城令聞〈華嚴五教章の高麗錬本・徑山寫本(宋本)の前却と和本の正當性について〉《南都佛教》 제50호, 1983. 6.

108) 許興植, 〈高麗中期 華嚴宗派의 繼承 —— 元景王師를 중심으로〉《韓國史研究》 35집, 1981. 12.

109) 崔柄憲, 〈高麗時代 華嚴學의 變遷 —— 均如派와 義天派의 對立을 중심으로〉《韓國史研究》 30집, 1980. 9.

었다(〈圓明國師墓誌銘〉). 징엄의 수계 제자 宗璘(1123~1175)은 승통이 되어 화엄의 종풍을 선양했다.

개성 靈通寺에 살던 智稱(1113~1192)의 속성은 윤씨, 字는 致原이고 남원 사람이다. 홍원사 승통 교웅에게 사사했다. 훗날 삼중대사와 승통에 임명되었고, 백좌인왕회를 개최했을 때에는 승도들의 上首가 되었다. 삼각산 원각사에 은거했다. 또 14세기의 유명한 화엄학자로서는 體元[110]이 있다. 호는 木庵, 해인사에 살았다. 체원의 저서로서는 《白花道場發願文略解》·《華嚴經觀自在菩薩所說法門別行疏》·《華嚴經觀音知識品》 등이 있다.

法相宗

玄奘문하의 유식을 이어 받은 신라 법상종은 원측·도증·태현 등 우수한 학자들이 많이 배출되었다. 이들은 독자적인 발전을 해 갔지만, 고려시대에는 계통이 불확실하다. 다만 법상유식을 배운 몇 사람의 고승이 있으므로 간단하게 그 사적을 서술하고자 한다.

고려초기에 활동한 鼎賢(972~1054)의 속성은 이씨, 유년 光教寺 忠會대사에게 출가하여 13세에 칠장사 融哲로부터 瑜伽를 배우고 영통사 계단에서 구족계를 받았다. 성종 15년(996) 沐勒寺 五教大選에 선발되어 명성을 넓히고 대사에 임명되었다. 현종 때에는 신이를 나타내어 우대를 받아 덕종이 즉위하자 바로 法泉寺로 옮겨 승통에 임명되었다. 문종 때에는 왕사가 되고, 이어 국사에 임명되었다. 입멸하자 慧炤국사의 시호를 내렸다(〈七長寺慧炤國師塔碑〉).

동시대인 고려초기에 瑜伽를 선양한 사람에 海麟(984~1067)이 있다. 자는 巨龍, 속성은 元씨, 원주 사람이다. 寬雄 및 海安寺 俊光에게 사사했다. 목종 2년(999) 용흥사 계단에서 구족계를 받고 훗날 都講眞肇로 부터 曆算法을 배웠다. 현종으로 부터 '明了頓悟'의 호를 하사받고 重大師에 임명되어 水多寺

110) 蔡尙植, 〈體元의 著述과 華嚴思想 —— 14세기 華嚴思想의 斷面〉《奎章閣》 6집, 서울대학교도서관, 1982. 12.

에 머물었다. 다시 덕종 때에는 삼중대사에, 정종 때에는 僧統에 임했고 문종에게 유심의 교의를 강론하여 후일 왕사와 국사에 임명되었다. '智光國師'의 시호를 하사했다(〈原州法泉寺智光國師玄妙塔碑〉).

해린의 제자 韶顯(1038~1096)은 侍中 李子淵의 다섯째 아들이다. 字는 範囲, 속성은 이씨, 17세에 해린에게 출가하여 《金光明經》 및 《唯識論》을 배웠다. 승과에 합격하여 대덕이 되고 다시 重大師가 되었다. 문종은 韶顯의 재주와 덕망을 듣고 연덕궁으로 청하여 접견하고 왕의 여섯째 왕자 窺(導生僧統)을 출가시켜 스승으로 삼게 했다 선종이 즉위하자 승통이 되어, 금산사 남쪽에 廣教院을 세우고 유식을 연구하여 깊은 비장의 뜻을 개발했다. 慈恩대사 窺基의 저술《법화현찬》·《유식술기》 등 章疏 32부 3백 53권을 교정, 판각해서 세상에 유통시켰다. 또한 법상종의 사찰에 재물을 헌납하여 매년 법회를 설치케 하였으며, 석가여래·현장·규기·2師와 海東 6祖의 영상을 그려 사찰에 봉안했다. 肅宗 원년(1096) 현화사 奉天院에서 밤이 깊도록 독경하고 彌勒如來의 이름을 염송하다 입적했다. 왕은 왕사로 추봉하고 慧德의 시호를 내렸다. 導生승통을 비롯하여 1천명의 제자가 있었다 한다.

고려말기 충렬왕대(1275~1308)에 활약한 고승 惠永(1228~1294)이 있다. 속성은 강씨, 문경 사람이다. 11세에 南白月寺 冲淵에게 출가하고, 뒤에 승통에 임명된 다음, 불국사·통도사·重興寺·瑜伽寺 등으로 옮겨 살았다. 16년(1290)에는 사서하는 승려 1백명을 데리고 元의 도읍에 도착하여 세조에게 《금자법화경》을 헌납하고 다음 해 대장경을 사서해서 귀국했다. 충렬왕은 惠永을 국존에 임명하고 법호를 '普慈'라 했으며, 오교도승통이 되어 桐華寺에 머물다 입멸하니 '弘眞'이라 시호를 내렸다(〈桐華寺弘眞國尊眞應塔碑〉).

彌授(1240~1327)는 휘가 子安이었는데 꿈을 꾸고 彌授라 개칭했다. 속성은 김씨, 一善郡 사람으로 13세에 원홍사 宗然에게 득도하여 경론을 배웠다. 19세에 승과에 합격하여 國寧寺에 머물고, 29세에 삼중대사가 되어 주로 《유식론》을 강의했다. 다시 웅신사의 수좌에 임했다가 莊義寺의 僧統을 지냈다. 속리산 법주사에 머물면서 92권의 경론장소를 찬술했다. 충선왕 원년(1309)

釋敎都僧統이 되어 '行智圓明대사의 호를 하사받았다. 다시 大慈恩宗師·三重大匡兩街都僧統·內殿懺悔師를 지내다가 만년에는 동화사에 머물면서 悟空眞覺妙丹無碍國尊이 되었다. 충숙왕 14년(1327) 88세로서 입멸하니 시호를 '慈淨國尊'이라 했다(〈俗離山法住寺慈淨國尊碑銘幷序〉). 저서에는 경론의 주석과 《大般若經難信解品記》·《心地觀經記》가 있다.

고려 최후의 유식학자에 海圓(1262~1340)이 있다. 속성은 趙씨, 함열(전북 전주) 사람. 12세 때 금산사의 釋宏에게 출가하여 승과에 합격하여 佛住寺에 머물었다. 계행이 청정하여 그 고결함을 들은 安西王의 요청에 따라 원나라 成宗(1294~1306)의 부름을 받고 원으로 들어갔다. 원의 仁宗은 해원을 大崇恩福元寺의 제1세 주지에 임명했다. 고려의 충숙왕도 예로서 존중을 표하여 금산사에 머물게 하고 '慧鑑圓明遍照無礙國一大師'의 호를 하사했다. 유식에 능통하여 福元寺에 머물기를 29년, 충혜왕 원년(1340) 79세로 입멸했다(《동문선》 118).

5. 禪宗의 발전

── 조계종의 성립 ──

신라 중기 이후 唐의 禪이 입당 승려들에 의해 신라에 전래되었는데 馬祖계통의 洪州宗 일파가 대부분이었다. 고려에 와서는 5家 7宗의 법안종이 전래되었다. 신라시대의 禪은 중국선의 수용에 지나지 않았으나 그 고려[111]의 禪은 지눌에 의해 중국선의 영향을 받으면서 독자적인 禪風을 확립하게 되었다. 지눌이 확립한 선풍은 그 이후 조선조 禪[112]의 방향을 결정하고 후대의 조계종 성립에 크게 영향을 미쳤다. 또 承迥·志謙·慧諶·天頙 등 많은 선승

111) 崔柄憲, 〈羅末麗初 禪宗의 社會的性格〉 《史學硏究》 25호, 1975.

112) 權相老, 〈韓國禪宗略史〉 白性郁博士頌壽記念 《佛敎學論文集》 1959.
韓基斗, 〈韓國의 禪思想〉 崇山朴吉眞博士古稀紀念 《韓國近代宗敎思想史》 원광대학교출판국, 1984.
韓基斗 《禪과 無時禪의 硏究》 원광대학교출판국, 1985.

이 배출되었고 고려말에는 指空·普愚·惠勤 등의 활약으로 드디어 韓國禪의 확립을 보게 되었다.

法眼宗의 성립

중국 5대기에 활약했던 淸涼文益(885~958)에 의해 법안종이 형성되었는데, 이를 계승한 天台德韶(891~973)가 활약하고 또 그 제자 永明延壽(904~975)가 크게 종풍을 떨쳤다. 연수로부터 고려의 승려 36명이 그 법을 인가받아 고려에 펼쳤다. 36명의 승려 중에는 智宗이 있었다. 이들이 중국에 가서 수학한 것은 광종의 명에 따른 것으로서 연수에게 가사와 자수정염주, 그리고 금조관(金澡罐;금으로 만든 물통) 등을 바쳤다.

智宗은 字가 神則, 성은 이씨, 전주사람이다. 8세 때 출가의 뜻을 세우고 舍那寺에 잠시 머물고 있던 弘梵삼장에게 출가했다. 弘梵三藏이 중인도로 돌아감에 따라 廣化寺의 憬哲에게 사사했다. 光宗 10년(959), 왕에게 입송구법의 뜻을 말하여 허락을 받고 바다를 건너 吳越에 가서 연수에게 사사했다. 잇달아 천태산 국청사로 가서 淨光대사를 배알하고 천태교학을 배웠다. 21년(970)에 고려로 돌아오니 광종은 지종을 우대하여 금광선원으로 초빙하고 重大師에 임명했다. 景宗이 즉위하여 삼중대사에 임명하고 성종대(982~997)에는 積石寺에서 살았다. 이어 목종은 '光天遍炤至覺知滿圓默禪師'의 호를 하사하고 佛恩寺 외제석원에 머물게 했다. 현종대에 이르러서는 광명사로 초빙하여 '寂然'이란 법호를 하사하고 4년(1013)에는 왕사에 임명하여 후한 대접을 했다. 9년(1018) 원주(강원도 원주) 賢溪山 居頓寺에서 입멸했다. 그 때 나이 89세였다. 지종의 크나큰 공적은 동행한 36명의 고승들과 함께 延壽의 법계를 고려에 전한 것이다. 법안종은 화엄과 선을 융합해서 일으킨 선풍으로 균여의 화엄교학이 성왕했던 고려초기의 풍조에도 적응되어 수용되었던 것이다.

李資玄의 禪

고려의 선승으로서 유명한 사람은 知訥이지만 지눌의 선풍이 확립되기 이전에 한국선의 형성에 크게 기여한 사람은 이자현(1061~1125)이다. 자는 眞精, 용모는 옥돌같은 위인으로서 천성은 활담하여 순종 원년(1083)에 진사에 올라 6년 후에는 大樂署丞이 되었으나 관직을 버리고 은거생활을 했다. 일찌기 《설봉어록》을 읽고 크게 깨달아 여러 명산을 편력하고 성현의 유적을 방문했지만, 청평산으로 들어가 文殊院에 머물었다. 대장경을 탐독했으며 특히 《수능엄경》에 의해 心印을 깨달았다. 예종 12년(1117) 8월, 남경(漢陽)에서 왕을 배알하고 왕명에 따라 삼각산 청량사에 머물면서 禪理의 자문을 받고 《心要》 1편을 봉증했다. 후일 능엄강회를 열어 학자를 길렀다. 인종은 즉위하면서 이자현에게 차와 향, 의복을 하사하였고 입멸 후에는 '眞樂公'이란 시호를 하사했다. 저서로서는 《追和百樂道詩》·《南遊詩》·《禪機語錄》·《布袋頌》 등이 있고(《동문선》 64 〈江原道春川郡淸平山文殊院記〉), 제자에는 鼎賢 및 權適·坦然 등이 있었다.

斷俗寺의 坦然(탄연; ? ~1158)은 속성이 손씨, 13세로서 6경의 대의를 통달했고, 15세에 明經生으로 보좌되어 궁중에서 예종의 스승이 되었지만, 출가의 뜻이 굳어 19세에 京北山 安寂寺에서 출가했다. 慧炤국사 鼎賢에게 사사하여 心要를 얻었다. 숙종 때 선발되어 왕의 연하에 있기를 10년, 왕명에 따라 중원 義林寺에 머물었다. 예종의 신임이 두터워 삼중대사에 수여되었다가 다시 선사의 호를 하사받아 선암사에서 살았다. 인종이 즉위하면서 가사를 하사하고 다시 대선사에 오르고 광명사로 옮겨 살았다. 예종은 大事가 있을 때에는 반드시 탄연에게 자문을 했고, 따라서 왕사에 임명되었다. 다시 의종의 신임을 받아 진주 단속사에 들어 갔다. 제자의 수가 항상 수백에 달하였다 한다(〈斷俗寺大鑑國師塔碑〉).

知訥 —— 韓國禪의 형성

신라 중기에 전래된 禪은 고려 중엽까지는 중국선의 연장에 지나지 않았다. 그러나 神宗대에 출현한 지눌[113](1158~1210)의 禪은 독특한 선풍을 일으켰다.

송광사를 개창한 지눌의 속성은 정씨, 어머니는 조씨, 스스로 '牧牛子'라 불렀다. 희종(1205~1211)으로 부터 佛日普照國師의 시호를 하사받았다. 황해도 洞州(현재의 瑞興郡) 출신으로 8세에 선승 宗暉에게 출가했다. 17세에는 경북 鶴麓山 보문사에서 대장경을 탐독하였으며 특히 李通玄의 《新華嚴經論》을 읽어 禪의 종지와 화엄의 교지가 하나임을 깨달았다. 잇달아 전남 청원사에서 《육조단경》을 읽고 "眞如自性은 생각에서 일어나고 六根의 견문각지가 있다 하나 萬境에 물들지 않고 眞性은 자재하나니"라는 문장에 이르러서는 경탄과 환희속에서 독송했다 한다.

知訥은 32세, 전남 智異山에 들어가 無住庵에 머물면서 속세의 인연을 끊고 오직 좌선으로 일관했다. 어느날 《大慧語錄》을 읽다가 "禪은 고요한 곳에도, 시끄러운 곳에도, 일상생활의 곳에도, 사량분별의 곳에도 있지 않다"라는 한 문장에 이르러 홀연히 크게 깨달았다. 이 때 唐 화엄학자 圭峯宗密의 《禪源諸詮集都序》를 읽었다. 42세에 정혜사를 거조사에서 순천 송광사로 옮기고, 송광산 정혜사를 조계산 수선사로 명칭을 고쳐 한국선의 근본도량으로 삼았다. 이 수선사는 현재 조계산 송광사이다.

지눌의 저서에는 《修心訣》·《圓頓成佛論》[114] 《看話決疑論》·《定慧結社

---

113) 金芿石, 〈佛日普照國師〉 《佛教學報》 제2집, 1969.
李鍾益, 《高麗普照國師の硏究》 비매품. 이 책은 《韓國佛教の硏究》로 책명을 고쳐 日本國書刊行會에서 재판되었다.
李智冠, 〈知訥의 定慧結社와 그 繼承〉 佛教文化硏究院編, 《韓國禪思想硏究》 동국대학교출판부, 1984.
李英茂, 〈普照國師知訥의 人物과 思想〉 《建國大人文科學論叢》 제9권, 1976.
小島岱山, 〈韓國佛教における華嚴思想の展開 —— 〈華嚴論節要序〉を中心として〉 《理想》 606호, 1983. 11.
The Korean Approach to Zen, The Collecterd Works of chinal, Translated with An Introduction by Robert E, Buswell Jr., University of Hawaii press, Honolulu, 1983.

114) 金知見, 〈圓頓成佛論について〉 《印度學佛教學硏究》 17권 2호, 1969. 3.

文》·《誡初心學人文》·《眞心直說》·《法集別行錄節要并入私記》·《華嚴論節要》[115] 등이 있다. 《華嚴論節要》는 이통현의 《신화엄경론》을 절요한 것으로서 지눌이 이통현의 사상에 심취했었음을 엿볼 수 있다. 이 책은 한국에는 한 권도 남아 있지 않고 일본 金澤文庫에 그 사본이 유존되어 있다. 《眞心直說》은 理路가 정연해서 한국 禪書의 白眉로 알려졌으며 지눌의 깨달음의 경지를 기록한 晩年의 力作인 것이다. 자성청정의 진심을 15조로 나누어 해설했다. 《수심결》은 돈오점수를 설하고, 荷澤神會의 '靈知不昧의 一心'에 관해서 언급하고 있다. 또 宗密에게 기울어 종밀의 《禪門師資承襲圖》[116]을 주석한 《法集別行錄節要并入私記》는 지눌의 선학개론이며 교판론이기도 하다.

韓國禪의 고승들

지눌과 같은 시대에 활약한 선승에는 志謙과 承逈이 있다. 지겸(1145~1229)은 속성이 田씨, 영광(전남)사람이다. 11세에 大禪師 嗣忠에게 득도하여 禪選에 합격하고 登高寺에 머물었다. 삼중대사에 임명되어 선사·대선사의 칭호를 받고, 강종 원년(1212)에는 왕사가 되었고, 고종 16년(1229)에는 85세의 나이로 죽었다(《李相國全集》 下). 저서로서는 《宗門圓相集》(曉城先生八旬頌壽 《高麗佛籍輯佚》)이 있어 고려 선사상의 특색을 알 수 있다.

이자현의 선풍을 계승한 承逈(1171~1221)의 성은 신씨, 上洛山陽(경북 상주)의 사람이다. 13세에 희양산(경북 문경) 봉암사의 洞純에게 출가하여 여러 곳을 두루 다니고 조계산으로 가서 지눌을 찾았다. 훗날 강릉 오대산으로 가서 문수의 명감을 얻어 다시 청평산으로 들어가 이자현의 유적을 방문하고 《수능엄경》을 읽고 경의 교지를 널리 펼것을 발원했다. 그 당시 《수능엄경》의 敎旨가 성왕했던 것은 承逈의 힘이었다. 희종 4년(1208), 皆骨山(금강산) 유점사에 머물면서 삼중대사가 되어 고종과 최충헌의 후한 우대를 받았다.

---

115) 神奈川県立金澤文庫刊 《金澤文庫資料全書》(《佛典》 제2권 華嚴編) 1975.
116) 拙著, 《宗密教學の思想史的研究》 東京大學出版會, 1976.

선사・대선사에 승진하여 보경사에 머물었다. 희종은 네째 왕자를 承迥에게 출가시켰는데 이가 바로 鏡智이다. 고종 8년(1221), 公山念佛寺에서 죽었으며 圓眞국사의 시호를 하사받았다(〈보경사원진국사비명〉).

한편 지눌의 법을 계승[117]한 수선사 제2세 慧諶[118](1178~1234)이 있다. 속성은 최씨, 나주 화순(전남)사람으로서 처음은 유학을 배워 司馬試에 합격하여 태학에 들어갔다가 지눌에게 출가하였다. 鰲山과 지리산 金堂庵에서 수행하고 다시 지눌에게 참배하여 심인을 얻었다. 지눌이 입멸하자 칙명에 따라 수선사를 계승했다. 학자들이 운집함에 그 명성이 높아, 고종은 선사, 대선사의 호를 하사했다. 고종 21년(1234), 57세로서 입적하고 眞覺국사의 시호를 받았다. 저서로는 《선문염송》・《선문강요》・《어록》・《시집》 등이 있다. 《선문염송》은 문인인 眞訓과 함께 송광사 廣遠庵에서 古則 1125 및 조사들의 염송을 채집하여 저술한 것이다. 混元(119~1271), 속성은 이씨, 遂安(황해도) 사람이다. 조계산 혜심에게 사사하다가 혜심의 제자인 조계산 제3세 淸眞국사의 법을 받아 제4세로 계승했다. 고종 32년(1245), 柱國 崔怡가 禪源寺(社)를 창건하여 초빙함에 그 곳에서 살았다. 후일 왕사가 되어 元宗의 신임을 받았고 국사가 되어 眞明이라 시호했다(〈晋州臥龍山慈雲寺眞明國師碑〉).

조계산 수선사의 제5세였던 天英(1215~1286)의 속성은 양씨, 혜심에게 득도하여 22세 禪選의 上上科에 합격하고 混元에게도 사사하여 그 명성을 떨쳤다. 고종 33년, 柱國 崔怡가 창건한 禪源社(寺)에 초빙되어 法主가 되었다. 삼중대사・선사・대선사가 되어 입멸하자 慈眞圓悟國師라 시호했다.

天英과 동시대의 고승으로서 구산선문의 하나인 가지산파의 一然[119](1206~1289)이 있다. 속성은 김씨, 자는 晦然이라 했는데 후일 일연으로 개명했

117) 菅野銀八, 〈高麗曹溪山松廣寺十六國師の繼承に就て〉《青丘學叢》 제9호, 1932. 8.
118) 權奇悰, 〈慧諶의 禪思想研究〉《佛教學報》 제19집, 1982.
119) 閔泳珪, 〈一然의 禪佛敎〉《震檀學報》 제36집, 1973.
蔡尙植, 〈普覺國尊 一然에 대한 研究——迦智山門의 登場과 관련하여〉《韓國史研究》 제26집, 1979. 10.

다. 경주 章山郡(경북 경산) 사람으로 9세에 海陽 무량사에서 취학하고, 14세에 陳田寺長老 대웅에게 득도했다. 22세에는 선불장에서 上上科에 오른 후 포산 寶幢庵에서 수행하고, 다시 무주암에서 "生界는 줄어 들지 않고, 佛界는 증가함이 없다"는 一句를 참구하여 크게 깨달았다. 삼중대사·선사·대선사가 되어 원종 2년(1261)에는 칙명에 따라 禪月社에 머물었다. 또 仁弘社에 주하기를 11년, 包山 동쪽 산기슭에 있는 涌泉寺를 중수하여 佛日社를 세웠다. 운문사·광명사에도 머물었으나 충렬왕 9년(1283), 圓徑沖照國尊의 호를 하사받고 다음 해에는 麟角寺에 있으면서 84세로 입적했다(〈義興華山曹溪宗麟角寺迦智山下普覺國尊碑銘〉). 제자에는 《신편수륙의문》 등을 저술한 混丘(1251~1322)가 있다. 일연의 저서로서는 《어록》·《祖圖》·《大藏須知錄》·《諸乘法數》·《祖庭事苑》·《선문염송사원》 등이 있지만 모두 없어지고 현재 남아 있는 것은 《삼국유사》·《重編曹洞五立》·《신라국동토함산화엄종불국사사적》 등이 있다. 《중편조동오위》는 중국 조동종 5位설에 일연이 주를 붙인 편찬서이다. 이 책은 종래 없어진 것으로 알려져 있었으나 일본 延寶 8년(1680)의 간본이었던 《중편조동오위》가 일연의 편찬이었음을 알게 되었다.[120] 《신라국동토함산화엄종불국사사적》은 경주 불국사의 사적기이다.

일연의 저서로서 가장 중요한 것은 《삼국유사》[121]이다. 이것은 김부식의 《삼국사기》[122]에서는 볼 수 없던 불교홍통에 관한 모든 사실을 수록하는 것에 전력을 다해 저술된 것으로서 佛教史의 寶庫라고 할 수 있다. 그 속에 수록되어 있는 향가 14수는 일본 萬葉의 古歌와도 같은 것으로서 赫連挺의 《대화엄수좌원통양중대사균여전》에 수록되어 있는 향가 11수와 함께 한국고대 문학

---

120) 閔泳珪, 〈一然重編曹洞五位〉 《學林》 제6집, 1984. 3.
121) 今西龍, 〈正德刊本三國遺事に就きて〉 《高麗史研究》에 수록.
末松保和, 〈高麗文獻小錄(2) —— 三國遺事〉 《青丘學叢》 제8호, 1932. 5.
三品彰英, 〈三國遺事考證 —— 駕洛國記(1)〉 《朝鮮學報》 제29집, 1963. 10.
村上四男, 〈三國遺事覺書抄〉 《韓國文化》 1985. 12.
122) 金哲埈, 〈高麗中期의 文化意識과 史學의 性格 —— 三國史記의 性格에 대한 再認識〉 《韓國史研究》 제9집, 1973. 3.

과 어학연구에 중요한 자료로 제공되고 있다.

《삼국유사》와 병행하는 불교사의 중요한 자료로서 고려 각훈이 왕명에 따라 고종 2년(1215)에 찬술한 《해동고승전》[125]이 있다. 이것은 한국 최초의 승전으로서 현재 2권만이 남아있다. 1권에는 順道·亡名·義淵·曇始·摩羅難陀·阿道·玄彰·法空·法雲, 2권에는 覺德·智明·圓光·安含·阿離耶跋摩·慧業·慧輪·玄恪·玄遊·玄大의 전기가 수록되어 있다(상세한 것은 권말의 〈불교관계서적해제〉에 참조).

조계산 수선사 제6세 沖止[124](1226~1292)는 속성이 魏씨, 定安(충북) 사람이다. 禪源社 天英에게 득도하여 여러 강연에 참석하고 41세에 이르러 김해 甘露社에 머물었다. 충렬왕 12년(1286), 천영이 입적하자 그 자리를 계승하여 조계산 제6世가 되었다. 원나라 세조의 존경을 받은 바 있었으나 18년(1292)에 입멸하여 圓鑑국사라 시호했다(〈圓鑑國師集附錄〉《總覽》下). 현존하고 있는 저서로서는 《海東曹溪第六世圓鑑國師歌頌》·《曹溪圓鑑國師語錄》·《海東曹溪宓庵和尙雜著》가 있고, 현존하지 않은 저서로서는 《圓鑑國師文集》이다.

萬恒(1249~1319)은 속성이 朴氏, 熊津(충북 공주) 사람으로서 九山選에서 수위로 선발되어 훗날 지리산에 은거하면서 고행으로 연마하여 수도를 실천했다. 충렬왕의 명에 따라 三藏社에 살았고 다시 朗月·雲興·禪源社 등의 社主가 되어 7백인의 제자를 두었다. 충선왕은 別傳宗重續祖燈妙用尊者의 법호를 하사했다. 충숙왕 6년(1319)에 서거하여 慧鑑국사라 시호했다(曹溪山修禪社慧鑑國師碑銘〉).

復丘(1270~1355)는 스스로 '無言叟'라 호했다. 고성(경남)사람으로서 10세에 조계의 천영에게 출가했지만, 天英圓悟국사는 얼마되지 않아 입멸하여 道英에게 사사하기를 10년, 21세에 禪選上上科에 선발되었다. 후일 백암사에서 禪旨를 탐구하기를 10여 년, 다시 월남사·송광사에 주하기를 전후 40

123) 今西龍, 〈海東高僧傳に就きて〉《高麗史硏究》에 수록.
124) 秦星圭, 〈圓鑑國師 沖止의 生涯〉《釜山史學》5, 1981.

여 년, 만년에는 왕명에 따라 영광(전남) 불갑사에 머물었다. 공민왕 元年(1352)에는 왕사에 임명되었다가 4년에 입적했다. 禪源社 등지에서 그의 문하가 1천여 명이 있었다(〈王師大曹溪宗師覺儼尊者贈諡覺眞國師碑銘〉).

고려말기에 활약한 고승으로서는 太古普愚와 懶翁慧勤이 있다. 이 두 고승은 중국의 禪을 배워 고려에 전래한 사람으로서 중국의 임제종을 이식시킨 선사들이다. 조계종의 개조를 지눌이라 할 것인지 보우라 할 것인지에 대해서는 문제가 남아 있지만, 보우가 빼어난 웅걸이라는 것은 부정할 수 없는 사실이다.

보우[125](1301~1382)는 속성이 홍씨, 홍주(충남 홍성)사람으로서 太古라 호했다. 13세 때 檜巖寺 廣智에게 출가하여 여러 총림을 두루 방문하고, 19세 때에는 의심의 응어리가 해결되어 37세에 이르러 개성 栴檀園에 우거하면서 '無字'를 참구하여 대오했다. 충혜왕 복위 2년(1341), 삼각산 중흥사에 있을 때 많은 학자가 모였다. 사찰 동쪽에 세운 태고암에 머물면서 歌 1편을 저작했다. 충목왕 2년(1346), 46세로 元의 湖州霞霧山 天湖庵으로 가서 石屋淸珙에게 입실하고 인가를 얻어 가사를 받았다. 元의 순종은 보우를 초빙하여 永寧(明)寺에서 개당설법케 하고 금란가사와 침향을 하사했다. 동 4년에는 重興寺에 머물고, 다시 小雪山에 은거하기를 4년, 〈山中自樂歌〉 1편을 저작했다. 공민왕의 초청으로 궁중으로 들어갔다가 다시 小雪山에 은거했지만 5년(1356), 왕의 초청으로 봉은사에서 설법하고 왕사에 임명되었다. 후일 희양산 봉암사·가지산 보림사·전주 보광사·영원사·양산사 등을 역유하다가 다시 국사에 임명되었으나 우왕8년(1382) 82세로서 입적했다. 왕은 圓證이라 시호했다(〈楊州太古寺圓證國師塔銘〉《總覽》上, 〈太古王師傳〉《例傳》 권2).

보우는 임제의 正宗을 해동에 전해 간화선을 불러 일으켜 宋의 大慧종풍을 계승했다. 또한 시를 쓰는 재능이 풍부하여 많은 노래를 저작했다. 보우의 법어와 歌頌을 문인 雲栖가 편찬한 것이 《태고화상어록》(현존)이며, 또 《太古

---

125) 李英茂, 〈太古普愚國師의 人物과 思想〉《建大史學》 5, 1967.

遺音》(失)이 있었다 한다. 보우의 생애를 문인 維昌이 쓴 것이 《원증국사행장》이다.

보우와 함께 石屋淸珙의 법을 이어 받은 사람으로서 景閑(1298~1374)이 있다. 호는 白雲이며 慧勤의 추천으로 해주 神光寺의 주지가 되었다. 저서로는 《佛祖直指心體節要》·《白雲和尙語錄》(《백운화상어록해제》, 1934년)이 있다.

그러나 고려말기에 이르러 점차 排佛論이 대두되었는데 그 대표자가 鄭道傳이다. 정도전은 태조 이성계와 결탁하여 공양왕으로 하여금 양위케 한 인물로서 주자학에 능통하여 朱子의 배불론에 따라 불교를 비난했다. "불교도들이 스스로 경작하지 않고 노동도 하지 않고 걸식으로 생활하는 것은 잘못된 것이며, 또한 禪宗은 善惡을 혼동해서 윤리를 부정하고 멋대로 방탕한 생활을 하고 있다"고 비난했다.

고려조 一代를 걸쳐 많은 고승석덕이 배출되었지만 말기에는 신돈과 같은 요승이 나타났기 때문에 한층더 불교를 배격하는 기운이 높았다. 신돈은 불교를 빙자하여 국정을 어지럽게 한 탓으로 실각되기는 하였지만 불교의 이미지 image가 하락되었다. 이와 같은 혼란기에 활약한 사람이 나옹혜근이다.

혜근(1320~1376)은 속성이 牙씨, 호는 나옹이며 寧海府의 사람이다. 20세에 친우의 죽음을 보고 功德山 妙寂庵 了然에게 출가했다. 여러곳을 역유하다가 양주 회암사에서 개오했다. 충목왕 4년(1348) 3월, 원나라로 들어가 燕京의 法源寺에서 인도에서 온 指空(서천 108代 조사)에게 참배하고, 다시 臨濟의 정맥을 계승한 平山處林에게 참배하여 拂子와 법의를 받았다. 후에 명주로 가서 보타낙가산의 관음께 참배하고 育王寺와 婺州伏龍山에서 모든 대덕들과 문답을 한 다음 연경으로 돌아왔다. 순종의 부름을 받아 京師의 廣濟寺에서 설법하고 法源寺에서 지공과 다시 만난 후 공민왕 7년(1358)에 귀국길에 올라 오대산 象頭庵에 머물었다. 왕의 초청으로 성중에서 법을 설하고 후일 금강산 正陽庵·청평사·오대산 靈感庵 등지를 두루 다니다가 회암사로 돌아 왔다. 19년(1370), 광명사에서 兩宗 승려들의 시험인 功夫選을 주재하고 왕사에 임명되어 송광사에 주하게 되었다. 그 때의 송광사는 동방제일도량이라 일컬었다. 우왕 2년(1376), 신륵사에서 입적하니 禪覺이라 시호했다(〈楊州天寶山檜巖寺禪覺王師碑〉《總覧》上《列傳》 권1 懶翁王師傳). 문인 覺璉이 집록하고 幻庵混修가 교정한 《나옹화상어록》(현존)을 비롯하여 《나옹화상가송》·《懶翁和尙百衲歌》 등이 있다.

혜근이 사사한 指空(? ~1363)은 마가다국왕을 아버지로, 향지국의 공주를 어머니로 하여 탄생했다. 8세에 출가하여 19세에 남인도의 능가국 吉祥山으로 가서 普明에게 사사했다. 티벧·雲南·貴州를 지나 다시 북상하여 廬山으로 가서 양주에서 배를 타고 화북으로 나아가 마침내 연경에 도달했다. 그러는 사이에 변방의 반인들을 감화시켰고 기우제를 지내 비를 오게 하는 등 여러가지의 신이를 나타냈다. 지공은 西天 108祖에 해당하는 진실한 참선자였다. 드디어 고려인들의 원에 따라 지공은 1327년(元·泰定4), 금강산으로 왔다. 지공이 한반도에 온 것은 고려 충숙왕 시대였다고 여겨지나 다시 한반도에서 燕京으로 돌아간 지공에게 혜근과 무학이 방문한 것이다(〈楊州檜巖寺薄陀尊者指空浮屠碑〉《總覧》下, 高楠順次郎編 〈梵僧指空禪師傳考〉《大日本佛教全書》遊方傳叢書 제4). 천보산 회암사는 서역의 승려 지공이 한반도에 왔을 때 그곳의 지형과 산수가 인도 阿蘭陀寺와 아주 닮았다고 하여 이 말을 들은 혜근이 그곳에 절을 세운 것이다. 또 長湍郡의 화엄사도 지공이 한반도에 온 때문에 대총림이 되어 양주의 회암사와 함께 수선도량으로 바뀌었다고 한다(《신증동국여지승람》 권11).

신륵사 조사당 단상 뒷벽 중앙에는 혜근의 영상이, 그 우편으로는 무학, 좌편으로는 지공의 영상이 있어 이른 바 한국불교계의 3和尙을 모신 곳이다.

혜근의 문하로서 고려말에 활약한 사람으로서는 混修·粲英·智泉·覺雲 등이 있다. 混修(1320~1392)는 자가 無作, 幻菴이라 호했다. 속성은 조씨, 경기도 광주 사람으로 12세에 대선사 繼松으로부터 내외 전적을 모두 배우고, 이어서 오대산 神聖庵에서 살았다. 그 때 혜근이 고운암에 주하고 있었으므로 사사하여 袈裟·拂子를 받았다. 공민왕 18년(1369), 白城郡의 金璜이 원찰로 세운 서운사에서 혼수를 맞이하여 참선법회를 열었다. 다음 해 혜근이 광명사에서 功夫選을 주최하였을 때 문답에서 합격했다. 공민왕의 명에 따라 불호사에 머물다가 다시 내불당으로 들어갔다. 우왕이 즉위하자 廣通無碍圓妙大智普濟의 호를 하사하고 다시 국사에 임명했다. 조선 태조 원년(1393)에 입적하자 보각국사의 시호를 내렸다(〈普覺國師碑銘〉《總覽》下). 어록으로서는 《환암어록》(《羅麗藝文志》에 의하면 開城中京文庫에 소장)이 있다.

혼수의 제자로 알려져 있는 龜谷覺雲은 龍城(전북 남원) 사람으로 공민왕의 초청으로 《전등록》을 강의하고 그 재능을 인정받았다. 왕은 〈達磨折蘆渡江圖〉와 〈普賢六牙白象圖〉를 그려서 그에게 하사했다. 또 '龜谷覺雲'이란 넉자를 손수 써서 주고 아울러 大曹溪宗師禪敎都摠攝崇信眞乘勤修至道都大禪師의 법호를 하사했다(〈賜龜谷書畵贊幷序〉《동문선》51). 여기에 관련하여 同名異人의 覺雲이 있다. 다른 한 사람은 진각국사 혜심의 제자로서 龜谷이라 호하고 《선문염송설화》를 찬술하였다(《通史》中編).

粲英(1328~1390), 자는 古樗, 木菴이라 호한다. 14세로서 重興寺의 태고보우에게 출가하여 사사하기를 5년, 그 이후 유점사 守慈에 참배하고, 충정왕 2년(1350), 九山選 上上科에 올라 대홍사에 머물다가 다시 小雪山으로 들어가 도행을 연마하고 삼각산 重興寺에 주하였다. 공민왕은 찬영을 불러 '碧眼達磨'라 칭하고 兩街都僧錄에 임명했다. 특명에 따라 石南·月南·神光·雲門 등의 여러 사찰에 주하다가 동왕 21년(1372), 內院으로 초빙되어 淨智圓明無礙國一禪師의 호를 하사받고, 다시 우왕은 禪敎都摠攝淨智圓明妙辯無礙玄悟國一都大禪師로 추증하였지만 이를 사양했다. 충주 억정사와 광명사에 살다가 공양왕 2년(1390), 63세로 입멸하니 智鑑국사라 시호했다. 조선 태조도 大智국사라 시호했다(〈忠州億政寺大智國師塔碑〉《總覽》下).

智泉(1324~1395)은 竺源이라 호하고 속성은김씨, 載寧 사람이다. 19세에 장수산 懸菴寺에서 삭발하고 《능엄경》을 배웠다. 공민왕 2년(1353) 무학자초와 함께 元의 燕京으로 들어가서 法雲寺 지공에게 사사하였다. 5년 귀국하여 명산을 두루 역유하다가 이태조 4년(1395) 천마산 寂滅庵에서 입적했다. 태조는 正智국사라 시호했다(〈龍門寺正智國師碑〉).

제 4 장 조선의 불교

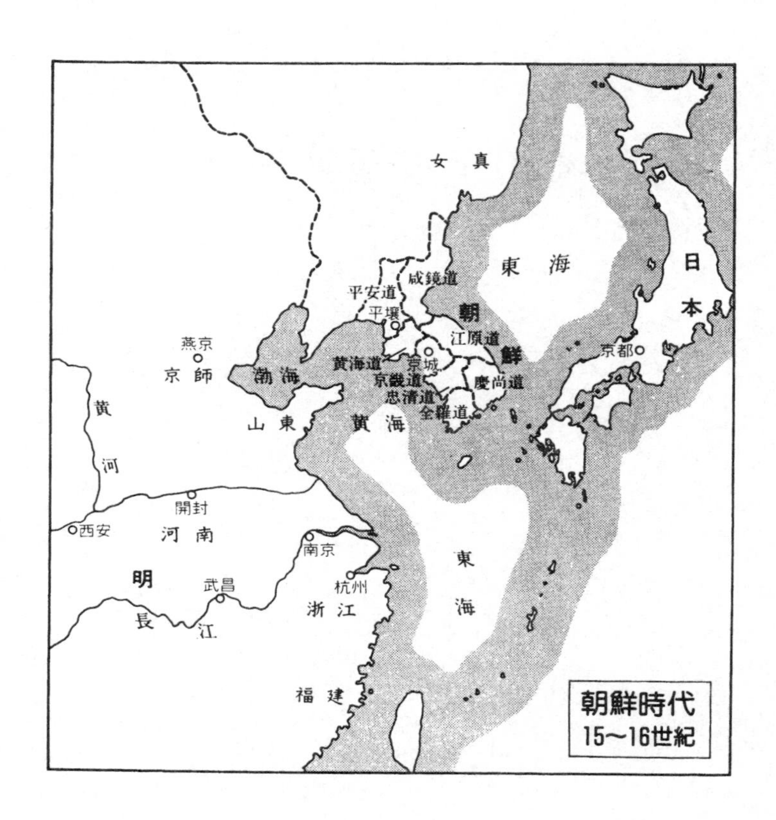
女真
東海
日本
咸鏡道
平安道
平壤
朝
江原道
鮮
京都
燕京
京師
渤海
黃海道
京城
京畿道
慶尙道
忠淸道
全羅道
山東
黃海
黃河
開封
西安
河南
南京
明
武昌
杭州
浙江
長江
東海
福建
朝鮮時代
15~16世紀

제 4 장 조선의 불교

조선불교사를 한마디로 표현한다면 쇠퇴의 역사라 할 수 있다. 고려불교는 왕조와 귀족이 대단히 불교를 신봉하여 불교법회가 왕성하게 열렸던 것에 비해, 조선은 강력하게 배불숭유의 정책이 실현됨에 따라 불교는 쇠진해 가는 길을 걸었다. 특히 태종과 세종대에는 배불정책이 강행되었으며 연산군의 포악한 강압이 가중되어 불교는 유교에 완전히 굴복하는 비운에 이르고 말았다. 그러나 조선의 제왕 모두가 배불자는 아니었고 태조나 세조는 숭불행위를 하였음이 엿보인다.

불교는 이미 1천여 년에 걸쳐 한반도에 정착, 수용되었기 때문에 서민과 부녀자들 사이에는 불교가 깊게 침투하고 있었다. 특히 극락정토에 왕생할 수 있다는 정토교는 서민들에게도 쉽게 이해되어 그들의 신앙생활의 중심을 이루어 왔다. 조선시대는 유교에 압박되어 불교가 완전히 소멸되어 없어진 것으로 생각하는 것은 큰 오해가 있는 것으로서, 도리어 깊은 불교신앙은 서민생활 속에 토착화되어 갔다고 보지 않으면 안된다. 조선 繪畵 등에서는 불교를 소재로 한 것이 많다는 점 등에 주목할 필요가 있다.

아뭏든 임진왜란 당시 의군으로 참가한 승려들의 수가 5천명에 달했다고 한다. 서산대사 휴정과 같은 승려들이 손에 무기를 들고 전란에 임하여 호국불교의 전통을 유감없이 발휘하여 명성을 후세에 남겼다.

조선 5백년의 불교는 국가권력과의 관계에서 본다면 크게 둘로 나눌 수 있다. 태조에서 성종까지를 전기로 잡고, 연산군에서 고종까지를 후기로 잡는 것이다. 후기의 시작은 연산군이 불교탄압운동을 일으켰기 때문에 국가와 불교와의 관계는 거의 없고 불교도와 사원의 존재는 단순한 개인적인 것으로 되었다. 이로부터 국가에서 승인을 받은 公的인 승려도 없고 승려들의 사회적 지위는 저하되어 가기만 했다. 사원은 파괴되고 승려들은 심산유곡의 산중으로 쫓겨, 사회를 위해 포교활동을 하는 것도 잃고 뜻없이 지내는 생활이 시작된 것이다.

1. 諸王의 불교정책

前期 —— 太祖에서 成宗까지

조선불교의 전기에 있어서는 국가는 불교를 통제하는 기관을 두고 승과를 실현하여 승려들의 階位를 주고 사찰주지 등을 임명하여 승도를 국가의 책임으로 시행하고 승려의 자격을 인가했다. 전기에서는 불교는 국가공인의 종교로서 그 존재를 인정하였던 것이다.

太祖

1393년, 고려가 멸망하고 태조 이성계가 왕위에 올랐다. 즉위하면서 고려왕조를 세운 왕건의 정책을 따라 왕사 무학자초를 받들고 스승의 예를 다하여 머물 곳을 가려서 살게했고 5년(1397) 11월, 도읍을 한양(현재 서울)으로 옮겼다. 태조는 스스로 '松軒거사'라 칭하고, 불교에 귀의하여 개인의 안심입명을 얻음과 함께 국가의 가호를 바라면서 불교를 믿었다. 그로 인해 고려조와 같이 승려들을 후하게 대접하였지만, 한편으로는 고려말기 불교의 부패를 막기 위해 승려들의 도첩제도를 엄격히 시행하여 승려의 수를 제한하는 정책을 취하였다.

3년(1395), 천태종 祖丘를 국사에 임명하고 왕사 自超와 함께 중용했다. 조구는 교종을, 自超는 선종을 대표했다. 또 고려조와 같이 궁중의 내원당에서 성을 호위하는 사병들에게 독경을 시켰다. 神德왕후(顯妃康씨)가 죽은 다음 해인 5년에는 황화방 北原에 장사하여 貞陵이라 칭하고 능 동쪽에 興天寺를 세웠다. 주지에는 대선사 尙聰이 임명되고 修禪社 제1세 보조국사의 제도에 따라 수선도량을 삼았다. 선종의 홍천사에 대응하는 교종의 興德寺도 세워, 제4대 세종시대에는 선종종무원과 교종종무원으로 나누어져 있었다. 6년에는 津寬寺의 수륙사가 완성되어 태조는 친히 행차했다. 태조는 재위 7년만에 왕위를 정종에게 양위하고, 정종 원년(1399)에는 도읍을 원래의 개성으로 옮겼다. 정종은 長湍郡의 오관산 聖燈庵을 중수하여 밭 1백결, 노비 16명을 헌납했고, 태상왕(태조)도 또한 오대산 中台의 사자암을 중건하여 낙성식에 행차했다. 2년에는 옛 저택의 동쪽에 세웠던 德安殿을 興德寺라 하고 이 절을 교종에 소속시켰다.

太宗

조선에 있어서 최초로 배불정책을 한 사람은 태종이다. 배불정책의 내용이란, (1) 사찰명의 간판을 없애고 승려들을 환속시킨다. (2) 사찰의 토지 및 전답을 국유화 한다. (3) 사찰에서 노역하는 하층민들을 군정소속으로 한다. (4) 도첩제도를 엄격히 실시한다. (5) 왕사・국사제도를 폐하고 승려들의 지위와 대우를 낮춘다. (6) 왕릉에 사찰을 세우는 고려 이래의 관습을 폐지한다 등을 들 수 있다.

우선 원년(1401)에는 내시궁에 모셔 두었던 인왕불을 궁중에서 내원당으로 옮겼다. 이 해 議政府 및 吏曹에 명하여 神佛을 없애는 건의안을 제출케 했고, 태조와 정종이 숭신한 불교를 그는 개혁할 방침을 세웠다. 5년 11월과 그 다음 해 봄 여름에 개혁을 실천하고 사찰의 토지와 노비를 없앴다. 다만 한양의 홍천사와 같은 중요한 사찰은 개혁에서 제외되었다.

이와 같은 정책에 대해 당시 조계종 승 省敏 등이 직소를 올렸지만 태종은 허락치 않았다.

5년에는 왕사 자초가 입적한 이후 왕사・국사의 제도를 없애고, 16년(1416)에는 도첩의 대정리를 단행해서 도첩이 없는 자는 환속케 했다. 또 퇴위 후 세종 2년(1420)에는 왕비 민씨가 죽자 獻陵에 장사하고 옛 풍속에 따라 陵寺를 세울 것을 군신이 간청했으나, 이를 배척하여 이로부터 고려이래의 구습을 없애 버렸다. 태조의 健元陵에는 開慶寺가, 정종의 厚陵에는 興敎寺가 세워진 것을 생각하면 태종의 단안은 획기적인 것이라 하겠다. 다만 태종은 태조를 위한 불사를 10년(1410), 태조가 살던 저택을 절로 만들었던 흥덕사에서 《大般若經》을 독경케 했다. 12년에는 開慶寺를 세워 명복을 비는 절로 삼고 해인사판의 대장경을 수납토록 했다.

世宗

조선의 堯舜이라고 불리었던 세종(1419~1450)은 유교를 국교로 하여 집현전을 두고 학문진흥을 계획하고, 《고려사》·《훈의자치통감강목》·《훈민정음》등 칙선된 여러 서적을 저작했다. 조선의 유교국가체제는 세종에 의해 확립되었다.

4년(1422), 칙명에 따라 경전을 독경하는 행사를 폐지시켰다. 매년 봄·가을의 仲月에는 승도들에게 《반야경》을 독경하면서 시가를 행진하여 재앙을 소멸시켰던 행사였지만, 이는 고려이래의 관습이라 하여 폐지시켰다.

6년 봄에는 대사헌 河演이 상서를 올려 사찰의 전답이 승려들의 수에 비해 너무 많다는 건의를 제출했다. 이 상서에 따라 五敎兩宗을 감축시켜 禪敎兩宗으로 하는 대개혁이 단행되었다. 곧 조계·천태·총남의 3종을 합하여 선종이 되고, 화엄·자은·중신·시흥의 4종이 합하여 교종이 되어 36사찰이 양종에 소속하게 되었다. 전답이 배급되고 주지승의 숫자도 정해졌다. 또 승록사가 개혁되어 홍천사가 禪宗都會所로, 흥덕사가 敎宗都會所로 바뀌어 양종의 종무를 맡게 되었다. 태종대에는 2백32개의 사찰이 승인된 것에 비한다면 36개 본산이 사찰의 자격을 인정받고 다른 사원은 본산의 지배를 받도록 했다.

세종은 한성부 내에 토목공사를 시작하여 수도의 경영을 위해 한때는 승려들을 노동에 참여케하여 노동력을 이용했지만, 그 이후로는 승려들의 破戒

를 이유로 城內에 들어오지 못하도록 금지했다. 그러나 태조가 창건한 원찰이었던 홍천사의 수복공사는 허락했다. 이 때 세종의 친형이자 태종의 차남인 효령대군이 불교를 숭신하여 15년(1433) 효령은 한강에서 성대한 수륙시아귀를 실시했다. 또 천태종 승려 行平에게 사사, 제자가 되어 노승의 師室에 귀의하고 승려들이 하는 모금운동에 참여하여 탑 등의 사찰건립이나 중수에 사용할 기부금을 모았다. 세종이 이를 묵과하는 까닭에 불교가 다시 궁중으로 침투하여 궁녀들이 삭발하고 승려가 되기도 하였다. 이런 상황에 감화를 받은 세종은 점차 숭불의 왕으로 변신해 갔다.

15년, 文昭殿의 불상을 홍천사에 옮겨 법회를 열도록 했으나 安崇善의 간언으로 중지되었다. 17년에는 선교양종의 승려들이 홍천사에 모여서 기우제를 지내고, 다음 해에는 홍천사 수리사업을 국가에서 시행했다. 궁중과 승려들 사이에 비밀한 교류가 생기고 세종은 불교보호정책을 펴서, 25년(1443)에는 금지했던 사찰중창 및 수리를 허락하게 되었다. 이 해 홍천사에서 大慶讚會가 열려 승려 一雲(如菴선사)을 초빙하여 성대하게 시행되어 대관귀족들 중에서는 다시 숭불자가 배출되었다. 왕의 장례식도 불교의식에 따라 시행했다.

世祖

재위2년을 채우지 못하고 문종이 죽자 잇달아 재위 3년, 단종은 세조에게 양위했다. 세조는 태조와 같이 불교를 보호했다. 내원사(경기도 영평), 신륵사(경기도 여주)·쌍봉사(전라도 능주)·해인사(경남 합천) 등 많은 사원에 노비 등을 기증할 뿐만 아니라 오대산 월정사와 청학사는 세조를 중홍 대시주로 삼았다. 그 밖에도 금강산 건봉사, 금강산 표훈사, 오대산 상원사, 한양 大圓覺寺, 양주 회암사, 영암 道岬寺 등을 중수하는 등, 양평 용문사와 한양 홍천사에 鍾을 기증했다.

이와 같이 세조는 조선 최대의 숭불 군주가 되었다. 7년(1462)에는 公私의 천민들의 출가를 허락하고 이어 9년에는 大圓覺寺를 중홍시켰는데 현존하는 유명한 13층의 寒水석탑은 이 때 만들어진 것이다(金守溫 〈大圓覺寺碑銘〉《속동문선》).

불교신자였던 세조가 후세에 큰 영향을 미친것은 《법화경》·《선종영가집》·《금강경》[126]·《반야심경》 등의 경전을 한글(諺解)로 번역한 것이다. 또 수많은 귀중한 불교서적들이 간행되었는데, 이와 같은 사업은 세종의 명에 따라 수양대군(세조)이 金守温과 승려들의 후원으로 이루어진 것이다. 세종 29년(1447)에 완성된 《석보상절》은 梁 僧祐가 쓴 《釋伽譜》와 唐 道宣이 쓴 《釋迦氏譜》를 자료로 삼아 찬술한 석가의 전기로서, 이 《석보상절》을 한글로 찬송을 만든 것이 《월인천강지곡》이다. '月印千江'이란 부처님이 백억의 세계에 몸을 나투어 교화하는 것이 마치 달이 천의 강을 비추는 것과 같다하여 월인천강이라 한다. 또 같은 해에는 《용비어천가》도 만들었다. 잇달아 《석보상절》과 《월인천강지곡》을 합편해서 저작한 것이 《월인석보》[127]로서 세조4년(1459)에 간행되었다.

이들 서적은 文學史的인 측면에서도 중요한 것들이며 《월인천강지곡》은 가요로서도 매우 우수한 작품이다. 또 여기에 씌어진 한글은 語學史 연구에도 중요한 자료이며 그 고판본은 書誌學的으로도 큰 의미를 갖는다.

後期 ── 연산군 이후의 폐불

燕山君

조선에서 가장 강력한 배불정책을 추진한 사람은 연산군이다. 이미 전대의 성종도 배불정책을 단행했었다. 6년(1475)에는 성 내외의 비구니 사찰 23개소를 헐어버리고 4년(1493)에는 승려가 되는 것을 금했다. 조선시대에 있어서 도첩을 받아 승려가 되는 데에는 《반야심경》과 《금강경》을 외울 수 있고, 인두세(丁錢)와 품질이 좋은 베 30필을 헌납하는 자는 도첩을 주어 승려가 되도록 했다. 이 제도에 의해 승려의 정식자격을 얻을 수가 있었지만, 성

126) 趙純香, 〈韓國金剛經信仰의 大衆化〉《考古美術》153, 1982. 3.

127) 江田俊雄, 〈釋譜詳節と月印千江之曲と月印釋譜〉《朝鮮佛教史の研究》(國書刊行會)에 수록.

종은 이 제도를 폐지하고 도첩이 없는 자는 환속시켜 그 중에는 승려가 없는 사찰도 있었다. 그러나 승과는 그대로 두었다. 승과란 승려의 지위와 자격을 부여하는 제도로서 국가의 검정고시에 의해 신분의 자격과 승계를 부여받고 대사찰의 주지가 되기 위한 제도였다. 이 승과제도를 전면 폐지시킨 사람이 연산군(1495~1505)이었다.

연산군도 덕종의 왕비, 仁粹태후가 건재하고 있을 때에는 그들의 명에 따라 성종을 위해 수륙법회를 시행하고 円覺寺에서 불경을 간행하기도 하고 사원을 중수하기도 했다. 그러나 10년(1504) 4월에 인수태후가 죽자 포악방종하여 원각사를 기방으로 만들고 성균관을 주안풍악의 장소로 사용했다. 또 다음 해에는 양종 본사인 홍천사와 홍덕사에 재앙이 있었던 것을 이유로 禪敎兩宗의 종무원을 성 밖으로 추방하여 경기도 광주 淸溪寺에 이주시켰다. 고려 光宗 이래 실시하던 승과도 폐지되어 한국불교는 큰 변혁기를 맞이하였다. 풍류를 즐기고 음탕한 생활을 한 연산군은 불교와 승려들을 박해했을 뿐만 아니라 성균관을 철거한 사실에서도 알 수 있듯이 유교에 대해서도 학대를 가했다. 승려는 거의 환속하고 말년에는 종무원 뿐만 아니라 도성내의 寺・社는 모두 폐지되고 사찰의 전답도 몰수되었다.

中宗

연산군의 뒤를 이은 중종은 한층더 철저한 배불정책을 추진했다. 4년(1509), 한양의 사찰을 모두 폐하여 공관으로 사용하고 7년에는 円覺寺를 철거하여 그 목재를 다른곳에 쓰고, 국가의 대토목공사에는 승려들을 사역시켰다. 연산군이 승과를 폐지한 결과 승려의 사회적 지위가 저하되어 우수한 자는 승려가 되는 일이 없고 무뢰한 무리나 범죄자, 유민들이 승려가 되었다. 따라서 파계승이 늘고 결국에는 위승이 출현하여 사찰을 거점으로 하는 도적단체가 나타나기에 이르렀다. 이로 인해 선량한 승려들에게는 호패를 주었지만 이 제도도 다음의 명종 5년(1550)에는 度僧法 부활을 계기로 자연히 소멸되었다.

明宗

인종이 재위 8개월에 승하한 탓으로 명종이 왕위를 계승했다. 명종대에는 유학자 이퇴계가 출현하여 유학의 융성한 시대를 맞이한다. 그러나 연소한 명종을 대신해서 정무를 보는 생모 문정왕후는 봉불자였다. 그는 중종의 배불정책을 바꾸어서 6년(1551)에는 승과를 시행하고 도첩을 주어 봉은사를 禪宗으로, 奉先寺를 教宗으로 삼았다. 이렇게 하여 연산군 이전의 제도를 부활하여 왕이 승하한(1565) 15년 간은 조선불교의 중흥기였다. 중흥의 조사이며 고려 보조국사와 더불어 그 명성을 같이 하는 서산대사 휴정이 나타나는 등 조선불교사에 있어서 중요한 한 시기를 맞이하였다.

당시 문정왕후에게 접근하여 교단의 세력을 확대시키고자 노력한 사람이 普雨이다. 왕후는 보우를 생불과 같이 존경했다. 보우의 진언에 따라 兩宗과 승과시험을 부활시켰다. 따라서 당시의 사람들은 보우를 요승이라 비난하고 보우가 왕후에게 접근하는 것을 경계했다고 한다(다음장 참조). 보우는 禪宗判事로서 봉은사에 머물었고, 중종의 능묘를 봉은사 가까운 곳으로 이장하여 봉은사를 중종의 菩提寺로 삼으려 했다. "宣陵의 근처에는 길조가 있어 마땅히 禧陵을 여기에 옮겨야 합니다"라고 왕후에게 진언했다. 희능이란 高陽郡에 있는 중종의 능묘를 가리키는 것이다.

20년(1565) 4월에 문정왕후가 죽자 명종은 친히 정사에 임하고, 보우를 탄핵하는 여론을 받아들여 제주도에 유배시켰다. 그 후 보우는 제주목사 邊協에게 창살 당했다. 보우와 함께 권세를 누린 尹元衡도 도망쳤고 그런 사건이 있은 다음 해에는 兩宗의 승과제도가 폐지되었다. 이렇게하여 불교도들은 구름이 흩어지듯 안개처럼 사라져 버렸지만, 짧은 기간의 승과에서 불교계는 많은 고승과 학장을 배출할 수가 있었던 것이다.

宣祖

선조는 이퇴계·이율곡과 같은 유학자를 신임했다. 또한 그렇게 불교를 강력하게 탄압하지도 않았다. 7년(1573), 義盈庫에 수장되어 있던 황납 5백근을 궁중으로 옮겼더니 유생들이 불사에 사용할 것이라고 오해하여 반발이 일어났기 때문에 義盈庫에 되돌려 놓았다. 또 淨業院의 비구니가 금강산 유점사에서 불사를 하려했기 때문에 有司에게 체포되어 옥에 구속되고 유생들은 상소를 올려 淨業院의 개혁을 강요했다. 이와 같이 배불사상이 열기를 더해가고 있을 때 임진왜란이 일어나 승려들은 하루 아침에 국가유용의 인물이 되었다. 승려들을 전쟁터로 보내어 국난을 막고 그 댓가로서 공이 있는 승려들에게는 승직과 지위를 주었다. 전쟁터에서 승군을 통솔하는 승려는 도총섭·부총섭의 칭호를 주고, 또 후방에서 큰 사찰의 승려들을 통솔·훈련하여 동원령이 있으면 즉시 승군을 우송하는 임무를 맡은 승려는 摠攝이라 했다.

26년(1592), 풍신수길의 군사가 한반도를 침략하자 묘향산 普賢寺에 머물고 있던 서산대사 휴정에게 호국의 군사를 일으키도록 칙명을 내렸다. 그는 73세의 노구를 이끌고 결연히 일어나 전국 사원에 격문을 발송하여 의병의 봉기를 호소했다. 서산대사는 의승 1천 5백명을 이끌고 順安 法興寺에서, 사명대사 유정은 의승 7백명을 이끌고 간성 乾鳳寺에서, 뇌묵대사 處英은 의승 1천명을 이끌고 전라도에서, 기허대사 靈圭는 의승 7백명을 이끌고 공주 갑사에서 일어났다. 의승들은 생사를 잊고 말을 타고 석장을 휘두르면서 선두에 서서 일본군과 격투했다. 그 중에서도 사명대사는 서산대사를 도와 분전했으며 산성을 쌓아 국난에 세운 공이 적지 않아, 선조는 환속하여 장군이 되기를 권유했다. 임진왜란이 끝난 뒤에는 강화사절의 한사람으로서 일본으로 건너가 포로송환에 전력을 기울였다. 또 사명대사는 5가지 조항으로 작성된 상소문을 선조에게 올려 대전란 후의 세상을 경영하는 강요를 진언했다. 그 중에는 승려들도 국가의 보호를 받아 산성방비를 위해 힘을 다할 것을 주장했다 한다. 사명대사야 말로 한국불교사에서 이채를 발한 걸승이었다. 사명대사가 입적하자 밀양에 表忠祠를 세우고 그 덕을 찬탄했다(서산·사명대사와 그 문하에 대해서는 다음장에서 상술하겠다.).

光海君

선조가 죽자 광해군이 즉위하여 황폐된 궁성을 재건하기 시작했는데, 8년(1615) 봄, 요승 性智가 풍수설을 이용하여 궁중귀족들과 사통하여 인왕산 밑에 仁慶宮을 세웠다. 建都監을 설치하고 무수한 민가를 철거하고 慶德·慈壽의 두 궁전을 지었다. 광해군의 서비 윤씨는 불도를 숭신하여 궁중에서 불상을 만들어 내외의 사찰에 하사했다.

仁祖

원년(1623) 5월, 승니가 궁성으로 들어 오는 것을 금지하고 仁慶宮을 파괴했다. 2년에는 남한산성의 축성에 승려들을 사역케 하고 승려의 대장을 팔도도총섭에 임명하였는데 이 자리에 覺性이 임명되었다. 성이 완성되자, 그 功에 따라 보상을 했는데 각성을 報恩闡教円照國一都大禪師로 지위를 높이고 특별히 가사와 발우를 하사했다. 14년(1636) 병자호란 때 지리산 화엄사에 있던 각성은 수 천의 승려를 이끌고 '항마군'이라 이름하여 북상했지만, 적이 물러갔으므로 돌아왔다. 효종 원년(1650), 지리산 화엄사를 禪宗 대가람으로 결정했다.

顯宗

유학이 점차 융성하여짐에 따라 왕도 또한 폐불의 정책을 강화했다. 원년(1660)에는 양민이 삭발하여 승려가 되는 것을 금지시켰다. 또한 이 법을 어기고 승려가 되는 자는 환속시키고 위법자는 죄과에 따라 벌을 주었다. 다음 해 정월에는 한양에 있는 가장 큰 비구니 사찰인 慈壽院과 仁壽院을 철폐하고 연소자는 환속케 하였으며, 노승은 성밖에 있는 비구니절로 옮기게 했다. 그리고 원내에 안치했던 역대왕의 위패는 봉은사의 예를 따라 모두 깨끗한 땅을 찾아 매장했다. 朱子가 절을 철폐하여 서당을 만들었던 전례에 따라 宋浚吉은 진언을 했고 이에 비구니 사찰이 있던 터에 北學을 세웠다.

肅宗

숙종은 배불정책을 약간 완화시켰으므로 숙종의 만년에는 궁전내에 불교가 깊게 침투해 왔다. 또 한편으로는 무지한 민중을 요사스러운 말로 현혹시킨 處瓊・呂還과 같은 요승들의 암약도 있었다. 한양 내의 사찰이 철폐됨에 따라 승려의 성내출입을 금지하였다. 그러나 불공이나 기도를 올리기 위해 승려가 성내에 출입하는 예도 있었다. 12년(1686)에는 불란서의 천주교 선교사가 청나라로부터 한양으로 들어와 포교하려 했지만 왕은 이를 엄금하고 국외로 추방했다. 37년(1711)에는 북한산성의 축조가 시작되어 3백 50여 명의 승려를 선발해서 왕성의 북변진호에 종사시키고 그 승려의 장을 八道都摠攝에 임명했다. 산성 내에는 重興寺・龍巖寺・太古寺・鎭國寺 등 11개소의 사찰이 지정되어 승려들에게 주어 鎭護의 영찰로 삼았다.

英祖

경종은 재위 4년으로서 불교에 대해서는 아무것도 알려진 바가 없다. 그러나 영조는 유교를 숭상하여 불교를 배척했다. 23년(1747)에는 무당과 淫祀를, 그리고 2년 후에는 승려들이 도성에 출입하는 것을 금했다. 34년(1758), 황해도에서 스스로 생불이라고 자칭하는 요녀가 나타나 민중을 현혹시키므로 왕은 어사 이경옥을 파견하여 그녀의 목을 참하게 했다. 이 때는 궁중, 또는 지방관청에서 사원에 대한 혹독한 재물 징수와 탈취가 심하게 강요되어 사원은 더욱 황폐해졌으며, 승려들의 노역도 한층더 심했다. 46년(1770)에는 능묘 근처에 사찰을 창건하는 것을 금했다. 그러나 임진왜란 때의 의승들의 활약에 존경의 뜻을 표하여 영조는 48년에 錦山에서 전사한 의승 靈圭를 비롯하여 7백 의승의 사당을 세웠다.

正祖

영조를 계승한 정조도 처음은 배불정책을 계승했다. 원년(1777)에는 원당을 금지했지만, 전체적으로 금지되지 않아 많은 원당이 남아 있었다. 願堂이란 원주를 위해 죽은 자의 위패를 모시고 명복을 빌고, 겸해서 원주의 장수와 행복을 기도하는 법당을 말한다. 이는 조선초기부터 궁전에서 시행해 오던 풍습으로서 이 원당을 자기의 사찰로 삼게 되면 관부의 혹독한 세금징수를 경감할 수 있다는 잇점이 있기 때문이었다. 이런 이유로 승려들은 앞을 다투어 원당을 세웠지만 조정은 그 폐단을 막기 위해 칙령을 내렸다.

그러나 전왕들에 비해 정조는 숭불의 마음이 돈독하여 14년(1790)에는 수원에 경기도 제일 대가람인 龍珠寺를 창건하여 寶鏡으로 하여금 도총섭에 임명했다. 정조의 총애를 얻는 파격적인 은전을 입어 용주사 창건을 강력히 추진하여 보경은 다시 팔도도승통을 겸임하게 되었다. 용주사에 모실 불상이 조성되자 승 仁岳에게 명하여 부처님 복장발원문을 쓰게 했다. 함경남도 안변의 석왕사에는 이성계가 봉납한 오백나한이 있었는데 기원하면 반드시 영험이 있다고 전해졌다. 왕자가 없던 정조는 왕비와 함께 3년간이나 기원하여 왕자를 탄생하였기 때문에 석왕사에 전답을 하사하고 왕이 스스로 감사의 비를 세웠다. 때를 같이하여 왕은 전남 순천 선암사에서도 기도를 올렸다. 16년, 석왕사를 창건한 無學대사와 스승인 慧勤 그리고 指空의 3師에 법호를 추증했다.

純祖~高宗

순조·헌종·철종·고종까지의 불교는 현상유지에 지나지 않았으므로 특별히 서술할 것이 없다. 왕실에서는 주로 천주교와 동학(천주교와 서학에 대항하여 일어난 민중종교)을 탄압했다. 순조 원년(1801), 천주교의 신봉자가 급속히 증가되어 감으로 왕은 이를 금하고 탄압하여 청나라의 선교사 周文謨을 비롯하여 많은 신도가 살해되었다. 15년(1815), 무당이나 승려가 성내에 들어오는 것을 금했다. 그러나 이와 같은 사실에서 전자에 이미 금지령이 있었던 것을 감안한다면 조선말엽까지 승려들은 금지령을 무시하고 도성출입을 하고 있었다는 점을 알 수 있다. 승려들은 궁중귀족들의 불교신자와 성 밖에 있는 사찰과의 연락을 맡아 없어서는 안될 필수적인 존재가 되었다. 헌종도 5년(1839)에 천주교의 금지령은 내렸으나 불교는 탄압하지 않고 도리어 인정하는 풍조가 생겼다. 철종 2년(1851), 領議政 權敦仁은 속리산 법주사의 수리자금을 위해 공명첩 4백장을 주었다. 이에 5년에도 金佐根은 철종에게 진언하여 유점사 山映樓 중수를 위해 공명첩 150장을 하사했다.

고종 2년(1865)에는 경복궁 창건을 위하여 3년간 승려들의 도성출입을 허락하여 노역에 임하도록 했다. 32년(1895), 왕명에 의해 승려들이 도성에 출입하는 것을 제재하지 않았다.

광무 6년(1902) 4월, 칙명을 내려 宮內府에 소속된 寺社管理署에서 전국 사찰에 관한 모든 사무를 맡게 했다. 7월에는 36조항의 사찰령을 발포했다. 이는 사찰의 모든 것을 국가 관리하에 두기 위함이었다. 사찰령에 따라 법회의 개최, 포교를 위한 전도가 공적으로 인정되고 그 밖에 승려의 법계와 지위, 승려의복의 3계급, 사원의 등급, 승려의 도첩이 승인되었다.

1910년, '한일합방'의 조약에 따라 한국의 왕실은 없어지고 일본의 식민지가 되었다.

조선총독부의 사찰령에 관해서는 3절 끝 부분에서 서술했다.

2. 高僧의 활약

自超와 己和

조선에 있어서 최초이자 최후의 왕사가 된 自超의(1327~1405) 호는 無學, 거실을 溪月軒이라 하였고, 속성은 박씨, 三岐郡의 사람이다. 18세 때에 小止선사에게 출가하여 용문산 慧明국사와 法藏국사에게 사사하고 여러 사찰을 역유하면서 수행했다. 공민왕 2년(1353) 원나라 연경으로 가서 지공과 나옹을 만났다. 무령산 · 오대산 등을 순례하기를 5년, 본국에 돌아와 나옹의 법을 계승하고 여주 고달산에 초암을 짓고 은거했다. 고려말에 왕사에 임명되었으나 굳게 사양하고 이태조가 즉위하자 개성으로 초빙, 왕사가 되었다. 이태조의 창업에 큰 공헌을 세운 自超는 원년(1393), 王師大曹溪宗師禪教都摠攝傳佛心印弁智無碍扶宗樹教弘利普濟都大禪師妙嚴尊者의 존호를 받고, 5년에는 79세로서 금장암에서 입적했다. 저서로는 《印空唫》·《無學秘訣》·

《無學國師語錄》·《佛祖宗派之圖》 등이 있다(〈檜巖寺妙嚴尊者塔碑〉). 제자에는 己和·退隱莊休·月江寶鏡·及菴道師·照月海澄 등이 있다.

자초의 법을 계승한 己和(1376~1433)는, 호가 得通, 구명은 守伊, 구호는 無準이며 속성은 劉씨, 충주 사람이다. 소년시절에는 성균관에서 유학을 배웠지만, 21세에 친구의 죽음을 보고 무상을 느껴 관악산 의상암에서 출가했다. 그 뒤에 회암사에서 자초에게 사사하여 법을 계승하고 여러 명산을 역유하다가 다시 회암사로 돌아와서 대오했다. 태종 6년(1406) 이후에는 공덕산 대승사·천마산 관음굴·佛禧寺 등에서 수행하고, 14년 자모산(平山), 연봉사에 작은 거실을 마련하고 '涵虛堂'이라 칭했다. 세종 3년(1421), 왕의 명에 따라 개성 대자사에 머물었고 先妣와 대비를 위해 명복을 비는 법을 설했다. 15년(1433), 희양산 봉암사에서 58세로 입적했다. 저서로서는 《円覺經疏》·《金剛經五家解說誼》·《般若懺文》·《綸貫》·《顯正論》·《永嘉集說誼》·《涵虛和尙語錄》·《儒釋質疑論》 등이 있다(〈涵虛堂得通和尙行狀〉). 이 중에서 《顯正論》 및 《儒釋質疑論》은 유학자들의 배불론을 破折하고, 불교의 바른 뜻을 나타내기 위해서 찬술한 것이다.

기화와 동문인 珍山은 혜근과 자초에게 참배하고, 회암사와 왕의 원당인 대자사에 주하면서 선종 宗師에 임명되어 한 때 道俗의 귀의를 받았다. 心地虛融대선사라 칭했다(〈涵虛堂語錄〉).

세종·세조기의 명승

信佛의 군주였던 세종에서 세조까지는 많은 명승이 배출되었다.

信眉는 '慧覺존자'라고 칭했는데 도행이 심히 높아 세조는 스승의 예로서 우대했다. 己和의 《金剛經說誼》를 교정하여 종래의 《金剛經五家解》에 삽입시켜 《金剛經五家解說誼》를 만들고 또 《禪門永嘉集》의 제본을 모아 교정하고, 《證道歌》의 彦琪 註 宏德 註, 祖庭註를 합하여 하나의 저서로서 간행했다.

守眉는 古朗州(전남) 사람으로 13세 道岬寺에서 출가하여 속리산 법주사에서 信眉와 만나 함께 절차탁마하여 경론과 계율을 배우고 二甘露門이라 칭했다. 후일 龜谷에게 禪을 배웠지만 계합하지 못하고 결국 碧溪正心의 제자가 되었다. 判禪宗事가 되어 故山의 도갑사로 돌아와 교화했다. 세조는 왕사에 임명하고 妙覺이란 호를 하사했다. 63세에 입적했다(〈靈巖道岬寺妙覺和尙碑〉《總覽》下).

雪岑[128](1435~1493)의 속명은 金時習, 자는 悅卿, 호는 東峯·淸寒子·梅月堂 등이라 했고 강릉 사람이다. 소년시절 재주가 뛰어나 세종은 이를 알고 우대했다. 단종이 폐위되자 출가하여 雪岑이라 諱했다. 양주 수락사, 경주 금어산 용장사, 설악산 오세암 등에서 살았는데 기이한 행동을 많이 보였다고 한다. 성종 12년(1481), 47세에 환속하여 처를 맞이하였지만 얼마 안가서 처가 죽음에 다시 입산하여 두타행을 닦았다. 24년(1493), 부여 홍산 무량사에서 입적하였다. 그는 세상을 한탄하고 불교로 도피했지만, 수행하여 깨달음을 열어 유희삼매의 생활을 한 희유한 사람이다. 문장도 격조가 높아 세조의 숭불시대에 출현한 걸출의 불교자였다. 불교관계의 저서로서는 《華嚴一乘法界圖註》[129]·《曹洞五位要解》·《十玄談要解》·《法華經別讚》(蓮經別讚)이 있다.

碧溪正心의 법맥

守眉가 사사했던 정심(~1464~)은 호가 벽계, 금산 최씨, 법을 龜谷覺雲에게 받았고, 후일에는 명나라로 가서 임제종의 雪堂揔統을 참배하고 심인을 얻어 귀국했다. 세조-성종-연산군의 시대에 활약한 조계종의 학승이었다(《佛祖源流》·《列傳》 제2).

정심을 사법한 자로서 智嚴(1464~1534)이 있다. 속성은 송씨, 부안 사람으로 당호는 碧松이며 호는 埜老이다. 소년시절에 문장과 검술에 뛰어나 용맹한 기풍이었다. 북방 야인 여진이 공격했을 때 전쟁에 나아가 공을 세웠지만

128) 鄭鉒東, 《梅月堂金時習硏究》 民族文化社, 1983.
129) 金知見, 《大華嚴一乘法界圖註幷序 —— 金時習의 禪과 華嚴》 金寧社刊 1983.

28세에 계룡산 와초암에 들어가 祖澄대사에게 참배하고 삭발했으며, 정심으로부터 傳燈의 밀지를 받았다. 그 이후 풍악 · 능가사와 지리산으로 들어가 수행을 쌓아 많은 후학들을 인도했다. 문하에는 靈觀 · 円悟一眞 · 一禪 등이 있었고 60~70명의 승도들에게 대승경전을 강했다. 저서는 《碧松集》이 있다. 이 책은 〈碧松堂埜老行錄〉과 〈慶聖堂休翁行錄〉의 두 행록이 수록되어 있기 때문에 《二老行錄》이라고도 부른다(《列傳》 第2).

靈觀(1485~1570)은 영남 진주 사람으로서 호는 隱菴 또는 蓮船道人이라 하고, 당호는 芙蓉이라 했다. 소년시절 속세를 벗어나 출가할 뜻이 강해 드디어 출가하여 고행을 거듭하다가, 17세에 삭발했다. 信聰법사로 부터 가르침을 받고 威鳳대사에게서 禪을 배웠다. 그 후 9년 초암을 짓고 좌선에 열중했다. 중종 4년(1509)에 용문산으로 들어가서 祖愚대사로 부터 선을 배우고, 청평산의 學梅禪子, 금강산 大尊庵의 祖雲대사에게 사사하였으나 결국 미숙함을 느껴 인연을 끊고 묵언 좌선으로 9년을 지냈다. 한번 고향으로 돌아간 적이 있으나 智嚴의 문을 두드려 결국은 대오하였다. 지엄이 입적하자 스승을 대신해서 대중을 인도하여 영남과 호남의 대종사가 되었다. 황룡산 · 팔공산 · 지리산 등지에 살다가 선조 4년(1570), 연곡사에서 입적했다. 제자에는 法融 · 靈應 · 淨源 · 信翁 · 眞機 등이 있으며 영관의 법을 계승한 휴정과 善修에 관해서는 장을 달리하여 뒤에 서술코자 한다(《芙蓉堂行蹟》, 《列傳》 권2).

一禪(1488~1568), 호는 休翁이라고도 하며 혹은 禪和子라고도 한다. 속성은 장씨, 蔚山 사람이다. 13세에 斷石山으로 들어가 海山법사에게 3년 엎드려 배우고 16세에 삭발했다. 24세 때 묘향산으로 가 문수암에서 수행하고 다시 지리산에 이르러 지엄에게 사사하여 밀지를 받았다. 이어서 東 금강산으로 들어가 十王洞에서 좌선하고 홀연히 대오했다. 표훈사의 승당에서 한 해 여름을 지내고, 천마산 · 오대산 · 백운산 · 능가산 등의 명산을 역유하였다. 중종 39년(1544)봄, 다시 묘향산 보현사 관음전으로 들어 갔다. 그 뒤 보현사와 내원사에서 좌선하기를 20여 년, 雲衲의 지도자가 되었다. 명종 13년(1558) 제자에게 太白山 上禪庵을 세우게 하고 이어 경성당을 건립하고 왕의 수명장수를 비는 도량으로 삼았다. 선조 2년(1569) 2월, 81세로서 입적했다(《慶聖堂行蹟》, 《列傳》 제2).

普雨의 불교중흥

普雨[130](? ~1565), 호는 懶庵, 당호는 虛應堂이라 하며 禪宗判事都大禪師에 임명되었다. 그 정치적 활동과 박해를 받아 제주도에 귀양을 간 내용에 대해서는 앞절에서 서술했지만, 야심과 역량을 가지고 있었던 보우는 학문도 뛰어났다. 저서는 《虛應堂集》[131](蓬左文庫所藏)·《懶庵雜著》·《水月道場空花佛事如幻賓主夢中問答》·《勸念要錄》이 있다. 이 중에서 《懶庵雜著》는 《虛應堂集》에 수록되어 있는 것을 별행본한 것이다. 보우는 《華嚴經》의 사상에 따라 교종의 입장을 명확히 하면서 염불공덕은 말하지 않았다. 유교와 불교의 일치, 선교융합의 입장에서 주장하는 교학사상이었다. 《東國僧尼錄》에서는 보우를 간사한 승려라고 열전하고 있지만 결코 요승도 간사한 승려도 아니며 지략과 지식을 겸비한 일대 걸승이라고 해야 옳을 것이다.

서산대사 休靜과 그 문하

휴정(1520~1604)의 활약(임진왜란시)에 대해서는 앞에서 서술한 바와 같지만 조선불교 역사상 가장 중요한 인물이다. 호는 청허, 속성은 최씨, 오랫동안 妙香山에 살았기 때문에 세상 사람들은 '서산대사'라 부른다. 10세에 고아가 되어 郡守를 따라 상경하여 12세 때는 수학하고 15세에는 진사에 합격했다. 세상을 떠나 출가할 뜻이 높아 21세에 崇仁장로에게 삭발하고 一禪화상으로부터 계를 받고 芙蓉靈觀에게 참배했다. 후일 오대산·금강산 등 명산을 두루 역유했다. 마침 명종이 승과를 실시함으로 이에 나아가 급제하고 敎宗判事都大師가 되고 다시 禪宗判事를 겸했다. 37세에 이 지위를 버리고 금강산

130) 徐閏吉, 〈普雨大師의 思想〉 崇山朴吉眞博士華甲紀念 《韓國佛教思想史》 圓光大, 1975.

131) 高橋亨, 〈虛應堂集及普雨大師〉《朝鮮學報》 14집, 1959. 10.

으로 들어가 여러 산중을 두루 다니면서 제자들을 양성했다. 선조 22년(1588), 요승들의 간언으로 사명과 함께 옥중생활을 한 적이 있었으나 결백이 드러나 선조의 명에 따라 석방되었다. 점차 명성이 높아지므로 불교계의 泰山北斗라고 숭앙했다(《淸虛集》 권2, 《列傳》 제2, 〈淸虛堂休靜大師碑〉 《總覽》下, 〈西山大師行錄〉 〈西山大師碑文〉 《寺刹》上).

임진왜란 후 묘향산으로 돌아갔고 도예가 높아 지리산·금강산 등의 여러 산을 왕래하면서 많은 제자를 배출했다. 37년(1603) 정월 23일, 묘향산 円寂庵에서 입적했다. 이 때 법랍이 65세였다. 저서에는 《禪家龜鑑》·《三家龜鑑》·《禪敎釋》·《禪敎訣》·《雲水壇》·《說禪儀》·《淸虛堂集》·《碧松行略》·《心法要》 등이 있다. 이 중에서 《禪家龜鑑》은 휴정의 사상[132]을 가장 잘 나타낸 것으로 한글 주석서도 있다.

휴정의 제자 1천여 명 중에 우수한 제자가 70여 명이며 법을 계승한 제자는 사명대사 惟政이다. 또한 법을 위촉한 3인의 고제자로서는 鞭羊彦機·逍遙太能·靜觀一禪이 있어 훗날 이들은 4파를 형성했다(뒤에 서술함). 또 임진왜란 때 활약한 제자로서는 雷默處英·敬軒·騎虛靈圭 등이 있다. 처영은 유정과 함께 승군으로서 뛰어난 영웅으로서 활약하고 義嚴은 都摠攝에 임명되고, 雙翼 또한 전쟁의 공적이 현저했다. 영규는 갑사 청련암에 있다가 趙重峯과 함께 봉기하여 청주에서 대승을 거두었지만 금산에서 전사했다.

서산·사명에 의하여 조선불교는 획기적인 전환기를 맞이하였다. 교리적으로는 수많은 종파가 분열되어 있던 것을 통일했고, 이로 말미암아 서산대사 이후에는 '서산종'이라 불렀다. 서산의 법맥이 전국 총림을 점거하고 오늘날까지 그 맥이 흐르고 있다. 선교양종을 크게 나누어서 教界는 教禪을 겸수하면서 좌선견성을 목적으로 하는 휴정의 입장은, 멀리 고려 보조국사의 법을 계승하는 것이며 가깝게는 正心一靈觀까지의 법을 계승한 것이라 하

132) 申正午, 〈休靜 一物觀について〉《東方宗敎》 제64호, 1984. 10.
古田紹欽〈李朝佛教における.西山大師休靜をめぐって〉《印度哲學佛教學》 제1호, 1986. 10.

겠다. 휴정은 염불을 하였지만 그것은 서방왕생을 위한 염불이 아니고 자성이 곧 아미타의 입장임을 알고, 일심으로 염불하여 확연하게 본래의 면목이 현전하는 것이 곧 서방정토에 왕생하는 것이라 했다. 염불도 견성과 같았다. 《三家龜鑑》에서 나타난 것처럼 유교·불교·도교의 합일을 주장했다(〈淸虛堂休靜大師碑〉《總覧》下).

海日(1541~1608)의 諱는 映虛, 거실을 普應室이라 불렀다. 속성은 김씨이며 19세 때 능가산 실상사에서 출가한 뒤 묘향산으로 들어가 휴정을 참배했다.

서산의 법맥은 4파로 나누어 주류를 이루어 왔는데 그것을 松雲派·鞭羊派·逍遙派·靜觀派라고 한다.

사명의 松雲派에 관해서는 다음 항에서 서술하기로 한다.

鞭羊파를 개창한 彦機(1581~1644)는 속성이 장씨, 죽주 사람으로 鞭羊堂이라 불렀다. 玄賓대사에게 출가하고 휴정의 심인을 얻었다. 금강산 천덕사·구룡산 대승사·묘향산 천수암에서 개강 설교했다. 저서에는 《鞭羊堂集》 3권이 있다. 제자에는 義諶이 있으며 휴정의 문하에서도 특히 편양파의 법손(뒤에서 서술함)이 가장 번성했다(〈普賢寺鞭羊堂大師碑〉〈白華庵鞭羊堂大師碑〉《總覧》下).

太能(1562~1649)의 호는 逍遙, 속성은 오씨, 潭陽 사람이다. 13세 백양사에서 출가하여 善修에게 사사하다가 뒤에 휴정으로 부터 심인을 얻어 금강산·오대산 등의 명산을 두루 다녔다. 임진왜란 때 승군으로 참가했다. 문하에는 懸辯·敬悅 등 수백인이 있어 逍遙파를 열었다(〈金山寺逍遙堂大師碑〉《總覧》下).

一禪(1533~1608)은 호가 靜觀, 성은 곽씨이며 연산 사람으로 15세에 출가하여 白霞禪雲에게서 법화경을 배우고 이어 휴정으로 부터 심인을 받았다. 문하에는 沖彦·太浩 등의 많은 제자가 있어 靜觀파를 열었다(《佛祖源流》《靜觀集》序).

敬軒(1544~1633)은 스스로 虛閑거사라 부르고,당호를 霽月堂이라 칭했다. 성은 조씨이며 호남 사람으로 15세에 출가하여 삼장을 배웠지만 휴정의 밑에

朝鮮의 法系譜(본서에서 열거된 고승에 한하여 그 법계를 대략 표시했다)

- 懶翁惠勤
  - 無學自超
    - 涵虛己和
      - 慧覺信眉
- 太古普愚
  - 幻庵混修
    - 龜谷覺雲
      - 碧溪正心
        - 妙覺守眉
        - 碧松智嚴
          - 芙蓉靈觀
            - 淸虛休靜
              - 松雲惟政
                - 松月應祥
                  - 虛白明照
              - 鞭羊彦機
                - 楓潭義諶
                  - 月渚道安
                    - 雪巖秋鵬
                  - 月潭雪霽
                    - 喚醒志安
                      - 虎巖體淨
                        - 蓮潭有一
                        - 雪坡尙彦
                          - 白坡亘璇
                      - 涵月海源
                  - 霜峯淨源
                    - 仁岳義沾
              - 逍遙太能
              - 靜觀一禪
            - 浮休善修
              - 碧巖覺性
                - 白谷處能
                - 翠微守初
                  - 栢庵性聰
                    - 無用秀演
                      - 影海若坦
                        - 楓巖世察
                          - 默庵最訥

서 대오했다. 그 후 금강산 내원동에서 수행하고 임진왜란 때에는 승군으로 참가하여 용감히 싸워 左營將으로 임명되었다. 다시 判禪敎兩宗事의 특명을 받았지만 이를 거부했다. 풍악·오대산 등으로 역유하였으며 문하에는 道一 등이 있다(〈虛閑居士敬軒大師碑銘〉《通史》上).

印悟(1548~1623), 자는 默契이며 호는 靑梅로서 휴정 문하에서 심인을 얻었고, 임진왜란 때에는 義僧將이 되어 전쟁에서 공을 세웠다. 지리산 天王峯 밑에서 76세로 입적했다. 저서에는 《靑梅集》이 있다(《靑梅集》序, 《月沙集》 권 40).

海眼(1567~?), 호는 中觀, 속성은 吳씨 무안 사람으로 처음은 雷默處英에게서 출가했지만 후에는 휴정에게 참배하고 승군에 참가했다. 저서에는 《中

觀大師遺稿》·《竹迷記》·《華嚴寺事蹟》·《金山寺事蹟》 등이 있다(《中觀遺稿集》 序, 《佛祖源流》).

一玉(1563~1633)[133], 호는 震默, 전북 만경 佛居村에서 태어났다. 7세에 전주 鳳栖寺에서 출가했다. 전기에는 異跡이 많아 신비의 설화에 차 있는 내용이 많다(《列傳》 제2).

사명대사 惟政의 활약

서산의 제자, 사명유정[134](1544~1610)은 국가적 공적면에서 본다면 휴정보다 높게 평가될 것이다. 속성은 임씨이며 자는 離幻, 泗溟 또는 松雲이라 불렀다. 일찌기 부모를 여의고 7세에 조부로부터 유학을 배우고 13세에 이르러 황악산 직지사의 信默화상에게 출가했다. 명종 16년(1561) 승과에 합격하여 직지사 주지를 역임하고 선조 8년(1575) 봉은사 주지에 임명되었으나 이를 사임하고 묘향산으로 가서 휴정에게 사사했다. 그 후 풍악·팔공산 등 명산을 역유하였다. 임진왜란 때 왜병이 유점사에 왔을 때 유정은 살생을 경계해서 그 흉폭한 행동들을 막으려고 10여 인과 함께 산문으로 들어 갔다. 왜병이 유정을 잡아 포박하여 대장 앞에 끌어 내었는데, 대장은 유정이 비범한 인물임을 알고, 포박을 풀고 대우를 했다 한다. 휴정이 묘향산에서 격문을 여러 산중에 전하자 유정은 솔선해서 이에 응하고 의승을 이끌고 전쟁에 참가했다. 휴정의 법을 이어 禪을 전했을 뿐만 아니라 군사에는 삼군의 장군으로서 활약했다. 임진왜란이 지난 뒤 강화사절로 일본으로 건너간 일은 너무도 유명하다(《泗溟集》《奮忠紓難錄》《列傳》 제2, 〈海印寺泗溟大師石藏碑〉〈乾鳳寺泗溟大師紀蹟碑〉《總覧》下). 유정의 언행을 쓴 책은 《泗溟堂大師集》·《奮忠紓難錄》이며 이외에도 上疏·跋文·書狀 등이 있다. 유정의 사상은 〈華嚴經跋〉 등에 의해 알 수 있다.

---

133) 韓基斗, 〈震默의 法風〉, 前揭《韓國佛教思想史》에 수록.

134) 朴鍾和, 〈四溟大師와 壬辰倭亂〉 白性郁博士頌壽紀念《佛教學論文集》, 1959.
金東華, 〈惟政의 思想〉 前揭《韓國佛教思想史》에 수록.

유정의 제자에는 應祥(1571~1645)이 있다. 이는 松雲派를 형성한 사람이다. 호는 松月이며 유정에게 참구하여 심인을 얻은 후 오대산·금강산 등지를 역유하였다. 인조 2년(1624), 왕명에 따라 남한산성의 축조에 임하여 유정과 함께 八道都摠攝에 임명되었으나 이를 굳이 사양하니 妙國一都大禪師의 법호를 하사했다.

응상의 제자에는 虛白明照·春坡雙彥·金峯天悟가 있다. 명조(1593~1661)의 속성은 이씨, 홍주 사람으로 虛白堂이라 불렀다. 유정에게 사사하고 이어서 玩虛堂 円俊에게 가르침을 받고 禪을 송월당 應祥에게 참구했다. 인조 5년(1627), 정묘호란(후금 淸의 제1차 침략)에는 八道義僧都大將에 임명되어 의승들을 이끌고 싸움터에 나아가 공을 세움으로서 嘉善大夫國一都大禪師를 수여받았다. 구월산 패엽사·묘향산 보현사의 영불대에 머물면서 69세로 입적했다. 저서에는 《虛白堂詩集》·《僧家禮儀文》이 있다.

浮休善修와 그 문하

광해군 때 불교홍륭을 위해 전력을 기울인 사람으로서 휴정의 동문 善修(1543~1615)가 있다. 호는 浮休, 속성은 김씨, 南原 사람이다. 지리산 信明에게 득도하고, 부용영관의 심인을 받았다. 독서를 게을리하지 않고 글씨를 잘 써서 유정과 함께 二難이라 일컬었다. 임진왜란 때에는 덕유산 草庵에서 왜병에게 잡혔지만 동요치 않고 태연했다 한다. 지리산에서는 狂僧의 무고로 옥중에 있었지만 무죄가 드러나 석방되었다. 광해군이 道要를 시문하고 붉은 方袍 등을 하사했다. 후에 송광사에서 칠불암으로 이주하고, 73세로 입적했다. (〈弘覺登階碑銘幷序〉《白谷集》). 문하에는 覺性·雷靜應默·待價希玉·松溪聖賢·幻寂印文·抱虛淡水·熙彥 등이 있어 7파의 문류가 탄생했지만 覺性의 문류가 가장 성왕했다. 선수의 법맥은 서산문하와 병행하여 한국불교의 큰 승단을 형성했던 것이다.

覺性(1575~1660)의 자는 澄円, 호는 碧巖, 속성은 김씨, 보은 사람이다. 14세로 출가한 뒤에 선수의 제자가 되어 그 법을 계승했다. 임진왜란 때 공을 세워 봉은사에 머물고, 判禪教都摠攝에 임명되었다. 인조 2년(1624), 남한산성을 축성할 때 八道都摠攝에 임명되어 3년만에 축성을 완성하자 報恩闡教円照國一都大禪師의 호를 하사했다. 병자호란(1636~1637, 清의 제2차 침략) 때에는 수천인의 의승을 '항마군'이라고 이름하고 이들과 함께 북상했지만 마침 전쟁이 끝났으므로 지리산으로 들어 갔다. 송광사·해인사 등을 다니면서 교화하고 화엄사에서 입적했다. 저서에는 《禪源集圖中決疑》·《看話決疑》·《釋門喪儀抄》가 있다(〈華嚴寺碧巖大師碑〉〈法住寺碧巖大師碑〉《總覧》下). 벽암문하에 대해서는 다시 서술하고자 한다.

각성과 동문인 熙彦(1561~1647)의 호는 孤閑(또는 고한도인)이며 속성은 이씨, 명주 사람이다. 덕유산에서 선수에게 法性円融의 뜻을 질문하고 3년 동안 사사했다. 광해군 14년(1621), 제를 광주 清溪寺에 설치했을 때 초청을 받고 導師가 되어 금란가사를 하사받았다. 유해를 새와 짐승들에게 주라는 유언을 남기고 입적했다. 문하에는 覺円·永周·宗悦이 있다(《白谷集》).

鞭羊派의 융성

서산문하의 4파 중에서 편양파의 법손에는 많은 학장과 고승이 배출되었다.

義諶(1592~1665), 호는 楓潭, 속성은 柳씨, 통진 사람이다. 16세에 출가하여 彦機의 지도에 따라 심법을 얻었다. 남쪽으로 역유하면서 奇巖·太能·覺性 등에게 참배했다. 후일 금강산과 보개산에서 《華嚴經》 등의 音釋을 저술하고 금강산에서 입멸했다. 제자에는 道安·雪霽·淨源 등이 있다(〈文殊寺楓潭大師碑〉〈普賢寺楓潭大師碑〉《總覧》下, 《列傳》 제2).

道安(1638~1715)은 호가 月渚이며 속성은 劉씨, 평양 사람이다. 9세에 출가하여 금강산 義諶에게 수학하기를 20년, 법을 계승했다. 화엄회를 설립하고 화엄원교의 진수를 선양한 탓으로 세상 사람들은 화엄종주라고 불렀다. 강의를 할 때에는 수백인이 모여 법석이 융성했던 일은 조선시대에 있어서 空前絶後라 했다. 그 학덕에 보답코자 조정에서는 도안에게 八道禪教都摠攝에 임명했다. 저서에는 《月渚堂大師集》·《佛祖宗派圖》가 있다. 제자에는 秋鵬·處湖·守一 등이 있다(《月渚堂大師集》 권下, 《列傳》 제2, 〈普賢寺月渚大師碑〉《總覽》下). 雪巖秋鵬(1651~1706)은 《雪巖雜著》·《雪巖亂藁》·《禪源諸詮集都序評》·《法集別行錄節要私記》·《妙香山誌》 등을 저술했다.

도안의 동문인 月潭雪霽의 제자에 禪敎에 밝은 고승으로 志安(1664~1729)이 있다. 지안의 호는 喚惺이며, 자는 三諾으로 춘천 사람이다. 15세에 출가하여 雪霽에게 심법을 얻었다. 후일 금산사에서 화엄대법회를 1천 4백여 명의 대중앞에서 열었는데 무고하게 고발을 당해 호남의 옥에 체포되었다가 다시 제주도로 유배되었다. 지안은 유배지인 제주도에서 입적했는데 그의 저서로는 임제·운문·조동·위앙·법안 5종의 대요를 서술한 《禪門五宗綱要》·《喚惺詩集》이 있다(《喚惺集》, 《列傳》 제3). 지안의 제자에는 海源·體淨 등이 있다.

지안의 제자 海源(1691~1770)의 호는 涵月이며 속성은 이씨, 함흥 사람이다. 14세에 출가하여 고승들을 두루 찾아다니며 참배하고 지안의 가사와 발우를 이어 받았다. 저서에는 《天鏡集》이 있다. 제자에는 勗泓이 있다(《列傳》 제3).

해원의 동문으로 체정이 있다. 체정의 호는 虎巖이며 광양 사람이다. 지안의 법을 이어 받고 해인사·통도사에 살면서 수백명의 학인을 지도했다. 문하에는 尙彦·有一 등이 있다(〈虎巖堂體淨大師碑〉《通史》上, 《列傳》 제3).

상언(1710~1791)의 호는 雪坡, 19세 출가하여 연봉과 체정으로 부터 법을 이어 받고 다시 벽암계의 회암에게서도 법을 배웠다. 33세에 용추사 대중들에게 초빙되어 강단에 올랐다. 상언은 三乘五敎에 능통하였으나 특히 화엄을 잘했다. 염불을 일과로 삼고 85세로서 입적했다(〈雪坡大師碑銘〉《通史》上). 저서에는 《淸涼鈔摘抉隱科》·《鉤玄記》가 있다고 한다.

상언과 함께 禪敎의 대 학장으로 알려져 있는 有一(1720~1799)의 자는 無二이며, 호는 蓮潭으로 화순 사람이다. 18세로서 출가하여 체정과 상언에게 학문을 연마하였으나 특히 체정의 법을 계승했다. 31세 보림사에 강당을 설치한 후 30여 년간을 여러사찰을 다니면서 禪教의 강의를 하였다. 저서에는《都序科目幷入私記》·《法集別行錄節要科目幷入私記》·《書狀私記》·《禪要私記》·《金剛經鰕目》·《円覺私記》·《玄談私記》·《起信論蛇足》·《華嚴遺忘記》·《諸經會要》·《拈頌著柄》·《蓮潭大師林下錄》·《心性論》·《楞嚴經私記》 등이 있다(《蓮潭集》 蓮潭大師自譜行業, 〈蓮潭大師碑〉《通史》上, 《列傳》 제4). 有一의 私記는 仁岳의 私記와 함께 불교계의 유명한 주석서로 알려져 있다.

義諶의 법을 이은 자로서는 도안과 동문인 霜峯淨源(1627~1709)의 5대 법손인 義沾(1746~1796)이 있다. 자는 子宜이며 호는 仁岳으로 달성 사람이다. 18세 때 달성 용연사에서 출가했다. 벽봉화상으로 부터《金剛經》·《楞嚴經》 등을 배우고 다시 화엄학의 대가 상언에게서 화엄을 배웠다. 23세에 이르러 비금·팔공·계룡·불영산 등의 여러 명산을 다니면서 경을 강의했다. 51세로서 입적하면서 경론의 많은 私記를 남겼다(〈仁岳和上行狀〉《仁岳集》《桐華寺仁岳大師碑》《總覧》下). 인악의 저서로는 《仁岳集》·《円覺經私記》·《華嚴經私記》·《楞嚴經私記》·《金剛經私記》·《禪門拈頌私記》·《書狀私記》가 있다.

이 이외 조선시대의 학장으로서 유명한 사람으로서는 亘璇[135](1767~1852)이 있다. 호는 白坡이며 호남 무장 사람이다. 12세 때 선은사 詩憲에게 득도하고 상언에게서 禪法을 받고 법은 설봉을 이었다. 백양산 雲門庵에서 강당을 개설하고 경과 선을 강의하여 많은 제자를 교육시켰다. 禪門의 중흥주라 불리운 亘璇은 특히 화엄을 잘했다. 저서에는《修禪結社文》·《禪門手鏡》·《六祖大師法寶檀經要解》·《五宗綱要私記》·《禪門拈頌私記》·《金剛經八解鏡》·《禪要記》·《作法龜鑑》·《文集》 등이 있다(〈白坡大師略傳〉《通史》上, 雪竇撰〈白坡大禪師行狀〉《列傳》 제4).

긍선의 학문을 계승한 학자로서는 枕溟翰醒(1801~1876), 道峯正觀, 雪竇有炯(1824~1889)등이 있다. 한편 지안의 법계를 계승한 사람으로서는 影波聖奎(1728~1812), 野雲時聖(1710~1776), 華潭敬和(1786~1848), 映虛善影(1792

135) 韓基斗, 〈白坡와 草衣時代 禪의 論爭点〉 前揭《韓國佛教思想史》에 수록

~1880) 등이 있다. 이들 禪敎의 학자들은 조선말기의 불교계를 장악했다.

碧巖문하의 활약

浮休의 법계는 벽암 覺性에 이르러 왕성해져 그 문하에서는 많은 인재를 배출했는데 그 중 守初와 處能이 걸출이었다.

守初(1590~1660)는 호가 翠微, 속성은 成씨로서 세종조의 충신이었던 성삼문의 후예이다. 한성 사람으로 어릴 때 부모를 잃고 출가하여 선수에게 참배하여 후일 각성에 의탁했다. 여러 명산을 역유하면서 수학하고 그 깊은 뜻을 밝혔다. 禪과 敎를 강의하여 교화에 전력하였으며 저서로는 《翠微集》·《佛祖源流》가 있으며 많은 제자를 양성했는데 이들 중에는 性聰·翠巖海瀾·雪坡敏機 등이 있다.

性聰(1631~1700)의 호는 栢庵, 13세로서 출가하여 18세에 지리산으로 들어가 守初에게 배알하고 9년간을 배워 법을 이었다. 30세에 이르러 명산을 역유하고 송광사·징광사·쌍계사 등의 여러 사찰에서 강의를 했다. 시문에 뛰어나 당시 유명인사들과 교유했다. 숙종 7년(1681), 큰 배가 서해의 荏子島에 표착했는데 그 배에는 명나라 平林거사가 校刊한 《華嚴經疏鈔》와 《大明法數》·《金剛記》·《會玄記》·《起信記》 그리고 《淨土寶書》 등 190권이 있었다. 성총은 이들 경론을 간행해서 세상에 홍포했다. 이로 인해 불교학자들에게 존경을 받아 일대 대종사로 추존되었다. 61세의 나이로 선암사 滄波閣에서 화엄대법회를 개설했다. 저서에는 《淨土寶書》·《緇門集註》·《栢庵集》·《持驗記》 등이 있었다 한다(〈栢庵大禪師碑銘〉《通史》上, 《列傳》 제3). 제자에는 秀演·石寶明眼 등이 있다.

秀演(1651~1719), 호는 無用이며 속성은 오씨, 13세로서 송광사 惠寬에게 출가하고 선암사 枕肱으로 부터 禪旨를 받고 다시 성총의 문하가 되었다. 31세에 징광사 등지에서 강의를 하였는데 숙종 45년(1719) 송광사에서 개최되었던 화엄·염송 등의 대회에서는 大會主로서 영접되었다. 저서에는 《無用集》이 있고 문하에는 影海若坦·普應偉鼎·玩華處解 등이 있다(《列傳》 제3,

《佛祖源流》). 影海若坦의 제자 楓嚴世察(1688~1767)의 문하에는 16현인이 배출되었는데 그 중 默庵最訥(1717~1790)이 《默庵集》·《華嚴科圖》·《諸經會要》·《內外雜著》·《心性論》 등을 저술했다.

각성의 문하로서 守初와 함께 二大上足이라 불렀던 處能(?~1680)은 호가 白谷, 속리산에서 출가했다. 東陽尉 申翊聖으로 부터 한문과 유학을 배운 유명한 문장가였다. 八道禪敎都摠攝에 임명되었다고는 하나 상세한 전기는 알 수 없다. 저서에는 《白谷集》·《任性堂大師行狀》이 있다. 불교탄압에 대해 올린 〈諫廢釋敎疏〉의 상소는 대단한 문장이었다 한다(《白谷集》《佛祖源流》).

3. 교단제도의 변천

종파의 변천

조선 초기에는 조계종·총지종·천태소자종·천태법사종·화엄종·도문종·자은종·중도종·신인종·시흥종의 11종이 있었다. 이들 종파를 간단히 소개한다면 조계종은 禪宗, 총지종은 다라니종(眞言), 天台疏字宗과 법사종은 천태종의 2파, 도문종은 확실하지 않고(화엄종의 일파), 중도종은 삼론종, 신인종은 밀교, 남산종은 律宗, 자은종은 법상종에 해당되는 것이라 생각된다. 시흥종에 관해서는 蓮宗(정토종), 천태종, 열반종 등에 해당시키고 있어 확실[136]하지가 않지만, 아뭏든 이 모든 종파가 고려말에 생긴 신종파로서 교종에 속하고 있다.

11종은 태종 때 7종으로 통합되었다. 즉, 조계종·천태종·화엄종·자은종·중신종·총남종·시흥종이다. 중신종은 中道와 神印을 합해서 1宗으로 삼고, 총남종은 摠持와 南山을 합해서 1宗으로 삼았다. 또 천태종은 천태소

136) 高橋亨, 《李朝佛教》 pp.140~144.
李能和 《朝鮮佛教通史》下, pp.330~333.
金映遂, 〈五教兩宗에 대하여〉 《震檀學報》 제8권, 1937. 11.

자종과 천태법사종을 합해서 하나로 만든 것이다. 세종 6년(1424)4월, 조계·천태·총남의 3종을 합해서 禪宗으로 하고, 화엄·자은·중신·시흥의 4종을 합해서 교종으로 삼았다. 그리하여 홍천사를 禪宗都會所로 삼고 홍덕사를 敎宗都會所로 삼아 선교양종을 36사에 예속시켰다. 또 승록사를 폐지하고 그 소속의 노비 3백 84명을 선교양종 도회소에 분배시켰다. 선종은《傳燈錄》과《拈頌集》을, 敎宗은《화엄》·《십지론》을 시험과목으로 삼았다. 그러나 승과가 폐지됨에 따라 조선시대의 승려들은 선과 교를 겸수하여, 禪宗은《전등록》과《염송》을 본과로 하면서도 교종의 경론을 함께 배웠다.

僧階와 僧職

조선의 승계와 승직은 초기에는 고려에서 시행한 것처럼 국가가 이를 수여했다. 승계의 최상위는 한 나라의 스승인 국사이며 다음으로 왕의 스승이 되는 왕사가 있었지만 태종 5년(1405), 국사·왕사 제도가 폐지되었다. 그러나 승록사는 그대로 두고 선교 7종은 3년에 한번씩 시험(승려임용시험)이 시행되어 승계가 주어졌다. 선교양종제도가 되어도 3년에 한번씩 시험이 시행되어 각각 30명을 선발했다. 시험에는 禪宗判事, 掌務, 傳法 3인과 證義 10명이 함께 자리를 같이 했다. 시험에 합격하면 大選의 칭호를 받았다. 선종의 승계는 中德, 선사, 대선사의 순서로 진급하고 대선사가 되어야 禪宗本山인 홍천사의 주지가 되며 또한 禪宗判事가 되는 자는 특히 都大禪師에 임용했다. 또 교종으로서는 大選에서 中德, 대덕, 대사로 진급하며 대사가 되어야 교종본산인 홍덕사 주지가 되고, 또한 敎宗判事가 되어야만 都大師에 임용되어 최고 승계를 수여받았다. 각 사찰 주지가 되는 자격은 中德 이상으로 규정되어 있었다. 세종 6년(1424) 예조에 소속되어 있던 승록사가 폐지되었다. 원래 승록사는 兩街都僧錄(각1명)과 左右街僧錄(각1명)이 있고 都僧錄을 都僧統, 승록을 승통이라고도 불렀다.

선조 이후에는 승계제도가 승직제도로 바뀌어 서산대사는 禪敎十六宗都摠攝에 임명되었다. 총섭의 칭호는 고려 나옹 慧勤에서 시작된 것이나, 승장을 의미하는 총섭은 서산대사가 처음이다. 도총섭의 제2대는 송운대사 惟政이며 그 이후에는 남한산성 신축의 大役의 책임자가 되었던 승려가 도총섭에 수여되었다. 또한 인조(1623~1649)에 이르러서는 《李朝實錄》을 명산에 수장하고 있었는데 《실록》을 지키고 있는 절이나 城은, 강릉 월정사, 무주 적상산성, 봉화 각화사, 강화 전등사의 4개 사찰로서, 이들 사찰의 주지는 총섭이라 불렀다. 그 밖에 태조의 祭殿이었던 석왕사, 宣禧宮의 원당이었던 법주사, 예종의 원당이었던 유점사, 대장경을 소장하고 있는 해인사 등 4개 사찰의 주지도 총섭이라고 불렀다.

또 정조(1777~1800)때에 밀양 表忠祠를 세워, 院長·도총섭·都有司·도승통의 4인의 승직을 두었지만, 해남 大芚寺의 표충사, 묘향산 酬忠祠에는 도총섭만을 두었다. 남한산성과 북한산성의 도총섭은 왕실과 국가를 위해 기도를 했고, 三祠의 도총섭은 제사의 의식을 주재하는 것을 의무로 했다. 그러나 점차 유명무실하게 된 승직은 결국은 한직이 되고, 총섭을 理判, 승통은 事判이라 했다. 한편 수원 용주사의 주지는 팔도도승통으로 칭하고 전국승려의 규율을 바르게 하고 승풍을 진흥시키는 역할을 맡았다. 이와 같은 전례를 따라 대사찰 주지는 총섭과는 달리 승통·도승통의 칭호를 사용하고 있었다. 僧風規律의 제도에는 봉은·봉선·개원·중흥·용주의 5사찰에 규정소가 설치되었다.

사원 통제관리에 있어서는 광무 6년(1902), 궁내부에 寺社관리서가 설치되었지만, 2년 후에 폐지되고 승제는 1911년에 발포된 사찰령에 따라 통제하게 되었다.

승려의 두 종류——理判僧과 事判僧

조선시대에는 모든 사찰의 업무에 종사하고 있는 승려를 '사판승'이라고 하고, 참선·강경·수행·홍법 등을 전임하는 승려를 '이판승'이라 불렀다. 이판승은 '공부승'이라고도 했는데 불교탄압 정책에서 조선불교 교단이 말기에 이르도록 傳燈을 계승하여 祖道의 명맥을 유지한 것은 이판승이었다.

또 불교사원의 황폐를 방지하고 사찰재산을 안전하게 확보할 수 있었던 것은 사판승의 공적이라 하겠다.

이판승과 사판승, 어느 한 쪽이 없어지면 불교 법등과 가람의 보호는 할 수 없게 되었다. 그러나 조선말기에 와서는 사판승의 수가 늘어감에 비해 이판승의 수는 극소수에 불과했다. 사판승이라 하여도 전통있는 대사찰을 수호하고 중창하는 사람은 사판승이라는 명칭을 하고 있을 뿐 이판승의 면모를 겸비한 사람들이었다고 하겠다.

甲契와 念佛契

선조까지는 대사찰은 궁중에서 하사받은 전답이나 양반귀족들이 기증한 토지, 재물 등을 소유하고 있었다. 그리하여 생활은 풍족하고 대사찰에는 많은 승려들을 부양할 수 있는 수입이 있었다. 그러나 작은 절에서는 제사의 제식을 행하거나 탁발, 기도수법에 의해 받은 보수로 생계를 이어갔다. 임진왜란에 사찰토지가 황폐하게 되어 甲契[137]제도가 생겼다. 이 제도는 한 사찰내에 子年에 태어난 사람부터 巳年에 태어난 사람까지, 그리고 午年에서 亥年까지 태어난 승려들이 모여 하나의 단체를 만들어 매월 또는 매해 일정한 자금을 내어 그 재산으로 이자를 받아 상당한 액수에 달하면 전답을 구입하여 절에 기부하는 제도가 생긴 것이다. 사찰의 재산을 증식시키기 위해서 조직되었던 것이다.

甲契와 함께 念佛契가 만들어졌다. 한 사찰을 중심으로 하여 염불수행하는 승려들이 모여, 그 염불회를 존속시키기 위해 약간의 토지와 돈을 거출하는 제도로서 '萬日會'라고도 하였다. 즉 念佛結社의 하나였다.

조선의 대사찰에는 반드시 坐禪堂과 講學堂 및 念佛堂의 세 법당이 있었다. 염불당에서 개최되는 법회는 만일회라 하여, 萬日로 한정하여 수업을 한다. 그 주임에는 '화주'라고 하는 役僧을 두어 전답 등을 갖고 독립된 경영을 했다. 경남 吾魚寺 염불계의 비문에 의하면 순조 11년(1811), 이 절의 승려들

137) 李載昌, 〈朝鮮時代 僧侶甲契의 硏究〉《佛敎學報》 제13輯, 1976.

과 마을 사람 150인이 협력해서 금전을 각출하여 계를 만들고 이를 이식해서 토지를 구입하여, 그 수확으로 염불당의 유지를 계획했다고 한다. 염불계는 경상도 및 전라도에서 성왕했는데 그 유행에 따라 非俗·非僧의 거사가 점차 증가해갔다.

佛書의 간행

고려시대에는 대장경 뿐만 아니라《祖堂集》등 고려판 禪籍[138]이 간행되었다. 조선시대에는 불교를 탄압하였지만 불서[139]간행은 오히려 수가 많아졌다. 조선 5백년 동안 2백 54종의 불서가 4백 64회에 걸쳐서 간행되었다. 불서간행을 위해 세조는 刊經都監을 설치했다. 간행된 諺解板 불서에는《능엄경》·《법화경》[140]·《般若心經》·《金剛經》·《선종영가집》등이 있고 한문불서에는《華嚴經合論》·《大日經演密鈔》·《起信論筆削記》등이 있다. 刊經都監에서 출판된 경판을 '官版'이라고 한데 비해 각 사찰에서는 '寺版'의 불서가 많이 간행되었다. 일본 江戶시대와 같이 상인들이 불서를 간행하는 일이 없이, 승려가 인쇄 제본 등의 일을 담당했다. 사판의 불서를 보면 책 끝에 시주한 자의 이름과 刊記, 그리고 개판연유가 기록되어 있고 권말에는 간행의 年時·장소·절 이름 등이 기록되어 있다.

한문불서의 간행은 경·율·론과 그 주석, 禪의 어록, 진언(다라니) 등이 있다. 다라니는 민간신앙에 특히 많이 사용된 것으로 다라니를 인쇄해서 서민들에게 나누어 주었다. 그 중에는 宗密의《禪源諸詮集都序》와 같이 난해한 책도 간행했으나, 조선말기가 되어서는 난해한 서적의 간행은 점차 줄어들고 통속화된 위경의 종류가 많이 간행되었다. 한글로 간행된 것으로는 僞經이나 정토경전 등이 있었다. 위경에는《天地八陽神呪經》과《十王經》처럼 도교와 습합된 경전,《부모은중경》처럼 유교와 습합된 것도 간행되었다.

---

138) 椎名宏雄, 〈高麗版禪籍と宋元版〉 駒澤大學《佛教學部論集》 제15호, 1984. 10.
139) 黑田亮, 〈朝鮮佛書に就いての綜合的考察〉《朝鮮舊書考》 岩波書店, 1940.
140) 江田俊雄, 〈朝鮮版法華經異版考〉《靑丘學叢》 제22호, 1935. 11.

불서간행의 유명한 사찰로는 해인사・송광사・보현사・석왕사 등이 있는데 해인사에는 현재도 당시 간행되었던 귀중한 경판과 불서가 보존되어 있다.

寺刹令와 30본산제도

1910년 한일합병의 조약이 조인되어 형식상으로도 완전히 식민지가 되었다. 다음 해 11년 6월에는 조선총독부가 사찰령을 발포했다. 광무 6년(1902) 4월 칙령으로 발포한 36개의 사찰령의 정신을 살려, 사찰재산의 안정을 보증하고, 30本山을 두고, 승려들의 직책이 포교와 전도에 있음을 규정하여 혼란해 있던 종교행정을 정리했다. 그 때의 사찰령이란 다음과 같은 7조항으로 형성된 것이었다.

제 1 조 : 사찰을 병합 또는 이전하거나 폐지하려고 할 때에는 조선총독부의 허가를 얻을 것. 또 근거지나 그 명칭을 변경할 시에도 또한 같음.

제 2 조 : 사찰의 근거지나 가람은 지방장관의 허가를 얻지 않고서는, 전법포교, 법요집행 및 승려 거주에 관한 목적 이외에는 사용하거나 착복해서는 안된다.

제 3 조 : 사찰의 본말사관계, 승규법식 그 이외의 필요한 사법은 각 본사에서 이를 규정하고 조선총독부의 허가를 얻을 것.

제 4 조 : 사찰에는 주지를 둘 것. 주지는 그 절에 속하는 모든 재산을 관리하고 사무와 법요집행의 책임과 사찰을 대표한다.

제 5 조 : 사찰에 소속된 토지・산림・건물・불상・석조물・고문서・고회화 등, 기타 귀중품은 조선총독부의 허가를 얻지 않고 임의로 처분할 수 없다.

제 6 조 : 전조의 규정을 위반한 자는 2년 이상의 징역 또는 500원 이하의 벌금에 처한다.

제 7 조 : 본 사찰령의 규정 이외에도 사찰에 관해 필요한 사항은 조선총독이 이를 결정한다.

본 사찰령은 9월 1일에 시행되어 사찰과 승려들의 신분이 공식적으로 인정받고 주지직의 권한도 명확하게 되어 사찰의 재산도 완전하게 보호를 받게 되었다.

이어 다음 해 7월 사찰령의 시행규칙이 발포되고 30개소의 본산이 지정되었다. 본산은 다음과 같다.

경 기 도 광주군 奉恩寺, 양주군 奉先寺, 수원군 龍珠寺, 강화군 傳燈寺.
충청북도 보은군 法住寺.
충청남도 공주군 麻谷寺.
전라북도 전주군 威鳳寺, 금산군 寶石寺.
전라남도 장성군 白羊寺, 순천군 松廣寺, 순천군 仙巖寺, 해남군 大興寺.
경상북도 문경군 金龍寺, 의성군 孤雲寺, 영천군 銀海寺, 달성군 桐華寺, 경주군 祇林寺.
경상남도 합천군 海印寺, 양산군 通度寺, 동래군 梵魚寺.
강 원 도 간성군 乾鳳寺, 간성군 楡岾寺, 평창군 月精寺.
함경남도 안변군 釋王寺, 함흥군 歸州寺.
황 해 도 신천군 貝葉寺, 황주군 成佛寺.
평안남도 평양군 永明寺, 평원군 法興寺.
평안북도 영변군 普賢寺.

1924년 이 30본산에 구례 화엄사가 추가되어 31본산이 되었다. 본산은 말사에 대한 지배권을 갖고 있었기 때문에 말사에 살고 있는 승려들은 본산제도에 대해 불쾌한 생각을 표명하여 사찰령은 사찰 개개의 권리가 박탈되고 승려들을 속박하는 것으로 받아들여졌다. 각 본산에서는 사찰령의 취지를 근본으로 하여 각각 사찰법을 제정했다. 그 중에서는 승려의 위계질서와 종립학교에 관한 규정도 포함되어 있었다. 이에 따라 학력있는 승려들을 양성하는 길이 열렸다.

31본산이 제정한 사찰법 중에서 법요식에 있어서 일본의 紀元節・天長節 등을 축리법식일로 정하고, 神武天皇祭, 神嘗祭 등을 法恩法式日로 정하고,

천황의 성수만세의 尊碑를 본존 앞에 봉안하도록 한 것은 한국불교가 허용할 수 없는 폭력이었다. 신라 · 고려 · 조선으로 이어진 1천 5백여 년간 불교국가로서 전통을 갖고 있는 한국불교에 대한 모욕과 멸시가 매우 심했던 정책이라 하겠다.

제 5 장 현대 한국의 불교

제 5 장 현대 한국의 불교

1. 한국불교의 현상

새로운 한국불교

1945년 제2차 세계대전이 종식되어 대한민국이 독립을 하면서 한국불교는 일본불교의 지배와 그 영향권을 부정하고 새로운 의미로서의 불교를 부흥시켜갔다. 즉 1945년 10월에는 전국승려대회를 열고 일제의 사찰령과 조계종 총본산인 태고사의 사찰법 및 31본산 말사법 등을 전면적으로 폐지하고 새로운 한국불교의 종교법헌을 제정할 것을 결정했다. 그리하여 중앙에는 한국불교 총무원을 두고 지방의 각도에는 교무원을 두어 전국사원을 통괄했다.

조계종에서는 한국불교 조계종 초대 종정으로서 朴漢永을 추대하고 중앙총무원장에는 金法麟이 선출되었다. 또 李法雲은 서울 근교에 각 사찰 청년들을 모아 '불교중앙청년단'을 결성하고 불교청년운동을 전개했다. 1946년 3월에는 청년승려로서 白碩基·柳聖甲·朴奉石 등이 '불교청년당'을 조직하고 불교유신운동을 일으켰다. 1947년에는 金龍潭·郭西淳·李佛化 등이 '혁명불교도동맹'을 결성하여 불교의 혁신을 주장했다.

1950년 6·25 전란으로 인하여 유명한 사찰이 많이 소실되고 전란 후 불교도들 사이에는 자각적 소리가 높아감에 따라 한국불교는 주체와 자립의 길을 본격적으로 걷기 시작했다. 그로 인한 첫걸음은 대처승의 추방이었다. 한국

본격적으로 걷기 시작했다. 그로 인한 첫 걸음은 대처승의 추방이었다. 한국불교의 역사적 전통에서 보면 승려가 계율을 엄수하였다. 승려가 대처를 하는 것은 있을 수 없는 일이었지만, 일본불교의 영향으로 일제시대에는 대처하는 승려와 축첩하는 승려가 배출되어 조계종의 전통이 파괴되었다. 그리하여 우선 대처승을 추방하고 사원의 생활을 바르게 하는 정화운동에 착수했다.

1954년 5월 23일, 이승만 대통령은 "대처승은 사찰에서 퇴거하라"는 담화문을 발표했다. 이를 계기로 교단은 대처파와 비구파가 분리되어 상호간에 투쟁이 일어났다. 즉 비구승은 총무원이었던 태고사를 점령하고 '曹溪寺'라 개명한 뒤, 薛石友 和尙을 종정으로 추대하고 조계종 총무원으로서 종무집행을 하기 시작했다. 한편 대처승으로서는 사간동 法輪寺에 총무원 간판을 걸고 宋曼庵 화상을 종정으로 추대하고 종무집행을 했다. 이와 같이 양파가 대립하여 7,8년에 걸쳐 분쟁을 계속했지만, 1962년 양파의 통합재건을 위해서 '佛敎再建委員會'가 설립되고 잠시 동안은 통합종단으로 운영했다. 그 후 얼마되지 않아서 法輪寺의 安德庵·李南賢 등의 승려들은 통합종단의 비합리성을 주장하고 탈퇴를 선언, 宗憲의 불법적 통과를 법원에 고소했지만, 1969년 法輪寺측이 패소하여 양자의 분쟁은 종결을 보게 되었다.

현재 한국의 불교종파는 조계종에서 분리된 태고종이 있고, 신흥종파로서 원불교·진각종·원효종·천태종·용화종·미륵종·용화동승회·용화불사·대동불교신흥회·미륵정심교 등 많은 교단이 설립되었다. 중요한 교단의 조직·종지·교단의 형세 등에 관해서 간단히 소개한다면 다음과 같다.

主的인 교단

大韓佛敎曹溪宗

고려 신종 3년(1200) 보조국사에 의해 개창된 송광산 吉祥寺를 희종 원년(1205)에는 조계산 修禪社(지금의 송광사)라 하였는데 이 수선사가 조계종의 본산이 되었다. 조계종은 五敎九山이 통합하여 성립된 것이다. 그 후 覺儼·

普愚·慧勤·幻庵·粲英·覺雲·無學 등의 선사들에 의해 계승되었다. 1941년에는 북한산 태고사를 지금의 종로구 수송동으로 옮기고 조선불교총본산으로 삼았다. 그 후 다시 조선불교조계종으로 개칭하였으나 1945년 대한민국의 국호와 함께 대한불교조계종[141]으로 개칭하여 현재에 이르렀다.

현재 조계종의 조직은 종정을 비롯하여 감찰원(규정원)·총무원·중앙종회를 두고, 총무원 24본산제도가 확립되었다. 24본산은 조계사(총무원직할)·용주사·신흥사·월정사·법주사·마곡사·수덕사·직지사·동화사·은해사·불국사·해인사·쌍계사·범어사·통도사·고운사·금산사·백양사·화엄사·선암사·송광사·대흥사·관음사·선운사이다. 현재는 봉선사가 가입되어 25본산이 되었다.

총무원의 직제는 총무부·교무부·재무부·사회부·규정부의 5부로 분리되어 종무를 통괄하고 있다. 또 교육기관으로는 종립학교인 동국대학교가 있고 고등학교로는 광동산림고교(양주) 보문고등학교(대전), 금산상업고교(김제), 정광고등학교(광주), 능인고등학교(대구) 해동고등학교(부산), 충무상업학교(진해), 대동상업고등학교(계동), 홍국고등학교·명성여자고등학교가 있다. 중학교로는 광동중학교(양주), 보문중학교(대전), 금산중학교(김제), 정관중학교(광주), 능인중학교(대구), 동국중학교(의성), 해동중학교, 금정중학교(부산), 보광중학교(양산), 홍제중학교(밀양), 보문중학교, 충무중학교(진해), 대동중학교, 홍국중학교, 명성여자중학교가 있다. 국민학교로는 金抨국민학교(김제), 은석국민학교가 있다.

전국신도회의 조직으로는 총재에 고문단이 소속되어 있고, 지도위원회·감찰위원회·회장·대의원회 등 4부와 부회장·사무총장이 있다. 그리고 총무부장·교무부장·재무부장·조직부장·섭외부장·사업부장·사회부장·부녀부장·청년부장이 있고, 이들 부서에는 2명의 차장이 소속되어 운영되고 있다.

---

141) 대한불교조계종에 관해서는 李耘虛편, 《佛敎辭典》(1961년, 法寶院) 및 《佛敎寶鑑》(1967년, 대한불교조계종)에 의준한 것임.

한국불교태고종

5·16군사혁명 이후 대처승을 중심으로 성립되었다. 1970년 1월15일에 정식으로 선포하고 같은 해 5월 8일 불교재산관리법에 따라 단체 및 대표자가 등록되었다. 太古宗[142]은 조계종에서 분리된 종단이라 할 수 있고, 종지·역사의 근원은 조계종과 같지만, 그 宗祖는 다르다. 즉 석가모니불을 교주로 하여 태고보우(1301~1382)를 종조로 삼아 그 법맥을 幻庵混修·龜谷覺雲·碧溪正心·碧松智嚴·芙蓉靈觀·淸虛休靜(혹은 浮休善修)으로 하여 오늘에 이르기까지 계승되어 왔다. 종지로서는 석가의 自覺覺他의 覺行圓滿한 가르침을 중심으로, 太古宗祖의 종풍을 넓혀 나아가는 것을 목적으로 하는 것이다. 수행방법은 참선·염불·강경 등에 의한다. 정진으로 자성을 깨닫고, 종조의 가르침을 따라 "승속이 함께 교우로서 행하는 仁慈의 마음이야말로 萬化의 근본이다"라고 한 정신을 체득실천하는 것이다. 지금은 성북동에 새 청사를 세워 그 곳에 모든 기구를 옮겼으며, 태고종의 조직은 종정·총무원장·총무부장·교무부장·재무부장·사회부장·司書로 이루어져 있다. 창립당시의 사원수는 1천 61개소, 승려 2천여 명, 신도수 128만 6천명이었다.

대한불교진각종

1946년에 心印佛教로서 창립하고 7년 후인 53년에는 總印會를 조직함과 함께 그 종명을 진각종이라 개명했다. 진각이란, 대각·묘각을 의미하는 것으로서 깨침을 근본교리로 한다. 본래는 밀교이다. 본종의 개조자 孫珪祥은 항상 '六字大明王呪'를 염송하고, 종조로서 경주·포항·대구 등지에서 포교했다. 수 많은 신도를 얻어 1966년 본부를 성북구 월곡동으로 옮겨 45세로서 입적했다(1946년). 1968년에 서울 총인원 본관과 함께 종조의 탑비가 건립되었다.

---

142) 태고종에서 유가·밀교까지는, 李喜秀, 《土着化過程에서 본 韓國佛教》(1971年, 佛書普及社)에 의함. 또 현재의 한국종단 종파의 현황에 대해서는, 成和社편, 《韓國宗教總鑑》(1973, 週刊宗教社)를 참조한 것임.

대한불교불입종

원래 법화종의 교리에서 분립하고 현 종주 李泓宣師가 1965년 10월 서울 동대문구 숭인동 妙覺寺에서 창립했다. 이홍선사도 원래 일제시대에 일본 법화종계통에서 득도하여 佛入宗의 창설까지는 다른 교우와 함께 당시 분열되어 가는 법화종의 통합을 목표로 운동을 시작했다. 그러나 염원에는 미치지 못하고 분립하여 불입종을 창립한 것이다. 《화엄경》·《법화경》·《금강반야경》·《기신론》 등에서 설한 '佛知見'을 깨닫는 것을 종지로 하고 신행방법은 종래의 법화종에서 '南無妙法蓮華經'을 염송하는데 그것을 범어로 염송하는 것이다. 서울 숭인동의 본부 외에도 충청도·경상도를 비롯한 지방에 지부를 두고 있다. 교도는 3만 7천명이라 한다.

대한불교정토종

申東煥師에 의해 창립된 본종은 1965년에 문공부에 등록하고 서울 서대문구 불광동에 본부를 두었다. 아미타불을 주불로 봉안하고《無量壽經》을 소의경전으로 삼고 있다.

대한불교원효종

1963년 9월에 金敬澤師를 중심으로 본종을 창립하고 같은 해 12월에 문공부에 등록하여 현재에 이르렀다. 《화엄경》을 소의경전으로 하고 元曉大師를 종조로 삼고, "法天衆地 普濟天下 解冤相生 今時極樂"을 근본교리로 하고 있다. 서울 서대문구 부암동에 본부를 두고 있다.

대한불교용화종

전북 전주시 완산동에 본부를 두고 1932년 徐漢春師가 세운 종파로 1963년에 문공부에 등록한 이래, 龍華세계에 降生成佛하는 미륵존불을 본존으로 하고 見性悟道·傳法度生하는 것을 목적으로 한다.

천화불교

李淑峰·李貞峰·李喜秀 등의 3인이 단군과 역대창업주·순국열사의 신령에 조국광복을 기원하다가, 1945년 8월 15일 이후 서울 남산에 단군제단을 축조(현재에는 없음)하고 51년에는 천안・월봉에 光明寺를 창건하고 1954년 종로구 누상동에 龍雲寺를 창건해서 본부로 삼았다. 天華佛教는 瑜伽密教라고도 한다. 천안시・천원군 등지에 지방지부가 있다.

대한불교보문종

서울 성북구 보문동에 있는 비구니 사찰인 보문사를 본부로 하고 1972년 보문종을 창립했다. 《觀音經》을 소의경전으로 삼고 다른 대승경전을 겸수하면서 聞慧・思慧・修慧의 3혜를 종지로 하여 불타의 교설인 사법인을 철오하는 것이다.

대한불교미륵종

1942년에 金桂朱師가 전남 광산군 서창면에서 成教라는 교명으로 포교를 시작하여 1946년 戊乙教라고 개칭했다. 다시 1959년에는 金洪玄을 교주로 삼고 종단을 새롭게 중흥시키고, 1964년 미륵종이라 개명하여 문공부에 등록했다. 仙・佛・儒의 3교를 통합하는 것을 목적으로 삼고 있지만, 특히 미륵불을 신봉한다.

한국불교법화종

1931년 金正雲師를 중심으로 법화경 포교당을 설립하고 종단활동을 시작하였는데, 1941년 한국불교법화회라고 개명하였지만, 1960년 4월 본 종파로부터 불입종・법화종・일승종이 분파되었다. 같은 해 8월에는 金正雲師가 문공부에 한국불교법화종으로 등록하여 현재에 이르렀다. 서울 성북구 삼선동에 본부를 두고 《法華經》을 봉지하고 포교구제하는 것을 종지로 삼고 있다.

대한불교화엄종

1945년, 8・15일 이전에 韓永錫師가 창립한 종파로 1967년 문공부에 화엄종으로서 정식 등록을 했다. 경기도 인천시 신흥동에 본부를 두고, 《화엄경》

을 소의경전으로 하여 견성성불과 염불왕생을 목적으로 삼는다.

대한불교총화회

1969년, 崔得淵과 申相均을 중심으로 창립한 본회는《반야경》을 소의경전으로 하고 대승보살의 행원과 六和精神에 근원하여 널리 중생을 제도하고 국가와 민족의 안녕을 기원하는 것을 목적으로 한다.

대한불교일승종

원래 金正雲師에 의해 1945년 창립되었던 법화종에서, 1952년 芮惠教師가 일승불교현정회를 조직 개편하여 1962년 崔活敏師(현재의 종정)가 다시 조직한 것이 현재의 일승종이다.《법화경》의 "十方佛土中, 唯有一乘法, 無二亦無三"에 따라 종파의 이름을 일승종이라 하였다. 일승종은《법화경》을 봉지하고 포교구제하는 것을 종지로 삼고 있다.

대한불교법화종

고려 천태종조 대각국가(1055~1099)를 종조로 삼고 正覺慧日법사를 중흥조로 하여 정각법사가 1946년 서울시 성북구 무량사에서 본종을 창립했다. 1960년 8월에 법화종으로서 활동을 전개하고《법화경》의 "諸法實相·會三歸一"을 종지로 하는 법화의 한 종파이다. 본종에서는 대각국사의 사상을 계승하는 것을 주 목적으로 삼고 있다.

대한불교천태종

朴準東이 1946년 충북 단양군 영춘면 백자리에 救仁寺를 세워 개종하고 1967년 문공부에 등록했다.《법화경》을 소의경전으로 하는 한편《지도론》·《열반경》·《대품반야경》등에 의해 개인적 인격완성과 불국토건설을 목적으로 한다.

대한불교진언종

경북 대구시 남구 대봉동에 본부를 두고 孫海峰師가 창립했다. 본종은 《대일경》·《금강정경》·《대승장엄보왕경》·《蘇悉地經》·《蘇婆呼童子經》·《菩提心論》·《釋摩訶衍論》을 소의 경전으로 하여 대일여래와 관세음보살에게 귀명정례하고 밀교의 근본 교리인 6대·4만·3밀을 수행하는 것을 종지로 삼고 있다.

원불교

圓佛敎[143)]의 명칭은 불상을 봉안하기 보다 圓相을 그려 진리의 본체인 법신불을 신앙의 대상으로 하여 수행하는 것을 근본으로 한 것이다. 개조자 朴重彬(법호 少太山)은 전북 부안의 不思議方丈(신라 眞表律師의 기도처)에서 용맹정진하여 개오했다. 1924년 전북 이리에 불교연구원을 설립했다. 1934년에 종조인 朴重彬은 입적하고 그의 제자인 昇山宗奎가 그 뒤를 계승했다. 현재의 종정 大山金大擧는 45년 이후부터 교화·교육·자선사업의 3대사업을 실행하면서 교단을 광대하게 넓혀갔다. 종지는 一圓相의 법신을 신앙의 대상으로 삼고 수행은 수양(정신수양), 연구(연구회 지혜단련), 취사(정의실천)에 의한다. 교회기관은 180개소, 신자는 1백 만명이며, 교육기관으로서는 선원이 3개소, 대학은 원광대학교(이리), 고등학교·중학교·국민학교가 각각 2개 있다. 자선기관으로서는 고아원 2, 양로원 2, 요양원 4, 장학재단 2, 종단학교 내 장학생이 137명, 타교에 157명, 산업기관은 농원 4, 도정공장 1, 한약국 1, 제약회사 1, 약국 1, 인쇄소 1이다.

143) 崇山朴吉眞博士古稀紀念《韓國近代宗敎思想史》 圓光大學校出版局, 1984, 제6편 〈圓佛敎의 思想〉.

2. 한국의 불교미술[144)]

고구려의 불상

삼국시대에 불상을 만들었다고 하는 것은 많은 문헌에서 밝히고 있다. 예를 들면《삼국사기》진흥왕 15년조(574)에 따르면 "皇龍寺丈六佛像을 주성하였는데 동의 무게가 3만 5천7근, 도금의 무게 1만 1백98分"이라고 한 것처럼 최대의 금동불상이 만들어졌다. 신라 황룡사는 백제의 工人들이 책임자가 되어 불사를 하였다. 이로 미루어 백제도 사찰과 불상을 만드는 기술이 우수했음을 알 수 있다.

현재 발견된 불상들 중에서 고대 삼국시대의 것으로 가장 오래된 것으로는 2구의 고구려 금동불상이 있다.

하나는 평양 평천리에서 출토된 것이라 전하는 것으로서 높이 17.5㎝의 반가사유보살상이다. 한국의 반가사유상은 北魏에서 고구려를 거쳐 백제・신라에 전하여졌고, 다시 일본으로 전파된 것이다. 또 다른 하나는 금동여래입상으로서, 1936년 경남 의령군 대의면 하촌리에서 발견된 것으로 延嘉 7년에 조성된 금동여래입상이다[145)]. 제작연대는 명문과 양식에 의해 고구려 안원왕 9년(539) 또는 영양왕 10년(599)에 조성된 것이라고 추정하고 있다. 이 금동여래 입상은 北魏계통의 양식이라 한다. 낙랑 東寺의 주지 敬과 그의 제자 僧演 등의 사제 40여 명이 賢劫(현재)에 나타난 천불을 조성하여 널리 보급시

144) 佛敎美術에 관해서는

關野貞,《朝鮮美術史》朝鮮史學會, 1918.

金元龍,《韓國美術史》西谷正譯, 名著出版, 1976.

黃壽永,《韓國佛像の硏究》, 日本同朋舍, 1978.

中吉功,《新羅・高麗の佛像》, 二玄社, 1971.

中吉功,《朝鮮美術への道》, 國書刊行會, 1979. 등이 있다. 여기에서는 주로 金元龍,《韓國美術史》등에 의존한 것이다. 그 밖에 한국미술에 관해서는,

金元龍編,《韓國美術1, 古代美術》講談社, 1986.

秦弘燮編,《韓國美術2, 新羅・高麗美術》同上, 1987.

李東洲編,《韓國美術3, 李朝美術》同上, 1987. 등이 있다.

키고자 만든 것으로서 이 금동여래는 천불 중 29번째의 것이라 한다.

다음으로는 황해도 곡산군 봉산리에서 발견된 금동삼존불이다. 이 불상은 명문에 辛卯란 글자가 있어 571년에 만들어진 것으로서 北齊의 양식이다. 이 외에도 평안남도 평원군 덕산면 원오리의 폐사지[146]에서 2백 4개의 진흙으로 만든 파불이 출토되었다. 파불중에서 여래좌상도 북제의 양식이다.

백제의 불교문화

무령왕의 능이 발견되어 일약 유명하게 된 백제문화는 사찰이 건립되었던 많은 사지가 발견되었다. 백제사원의 건립은 최초의 도읍지였던 한성에서도 나타났겠지만, 특히 많은 사지가 발견된 곳은 공주와 부여 주변의 지역이다. 《北周書》의 〈百濟傳〉에서는 "승니와 사탑은 많으나 도사는 없다"라고 기록되어 있는 것처럼, 사탑의 건립은 성황을 이루었다. 부여의 군수리 폐사지·정림사지·동남리폐사지·漆岳寺址·彌勒寺址 등 많은 사지가 발굴, 조사되었다. 백제 가람배치 정형으로는 탑·금당·강당이 남북으로 배치되고 그 주의를 回廊으로 두른 1탑식의 양식이 많다.

백제 익산지구의 발굴조사는 1917년 이래 시작된 것이다. 그러나 70년대에 들어와서는 彌勒寺址, 王宮面五層塔, 帝釋寺 등의 조사가 진행되어 1974년에는 원광대학교 발굴조사단에 의해 미륵사지동탑지의 발굴, 1976년에는 王宮坪城址의 발굴, 1980년에는 報德城이 발굴되었다. 이어 문화재관리국에 의해 미륵사지의 전면발굴에 따라 익산문화권의 전모가 밝혀 졌다. 이에 따라 고대 삼국 최대의 가람이 해명되어 현존하는 미륵사 석탑은 3탑 가운데 西塔임이 밝혀졌다.[147] 다시 1980년에는 전북 김제에서 동제판불 4장이 발견되

145) 黃壽永, 〈國寶延嘉七年銘金銅如來立像〉《考古美術》 제5권 제1호, 1964.

146) 文明大, 〈元五里寺址塑佛像의 硏究 —— 高句麗千佛像造成과 관련하여〉《考古美術》 150호, 1981.

147) 馬韓·百濟文化硏究所 창립10주년기념 제7회, 馬韓·百濟文化 국제학술회의보고서 《百濟文化硏究의 綜合的檢討》 및 제8회 국제학술회의보고 《東北亞細亞에 있어서의 百濟文化의 位置》 참조.

고, 1981년에는 전북 정읍에서 백제초기의 석불입상 2구가 발견되었으며, 또 충남 예산에서 거대한 四面石佛이 발견되어 백제불교 문화권의 양상이 점차 명확하게 되었다.

익산 미륵사는 백제 국립사원으로서 최대의 규모를 갖고 3탑 · 3금당 · 1강당을 배치한 백제의 독특한 양식이라 하겠다. 동서의 두 석탑은 7m의 사방형의 기단을 갖고 있고 중앙의 목탑은 사방 20m의 거대한 것으로서 백제 석탑중 가장 오래된 형식이라 한다. 현존하는 석탑의 높이는 14.24m, 6층이지만 원래는 7층탑이었다고 하며 한국 최대의 석탑이다. 미륵사는 무왕(600~640) 때 창건된 것으로서 신라 진평왕이 1백명의 공인을 보내어 공사를 도왔다고 전하는 것으로 7세기 초기에 건립된 것이라 한다(《遺事》 권2).

다음으로 부여의 정림사址 5층석탑은 높이 8.33m이며 미륵사의 석탑형식을 한층더 정비하여 정형화된 것이며 백제식 석탑의 전형적 양식을 나타내고 있다. 이 탑의 초층탑신에는 "大唐平百濟記"라고 새겨져 있다. 이와 같은 양식의 석탑은 백제가 존재했던 지역에서만 있었는데 이는 고려조에 이르기까지계속해서 건립되었다.

백제의 불상은 '백제의 미소'라 할 수 있는 독특한 미소를 얼굴에 띠고 인간적인 풍부한 표정을 하고 있으나, 이 같은 양식은 중국 남조의 불상에서 받은 영향이라 하겠다. 제작연대는 6세기 후반에서 7세기 초기의 것이라고 한다. 국립중앙박물관 소장인 금동미륵반가상도 6세기 초기의 백제불상이라고 추정하고 있다. 미륵반가상과 닮은 일본 京都 廣隆寺의 松材半跏像이나, 法隆寺[148]의 목조관음입상(백제관음) 등도 백제에서 건너온 사람들에 의해 조성된 것이라고 전하고 있다.

1958년에 발견된 충남 서산군 용현리의 마애불은 산 중턱에 있는 화강암벽에 조각되어 있는데 석가 · 관음 · 미륵 등의 3존불이다. 석가와 관음은 입상이며 미륵은 반가상이다. 또 서산 태안면 동문리에도 마애불이 있는데 모두

---

148) 石田茂作, 〈百濟寺院と法隆寺〉《朝鮮學報》 제5집, 1953. 10.

가 중국 석불의 영향을 받은 것으로서 백제 말기의 작품이라 한다. 이와 같은 백제의 마애불이 선구자가 되어 통일신라기에는 많은 마애불이 조각되기에 이르렀다.

신라의 불교미술

불교홍륭과 함께 신라에는 흥륜사·영흥사·황룡사·기원사·실제사·삼랑사·분황사 등의 거찰이 창건되었다. 진흥왕 5년(544)에 완성된 흥륜사는 금당과 남문, 좌우의 회랑, 남쪽 연못 등이 있었다고 하지만, 현재는 경주 남쪽 남천에 금당지가 남아 있을 뿐이다. 황룡사는 진흥왕 14년(553)에 착공하여 진평왕 6년(584)에 완성된 거찰이다. 현재 사지가 발굴되어 가람배치도는 남북의 일직선 위에 남문·중문·탑·금당·강당 등의 一堂一塔이 배치되어 있다. 탑은 9층 목탑이었다. 분황사의 탑은 선덕왕 3년(634)에 만들어진 것으로서 원래는 7층탑이었으나 현재는 3층만이 남아있다.

6세기 후반의 금동불로서는 皇龍寺 金堂址의 丈六金剛釋伽三尊을 비롯하여 宿水寺 사지에서 출토된 금동보살입상과 경북 안동시 옥동에서 발견된 금동미륵반가상이 있다. 또 황룡사 사지에서 출토된 높이 8㎝의 금동보살의 두부는 통일신라 직전에 만들어진 것으로서 고대 신라 금동불이라고 추정하고 있다.

경주 부근에는 석불들이 현존하고 있다. 특히 유명한 것은 경주박물관에 있는 미륵반가상, 拜里의 삼존석불, 塔里의 아미타3존석불, 남산 미륵계곡의 마애석좌불[149] 등이다. 拜里의 3존석불은 경주 남산 녹배리에 있는 3존불로서 본존불은 아미타불이며 협시는 우측이 대세지보살, 좌측이 관음보살로서 본존은 2.77m이다. 이는 통일신라 직전의 작품이라 한다.

사원건축

신라의 석조 건축물로서 그대로 남아 있는 것은 佛國寺이다. 법흥왕 22년

---

149) 秦弘燮, 〈慶州南山彌勒谷의 磨崖石佛坐像〉《考古美術》 제4권 제4호, 1963.

(535)에 창건한 사찰이었으나 8세기 중엽에 김대성이 중창했다. 임진왜란 때 지상에 있는 건물은 모두 소각되었지만, 그 이전에는 대웅전·극락전·무설전 등 수십의 전각이 있던 거대한 사찰이었다.

불국사의 배후에 있는 것이 석굴암[150]으로 8세기 중엽 김대성이 창건했다. 중국 석굴의 영향을 받으면서 독자적인 특색을 갖고 있는 인공석굴이다. 前方後圓의 석굴을 만들고 그 앞에는 건조물을 세웠다. 전실에는 좌우양벽에 8부신중이 4구씩 나누어 있고 주실 중앙에는 높이 3.26m의 석가여래좌상이 있으며 주위의 벽에는 천부, 보살상이 있다. 그리고 본존 후면에는 11면 관음이 있고 그 좌우에는 십대제자의 상이 있다.

석탑

신라석탑[151]의 초기양식으로서는 경북 의성군 금성면 탑리에 있는 5층석탑이 귀중한 자료가 된다. 이에 이어 高仙寺址의 3층석탑과 感恩寺址의 3층쌍탑 등이 있다. 682년에 건립된 감은사지의 3층석탑은 높이가 약 9.5m이며 그 위에는 철로 만든 찰주가 있다. 초기석탑에 이어서 경주 구황리의 3층석탑, 천군리의 3층석탑 등이 경북에 있다. 8세기 중엽의 것으로는 불국사의 석가탑과 다보탑이 유명하다. 특히 다보탑은 신라 독창적인 석탑으로 신라불교 성왕기의 석조미술의 정수를 모은 것이다. 다보탑은 방형 2층 기단 위에 8각당식의 탑신부를 놓고 화려한 목조배전을 석재로서 재현시킨 것이다.

신라의 석탑도 8세기 후반 부터는 점차 변화하여 신라 중엽이 되면 탑신의 높이가 낮아지고, 말기에는 탑의 규모보다는 외관을 주시하여 장식을 중요시하였다. 후기의 석탑으로서는 경주 남산리 3층석탑, 남산 茸長寺 계곡 3층

---

150) 禹貞相, 〈石窟庵의 思想的考察〉《韓國思想講座》 3, 1960.
閔泳珪, 〈石窟庵彫像의 敎理背景(1)〉《考古美術》 제2권 제8호, 통권13호, 1961. 8. 이 號에는 金元龍, 〈石窟庵隨想〉; 黃壽永, 〈石窟庵에서 搬出된 塔像〉; 秦弘燮, 〈石窟庵에서 發見된 遺物〉 및 〈石窟庵保存의 經緯〉; 鄭明鎬, 〈石窟庵文獻目錄〉; 編輯室, 〈石窟庵古記錄〉등 많은 논문이 있다.

151) 高裕燮, 《朝鮮塔婆의 硏究》 乙酉文化社, 1948(朝鮮文化叢書 제3집).

석탑 등이 많이 남아 있다. 구례 화엄사 서쪽 5층석탑은 12지상・8부신중・사천왕 등이 양각되어 있어 후기 석탑을 대표하고 있다. 또 독특한 의미를 집중시킨 석탑으로서는 화엄사 4사자 3층석탑과 전북 남원군 실상사 백장암의 3층석탑이 있다. 화엄사 석탑[152]은 4마리의 좌사자가 지주를 대신하여 상부를 떠받치고 있다. 중앙 심장부에 있는 승려의 상은 자장율사라고도 하고, 화엄종 法藏의 상이라고도 하나 분명치 않다. 실상사 백장암의 3층석탑은 1층에는 보살과 신장, 2층에는 주악과 천인좌상, 3층에는 천인좌상이 조각되어 있어 우아한 석탑이라 하겠다. 경북 월성군 강서면 옥산리 淨惠寺址에 있는 13층석탑도 특수한 석탑이라고 한다.

신라중엽 이후의 전탑으로서는 경북 안동 부근에 4기의 전탑과 다른 곳에 3기가 있다. 고승들의 유골이나 사리를 넣는 석등형 또는 종발형의 사리탑을 부도라고 하는데 신라시대의 것은 8각당식을 기본으로 하고 있다. 이와 같은 양식은 중국 서안시 교외에 있는 草堂寺 구마라습의 사리탑과 유사한 형식으로, 당의 사리탑 양식의 영향을 받으면서 신라식 부도가 완성되어 갔다고 하겠다. 844년에 조각된 홍법사 廉居和尙塔(서울 경복궁내), 870년 경에 만들어진 대안사 寂忍禪師照輪淸淨塔(전남 곡성), 880년경에 만들어졌다고 하는 보림사 普照禪師彰聖塔(전남 장흥)등은 9세기에서 10세기의 작품이나 각부가 완전하게 남아 있는 홍법사의 廉居화상 부도가 신라의 대표작이라 하겠다. 1962년 울산시 태화리의 太和寺址에서 발견된 12지상의 부도는 예외의 석종형의 부도로서, 종발형의 부도로서는 가장 고대의 것이라 한다.

신라의 탑비는 唐碑의 형식을 이어 龜趺의 비석대(碑坐)와 碑身으로 이루어져 있고 비석 두부는 蟠龍이 조각되어 있다. 불교 관계의 탑비로서 가장 고대의 것은 7세기 후반에 만들어졌다고 할 수 있는 실상사 證覺大師凝寥塔碑(전북 남원)이다.

152) 中吉功, 〈華嚴寺舍利塔彫像攷 —— 附 ; 法藏法師の尺牘〉 《朝鮮學報》 제14집, 1959. 10.

또 사찰 앞에 基를 세우기 위해 만들었던 幢竿支柱로서 연대가 분명한 것은 827년에 건립된 中初寺(경기도 안양)의 것이 있다.

불교조각[153]

통일신라[154] 초기의 것으로서는 사천왕사지의 전상(塼像)과 감은사 석탑에서 발견된 사천왕동상, 구황리석탑에서 발견된 순금석가입상, 경북 군위석굴 3존, 경주 굴불암사지 사면석불 등이 있다. 당의 석굴사원의 영향을 받은 군위 3존석불은 아미타불 3존상으로 본존의 좌상은 높이가 2.88m이다. 굴불암사지의 사면석불은 7세기 말경에 조각된 것으로서 거대한 암괴의 사면에 불보살이 조각되어 있다. 8세기 전반기의 것으로서는 경북 감산사 석조아미타입상과 미륵입상이 있는데 銘文에 의하면 719년 重阿湌·金志誠이 망부모의 명복과 그 일족의 축복을 빌기 위해 건립된 것이라 한다.

신라초기의 불상 중 최고의 걸작은 먼저 서술한 석굴암의 조각이다. 6세기부터 시작되어 연마된 신라인들의 조각기술의 총결산이라 할 수 있는 본존상은 역량감이 넘쳐 흐르면서도 숭고한 미를 가득히 나타내고 있다. 석굴암 조각의 미는 그 후 두번 다시 재현되지 못했다. 불국사의 비로자나불과 금동 아미타불좌상, 그리고 백률사의 약사여래입상(경주박물관) 등은 얼굴에 정신적 미가 점차 감소되어 9세기 중엽 이후에는 금동불의 제작에서 철불이 출현하게 된다.

신라의 범종은 그 형식이 중국과 일본과도 다르기 때문에 한국종[155]이라 불리고 있다. 고대의 기년을 명기하고 있는 것으로서는 강원도 평창군 진부면 동산리에 있는 상원사 동종이다. 이 종의 복부에는 형상이 도드라지게 조각되어 있는 2구1조의 주악천인상의 자태가 아름답기로 유명하다. 성덕왕 24년(725)에 만들었다고 하는 명문이 있다. 또 771년 봉덕사의 종(경주박물관), 804

---

153) 秦弘燮, 〈古新羅時代의 彫刻〉《考古美術》150호(三國時代의 美術特輯), 1981. 6.

154) 統一新羅의 美術에 대해서는 《考古美術》154·155 '統一新羅時代의 美術特輯'(1982. 6.)을 참조.

155) 坪井良平, 《朝鮮鐘》, 角川書店, 1974.

년 禪林寺의 종(파편뿐. 중앙박물관), 833년의 상궁신사의 종(일본 敦賀市 松原町 常宮神社). 904년의 우좌팔번궁종(일본 宇佐市 宇佑八幡宮) 등이 있다. 현존하지 않는 것으로서 기록에 보이는 것은 754년에 황룡사의 종이 수조되었다고 한다(《삼국유사》 권3).

신라 범종으로서의 특징은 대형이라는 점과 종신의 길이가 높다고 하는 것, 두개의 당좌가 있다고 하는 것, 종에는 천인상이 두드러지게 조각되어 주조된 점 등을 들 수 있다.

고려의 불교미술[156]

사찰건립

건국과 함께 개성을 중심으로 하여 많은 사찰이 건립되었다. 태조대에는 법왕사·자운사·왕륜사·문수사·원통사·대흥사·일월사가 건립되었고, 광종대에는 대봉은사·안심사·불일사·숭선사·삼귀사·불화사·귀법사·유암사 등이, 그리고 목종대에는 진관사·숭교사, 현종대에는 현화사, 정종대에는 선화사·송림사·사현사 등이 창건되었다.

현존하고 있는 고려시대의 목조건물로서는 부석사의 무량수전과 조사당, 봉정사극락전, 수덕사대웅전, 관음사원통전, 심원사보광전, 성불사응진전, 석왕사응진전 등이 있다. 공포양식으로 유명한 부석사 무량수전은 현존하는 목조건물로서는 가장 고대의 것이라 한다. 명문에 따르면 1358년 왜구들에 의해 소각된 것을 우왕 2년(1376)에 재건한 것이며 또 부석사 조사당은 1377년에 건축된 것이라 한다. 봉정사 극락전도 목조건물로서는 가장 오래된 것이라 한다. 부석사 무량수전에 있는 사천왕상과 보살상의 벽화는 고려회화사 연구에 중요한 자료가 되고 있다.

석탑과 부도

고려의 석탑양식은 백제지역의 양식이 더해짐과 동시에 중국 송탑의 영향

---

156) 中吉功·岡田譲, 〈高麗の美術〉《日本古代史講座》 8권, 1961.

을 받아 6각 또는 8각다층탑이 만들어 졌다. 전형적인 고려탑은 북부지역에 집중하고 있다. 고려초기의 대표적인 석탑은 서산보원사지오층탑, 청양서정리구층석탑, 보천사지삼층석탑 등이 있으며 중기의 것으로서는 사자빈신사석탑(1020년), 신복사지 삼층탑, 남계원지 칠층석탑 등이 있고 말기의 것으로서는 천곡사지칠층탑, 경천사지십층석탑 등이 있다. 백제양식에 따른 것으로서는 월남사지 모전탑, 비인오층석탑 등이 있다.

그 외 宋塔의 영향을 받은 것으로서는 금산사육각다층탑, 월정사팔각구층탑, 평양 영명사팔각오층탑 및 육각칠층탑, 영변 보현사 팔각13층탑 등이 있다. 월정사의 팔각탑은 높이 15.15m로서 고려시대의 다층탑을 대표하는 것이다. 또 고려시대의 전탑으로서는 신륵사다층탑이 있고, 模塼塔으로서는 강진월남사지석탑이 있다.

고려시대의 부도로서는 신라식의 팔각당식의 것과 석종발형 등의 특수한 것이 있다. 팔각당식으로서는 梨花女子大浮屠(930년), 연곡사동부도 및 북부도 거둔사원공국사승묘탑 등이 있고, 석종발형식은 금산사석종, 신륵사보제존자석종(1379년) 등이 있으며, 그 외에도 석등형·골호형·석탑형·원각당형 등의 부도가 있다.

고려시대의 석등으로서 유명한 것은 광종(950~975)대의 것으로 추정되는 높이 5.45m의 관촉사석등이 있고 그 밖에도 5개의 석등이 있다고 한다. 또한 고려시대의 石碑도 20여 개가 있다고 알려져 있다.

불교조각

고려전기에는 철불이 많이 만들어졌으며 대형석불·마애불 등이 조각되었다. 금동불은 신라시대부터 감소되는 경향을 보였다. 고려전기의 것으로서는 높이 2.8m의 광주철조석가여래좌상(국립중앙박물관)이 있는데 이는 경주 석굴암 본존불을 모방한 것이다. 소상으로서는 부석사소조여래가 있고, 석조로서는 월정사약왕보살좌상과 관촉사미륵상 등이 있으며, 마애불로서는 대흥사북미륵암과 북한산구기리의 마애여래좌상이 있다. 석불로서는 함안대산리석불, 개태사삼존석불 등을 들 수 있다.

고려후기에 속하는 불상으로서는 금동여래좌상 2구(국립중앙박물관)를 비롯하여 10여구가 있고, 그 밖에 몽고의 영향을 받았다고 하는 경천사십층석탑(서울경복궁내)의 조상도 몽고의 장식적 조각의 영향을 받았다 한다.

범종과 향로 등도 대량으로 주조되었다. 현존하는 고려종은 70여 개를 넘고, 향로는 6개 있다. 그외 사찰에서 사용하였던 鉦鼓에는 金鼓가 있다. 佛畵도 석가삼존상(1330년), 석가설상도(1350년), 관무량수경변상도 등 많은 고려불화[157]가 현존하고 있다. 일본 敦賀의 西福寺와 知恩院에는 관음경변상도가 소장되어 있다. 昭和 53년 10월 奈良의 大和文華館에서 고려불화의 전람회가 개최되어 고려불화 연구의 단서가 개척되었다. 고려불화로서 가장 아름다운 것은 楊柳관음도(大德寺藏)라고 하며, 또 두건이 관위에서 양미간에 걸쳐있는 被帽地藏보살상(德川黎明會藏)이 유명하다. 또 고려불화로서 地藏十王圖가 있다.

한국의 사찰과 석탑

조선 초기에는 많은 사찰이 건립되었다. 예를 든다면 은해사 거조암, 무위사 극락전, 홍성 고산사 대웅전, 도갑사 해탈문, 봉정사 대웅전, 장곡사 상대웅전 등이 있다.

중기에는 임진왜란 이후 전등사 대웅전, 법주사 별상전, 금산사 미륵전 등 유명사원이 건립되었다. 법주사 별상전은 신라시대의 양식에서 크게 변화된 것으로서 한국에 현존하는 유일한 고대식 목조 5층탑으로서 중요한 것이다. 금산사 미륵전도 3층불전으로 유명하다.

후기의 것으로서는 경주 불국사 대웅전과 극락전, 구례 화엄사 각황전, 해인사 대적광전, 쌍봉사·보현사·석왕사 대웅전 등이 있다. 화엄사 각황전

157) 佛畵에 대한 서적은,
菊竹淳一·吉田宏志編, 《高麗佛畵》, 朝日新聞社, 1981.
山內長三, 《朝鮮の繪日本の繪》 日本經濟新聞社, 1984. 등이 있다.

은 신라시대의 대석단 위에 동면으로 건립되어 2층 대웅전 사찰로서는 최대의 것으로 경복궁 근정전과 함께 조선 최고를 장식하는 대건축이다. 쌍봉사 대웅전은 3층 목탑형식이다.

불교탄압정책을 취한 조선에서는 석탑건립은 어려워 사원에서의 석탑의 중요성은 거의 찾아 볼 수 없게 되었다. 그러나 현존하는 것으로서는 남원만복사탑, 서울 원각사탑, 양양 낙산사탑, 여주 신륵사탑 등이 있다. 만복사지의 석탑은 높이 약 5.5m의 4층 석탑이며, 파고다 공원에 있는 圓覺寺址의 석탑은 14세기 경천사지에 있는 탑을 모방하였던 것으로서 1467년에 건립된 것이다. 신륵사 석탑은 2층 기단 위에 8층 대리석의 석재로서 만든 석탑으로 원각사탑과 양식이 유사하다. 석비로서는 1471년에 세워진 원각사비와 1636년에 세워졌던 전남 영암 도갑사의 도선국사비가 알려져 있다. 또 승주 선암사 앞에 흐르는 깊은 계곡에 걸린 虹橋는 주위의 산수자연과 아름다운 조화를 이루어 훌륭한 석교의 하나이다.

佛像

현존하는 한국사찰의 불상은 거의 朝鮮時代의 것이다. 朝鮮전기의 것으로서는 선운사 금동보살좌상 2구와 해인사 대적광전의 목조비로자나불(1488년), 법보전의 목조비로자나불(1488년), 그리고 수종사석탑에서 발견된 금동여래좌상(1492년), 국립중앙박물관에 소장되어 있는 목조아미타불좌상(1428년) 등이 있고, 조선 후기의 것으로서는 금산사 미륵전의 목조미륵3존, 송광사 대웅전의 석가·약사·미타 3불(1707년) 등이 있다.

朝鮮시대의 범종으로서는 덕수궁내에 있는 홍천사鍾, 낙산사鍾, 해인사 적광전鍾, 갑사鍾 등이 있으며, 공주 갑사鍾은 1584년에 수조되었다는 명문과 함께 우수한 기술로서 만들어졌다. 그러나 조선후기에 와서는 명작이 거의 없어졌다.

3. 한국의 佛教儀禮

불교의례의 변천[158]

삼국시대에 고구려에 전래된 불교는 五胡十六國의 불교로 佛圖澄 등이 대표로 지적되는 신이영험적인 불교였다고 생각된다. 省門寺·伊弗蘭寺 등이 창건되어 북지계통의 의례가 집행되었던 것은 분명하다. 후일 고구려승 惠亮이 신라의 국통이 되어 八關齋會와 百高座會를 실행했다는 점에서 알 수 있는 것처럼 고구려에서는 이와 같은 법회가 있었다고 할 수 있다. 더우기 그와 같은 법회는 종래의 토속신앙의 의례와 습합하여 실행되었다고 생각된다.

계율을 중시했던 백제불교에 있어서는 일본 善信尼가 계율을 배워 일본으로 갔다고 하는 점에서도 알 수 있듯이 수계의 의식 등이 남조의 양나라 불교가 수용되었던 것을 추정할 수 있다. 이를 주로하여 謙益이 인도에서 직접 가져온 율전에 의해서 인도불교의 의례가 소개되고 수용되었음을 상상할 수 있다.

신라불교 의례에 관해서는 묵호자의 전설이 이야기하고 있는 것처럼, 분향, 三寶에 대한 귀의, 분향하여 병을 낫게 하는 기도가 실행되었다. 阿道가 一善郡에 왔을 때 왼손에 金環의 석장, 오른손에는 玉鉢應器를 들고 몸에는 누더기를 입고 입에는 花詮(진언?)을 염송하고 있었다(《僧傳》)는 점에서 이는 출가자의 모양이었다고 생각된다. 분향이 실행되었다고 하는 것은 불교의례의 초보적 단계가 이미 정착하였음을 말하여 주고 있다.

진흥왕대가 되면 팔관재회나 백고좌회가 설치되었지만 이 행사는 종래 실행하고 있던 국조가호의 신앙을 근원으로 일어난 불교법회였다. 백고좌회는 《금광명경》·《인왕경》·《법화경》 등 호국경전을 전독하고, 천부·8부신중 등에 국가안전과 왕실의 안녕을 기원하기 위한 법회였으며, 이와 같은 실시에 따라 불교는 국가적인 신앙규모로 발전했던 것이다.

---

158) 洪潤植, 《韓國佛教儀禮の研究》 隆文館, 1976.

신라시대의 불교의례에 대해 서술한 儀禮書는 현재 전해지는 것은 없지만, 다만 圓仁이 《入唐求法巡禮行記》에서 당에 있는 신라사원이었던 赤山院에서 실행하고 있던 불교의례를 서술하고 있다.[159] 唐 開成 4년(839) 11월 22일에 일어난 것으로서 이 기사는 적산원에서 시행되었던 講經儀式, 신라의 1日 강의 의식, 독경의식 등이 있다. 이 기록에서 9세기의 신라 불교의례의 상세함을 알 수가 있지만, 그것이 순수한 신라의례인지는 다소 의문이 있다. 이는 중국의례가 혼입하고 있었는지 알 수 없기 때문이다. 그렇다 할지라도 적산원에서 打鍾, 稱嘆佛名, 범패, 서원, 논의, 散化, 삼정례, 독경, 참회 등이 실행되고 있었다.

고려시대가 되면 불교의례가 실행되는 도량이 설치되고 있었음은 《고려사》의 기사에 의해 알 수 있다. 고려불교는 의례불교라 하여도 과언이 아닐 정도로 불교의례가 성행했지만, 그 내용에 있어서는 거의 알 수 없다. 또 호국경전의 도량이 설치되어 《인왕경》과 《금광명경》의 도량이 가장 많았다. 고려 강경법회는 경전의 강의라기보다는 그 법회를 개최함으로써 기복·기우·재앙 등의 현세이익을 기도하는 성격이 강했다. 강경법회는 百法師를 초빙하여 百高座를 설치하고 供具·의물도 정식으로 시행되었다. 그 밖에 轉經·行經과 대장경 판각의 완성을 축원하는 장경도량의 의례도 있었다.

또 제석신앙, 화엄신중신앙[160], 天兵신중신앙의 의례도 성행했다. 태조가 內帝釋寺와 외제석사를 창건하였다는 내용에서 알 수 있는 바와 같이 제석사는 호법신으로서 존숭되었다. 화엄신중신앙은 《화엄경》에 설하고 있는 도량신·용신·지신 등의 성중에 대한 신앙으로서 이들 신중이 호법신·선신으로서 모든 재앙을 소제하여 준다는 믿음이 있었다.

고려시대에 연등회와 팔관재회가 열렸던 내용에 대해서는 제3장에서 서술

---

159) 小野勝年, 〈圓仁の見た唐の佛教儀禮〉 福井康順編, 《慈覺大師研究》 天台學會, 1964.

160) 李杏九, 〈韓國佛教における華嚴信仰の展開 —— 華嚴法會を中心として〉 《朝鮮學報》 제114집, 1985. 1.

했지만, 연등회는 제천신앙과 農耕의례에 근원을 갖고 있는 행사로서 불교의례로서는 없는 百戲·잡기 등이 더해진 것이다. 그러나 元宗 12년(1271)에 비로소 4월 8일 불탄일에 연등을 달고 불교의례로서의 성격을 갖게 된 것이다. 팔관재회는 (1) 行香·酌獻, (2) 受賀, (3) 百戲, (4) 宴群臣에서 이루어지며, 신라이래 仙家(화랑, 국선)의 의례에 따른 것으로서 불교의례의 요소는 거의 찾아볼 수 없지만, 불교의례의 요소를 띠고 있는《佛說八關齋戒秘密求生淨土必要》(曉城先生八十頌壽《高麗佛籍集佚》) 등도 있다. 그 밖에 고려시대에는 종종 승려들에게 공양을 베푸는 반승회가 실행되었다. 이는 제를 베푸는 의미와 같아서 승려들에게 공양을 베풀어 선공덕을 쌓는 행사이다.

조선에 이르러서는 불교의례가 정비되어 범패가 성행하게 되었다. 범패의 음률을 정확하게 전하기 위해 경종 3년(1723)에는 智還이《梵音集》을 재편집했다. 다시 순조 2년(1826)에 亘璇(1767~1852)이 재수정한 것이《作法龜鑑》2권으로 모든 의식작법의 법식을 편찬한 것이다. 범패의 曲目을 수집한 것으로는《同音集》이 있고, 의식의 해설집에는《一判集》이 있다. 범패의 유행에 따라 승려의 무용으로서의 승무가 성왕을 보게 되었다.

儀禮書의 간행

불교의례에 관한 책[161]은 조선 이후 寺板으로 간행되었다. 그 중에서 염불왕생에 관한 염불 의식서는《念佛作法》·《念佛普勸文》·《淨土寶書》·《禮念彌陀道場懺法》·《彌陀禮懺》등이 있다. 수륙법회(무차대회) 때 사용했던《水陸無遮平等齋儀撮要》·《天地冥陽水陸齋儀》·《天地冥陽水陸齋儀梵音刪補集》(梵音集, 水陸儀文) 등이 있고 또 참법으로서는 중국불교의례[162]와 같이《慈悲道場懺法》이 사용되었다. 예참문으로서는《白衣觀音禮懺文》·《觀世音菩

161) 東大佛教文化研究所編,《韓國佛教撰述文獻總錄》자료편 3, 〈儀式關係文獻〉 참조. 이 책은 1982년 일본 國書刊行會에서《韓國佛書解題辭典》으로 書名을 바꾸어 日本語로 번역되었다.

162) 拙著,《中國の佛教儀禮》大藏出版社, 1986.

薩禮儀文》 등이 간행되었고, 또 화엄신중에 대한 예참문을 모아 만든《華嚴禮文》·《大方廣佛華嚴經禮懺文》 등이 있다.

장례법에 대해서는 葬法과 다비의 의식을 모아 제작한《釋門喪儀抄》와《茶毘文》등이 있으며, 이 밖에도 제불·성중·영혼을 공양하는 의식, 제문, 불상 점안문, 죽은자의 장례식, 국왕에 대한 축원문 등을 모아 제작한《諸般文》등이 있다. 또《施食儀文》등 영혼을 맞아들여 제를 지내는 의식을 모은 것과 十王신앙에 관한《預修十王生七齋儀纂要》가 있다. 이것은 秦廣王 등 十王에게 공양하고 죄업을 참회하는 七齋會로서 사후의 정토왕생을 기원하는 의식을 서술한 것이다. 그 밖에 인도·한국·중국어로 혼합되어 씌어진 다라니집도 수많이 간행되었다.

조선이래 각종 불교의례를 밝힌《梵音集》·《作法龜鑑》등의 의식문을 정리하여 집대성한 것으로서 1935년 安震湖編《釋門儀範》이 있다. 현재 한국에서 하고 있는 모든 불교의례는 이 책에 의해 실행되고 있다. 또 초심자를 위하여 《석문의범》에서 취사선택한 여러가지의 의례집이 있다.[163]

불교의례의 특색

한국 불교의례는 중국 불교의례의 영향을 강하게 받고 있었지만 독특하게 발전해 가는 것을 알 수 있다. 종합 정리하면 소박하고 단순한 것이라 하겠다. 예를 든다면 아침·저녁 예불을 할 때 佛名을 외우면서 예배를 반복하고 12신중단을 향하여《반야심경》을 한 번 독송하는 것으로 마친다. 조계사·해인사·범어사 등의 아침예불을 하는 것을 보았는데 새벽 3시 칠흑같은 암흑속에서 대중이 법의를 단정히 입고 대웅보전에 모여 조용하게 정좌하고 대중의 집합을 기다린다. 전원이 집합하면 예배가 시작된다. 단순한 동작이 반복될 뿐이나 장엄함이 넘쳐 흐르고 숙연하여 옷깃을 여미는 마음이 생긴다. 중국의 불교의례에 비교하면 같은 불교권에 속하면서도 대단한 상이점이 있음

163) 그 외 한국불서 간행에 대해서는 前田惠學, 〈最近韓國における佛教書の出版〉 愛知學院大學 《文學部紀要》 1973 참조.

을 알게 된다. 종·북·목탁 등 모든 악기를 사용하여 장기간에 화려하게 하는 중국의 불교의례와는 크게 다르다. 한민족은 백의민족이라 불리우고 있는 것처럼 결백성·순수성을 갖고 있는 면이 불교의례에서도 반영되고 있다고 여겨진다. 필자 한 사람이 본 것에 지나지 않지만, 시대를 따르는 중국의 불교의례는 동아시아 각 지역에 전승되어 남아 있는 것이 아닐까? 예를 든다면 唐代의 예참은 일본 比叡山과 高野山에 전승되어 남아 있는 것같다. 다시 唐末 五代에서 北宋 초기의 예참은 한국불교에, 明代 이후의 예참은 중국대륙·홍콩·대만 등지에 남아 있는 것같다. 한국불교의례 연구는 중국불교와 일본불교의 것과 비교하면서 검토해 볼 필요성이 있다.

더욱 현재 한국에서는 음력 4월 8일 불탄일이 국가경축일로 제정되어 있다.

4. 한국의 사찰

한국의 명찰

한국사원[164]은 어디서나 산은 푸르고 물 맑은 곳, 송백이 무성한 산간에 있다. 사찰지역에는 어디서나 항상 깨끗한 물이 흘러 바위를 감돌고 백송들과 함께 무릉도원의 경지를 이루고 있다. 봄에는 노란 꽃이 피는 개나리, 복숭

---

164) 한국사찰에 관해서는
拙著, 《朝鮮佛教の寺と歷史》 大法輪閣, 1980.
拙著, 《日本佛教のふるさと》 東京大學出版會, 1978.
泊勝美, 《韓國古寺發掘》 六興出版社, 1980.
愛宕顯昌譯, 《韓國佛教史》, 山喜房刊, 1982 참조. 또 한국사찰에 관해서는 한국불교연구원에서 《韓國의 寺刹》1~17(단행본)을 一志社에서 간행하고 있다(1974~1978). 그 사찰명은 1) 佛國寺, 2) 石窟庵, 3) 新羅의 廢寺(I), 4) 通度寺, 5) 法住寺, 6) 松廣寺, 7) 海印寺, 8) 華嚴寺, 9) 浮石寺, 10) 大興寺, 11) 金山寺, 12) 新羅의 廢寺(II), 13) 月精寺, 14) 洛山寺, 15) 傳燈寺, 16) 神勒寺, 17) 北韓의 사찰이다.

아, 살구, 산에 피는 벚꽃 등이 아름답게 수놓고, 치마 저고리의 한복을 입은 부인들이 열심히 불전에 참배하는 풍경을 볼 수 있다.

한국의 3대 사찰이라고 하면 통도사·해인사·송광사를 말한다. 일반적으로는 신라의 古都인 경주의 불국사와 석굴암 등이 유명하지만, 3대사찰은 한국불교의 불·법·승 삼보를 나타내는 사찰로서 통도사는 불사리가 봉안되어 있어 불보사찰로, 해인사는 팔만대장경이 수장되어 있어 법보사찰로, 송광사는 수행도량으로서의 수선사가 있으므로 승보사찰로 삼고 있다.

통도사

영축산 통도사는 경남 양산군 하북면에 있다. 옛부터 전하기를 오대산 월정사는 高山 제일로 유명하나 통도사는 야산으로 제일이라고 하듯이 평지를 지나 산간으로 들어가는 입구에 위치하고 있다. 창건 당시 중요했던 것은 자장율사가 금강계단을 세운 것이라고 하겠으나, 현재 통도사의 중심이 되는 것은 금강계단, 대웅전, 불사리탑이다. 금강계단은 석조물로 둘러싸인 단으로 그 사면에는 사천왕상이 조각되어 있고 중앙에는 종과 같은 종발형의 불사리탑이 있다. 이 사리탑에 모셔져 있는 사리야말로 자장율사가 중국 오대산 문수보살에게서 얻은 것이라 한다.

해인사

가야산 해인사는 경남 합천군 가야면 치인리에 있다. 법보사찰인 해인사의 특색은 무어라해도 세계적 문화재인 팔만대장경을 수납하고 있는 장경각이다. 사찰의 가장 깊은 곳 대웅전 뒤에 급경사의 계단을 올라가면 있다. 이 해인사는 고려 현종 이후 7회에 걸쳐서 화재를 입었고 현재 우리들이 볼 수 있는 건물은 대부분 조선말기에 재건된 것이라 한다. 그러나 석조건축물인 3층석탑이나 당간주 등은 창건당시의 것으로서 신라의 면모와 그림자가 오늘까지 남아 있다.

송광사

조계산 송광사는 전남 승주군의 거찰이다. 전남에는 구례 화엄사, 해남 대홍사, 순천 선암사, 장성 백양사 등 대찰이 많지만 승주군에 있는 송광사는 풍광명미하여 사탑도 많은 거찰이라는 이름에 걸맞는 대찰이다. 禪의 근본 도량이라는 의미에 있어서는 일본 조동종 대본산인 永平寺의 풍격에 유사한 것같다.

불국사

경주 남쪽에 남산이 있고 중앙을 남천이 흐르고 주위에는 낮고 작은 산들에 둘러싸여 있다. 관광여행에는 반드시 토함산 불국사가 코-스에 들어 있다. 창건당시의 건물은 거의 없어졌지만 불국사를 대표하는 것은 석가탑과 다보탑이다. 이 두 탑은 대웅전 앞뜰 좌우에 서로 마주보고 서 있는데 동쪽의 다보탑은 여성적인 미를, 서쪽의 석가탑은 남성적인 미를 갖고 있어 정말 우아하다. 정면에 있는 석단은 청운·백운의 兩橋이며, 청운교를 올라가면 자하문이 있고 자하문을 들어서면 대웅전이 있다. 일찌기 銅佛의 노사나불좌상이 있었지만 지금은 극락전으로 옮겨졌다. 대웅전에는 석가삼존이 있다. 불국사의 가람배치를 보면 자하문은 중문에, 대웅전은 금당에, 무설전은 강당에 해당되는 것으로서 일본 奈良시대의 사원과 유사성이 있다. 다만 석단이라든가 석계단과 같은 건축물은 중국·일본의 양식과는 아주 다른 것으로서 신라의 독자적인 것이라 하겠다.

석굴암

불국사 동북쪽 높이 솟아 해발 600m의 토함산 정상 가까운 곳에 자리잡고 있는 석굴암은 불국사와 함께 김대성이 창건한 석굴사원이다. 신라 석조조각으로서 최고걸작의 불보살상을 소유하고 있는 세계적 문화재이다.

법주사

한국 5대사찰 중 하나인 속리산 법주사는 대전이나 청주에서 보은을 지나 가노라면 봄에는 아름다운 꽃, 여름에는 농후한 녹색의 풍경, 가을에는 붉은 단풍, 겨울에는 하얗게 덥힌 설경으로 4계절의 특색을 갖고 다양한 자연을 보여주고 있다. 금강문・천왕문을 지나면 시야가 펼쳐지고 좌측에는 거대한 미륵상이, 중앙에는 대웅보전이, 우측으로는 팔상전이 있다. 대웅보전에는 주존으로서 비로자나불, 우측으로는 석가모니불, 좌측으로는 노사나불이 모셔져 있다. 대웅전은 무량사 극락전과 화엄사 각황전과 함께 한국의 3대 불전으로 기단위에 서 있는 2층건물은 외관적으로는 탑파와 같은 인상을 주고 있다. 법주사에서 가장 거대한 것은 미륵입상불이다. 통도사가 금강계단을 중심으로 가람배치가 되어 있는 것처럼 법주사의 중심은 용화보전과 산호전도 모두 산호보광명전이라고도 불리운다. 미륵불상은 조선 고종 9년(1872)에 건립하여 丈六미륵상을 모셨지만 1872년에 파괴되어 현재 미륵 3존 좌대만이 남아 있다. 현재 미륵불상은 1964년에 완성한 것으로서 높이 33m의 석불이다.

지리산

전남 지리산은 山紫水明의 산으로 해발 1915m이다. 이 지리산 전방에서 바로 보이는 구례의 시가지는 섬진강의 맑은 물이 흐르고 산 주변에는 화엄사・천은사・연곡사・쌍계사 등의 명찰이 산골짜기마다 서 있다. 화엄사로 가자면 우선 화엄교를 건너 울창한 밀림을 걸어간다. 정면의 대웅전을 압도하는 것처럼 우뚝 서 있는 각황전은 화엄사의 생명과 같은 존재이다. 신라 문무왕 10년(670), 의상대사가 3층 4면 7간의 丈六殿을 건립하고 사방 벽은 판각된 《화엄경》으로 만들었다고 한다. 각황전 내부의 경장속에는 많은 화엄석경이 수장되어 있다. 화엄사와 함께 지리산 계곡에 있는 쌍계사에는 '六祖頂相塔'이 있고, 전설에 따르면 중국선종의 6조 혜능스님의 목을 죽은 뒤에 잘라서 이곳에 매장했다 한다.

부석사

봉황산은 태백산의 지맥이다. 산 허리에 대석단을 쌓아 그 위에 부석사의 가람이 배치되어 있다. 주전인 무량수전의 우측 뒤에는 선묘를 모신 선묘당이 있고 무량수전 좌측 뒤에는 거대한 바위가 있어 이름을 '부석'이라 한다.

이 바위로 인해 부석사라 명칭했다. 부석의 전설은 원래 중국 贊寧이 찬술한 《송고승전》에 수록되어 있는 義湘傳에 따른 것이다.

월정사

강원도 평창군 진부면 동산리에 있는 오대산 월정사로 가자면 종착점인 강릉에서 다시 99고개를 차를 타고 올라가면 고속도로의 중도에서 월정사로 가는 길로 들어선다. 월정사는 6·25동란 때 화재를 입어 가람 모두가 소각되었지만, 지금은 대웅전도 재건되고 국보 문수동자상도 보존되어 있다. 오대산을 오르자면 월정사를 뒤로하여 맑은 물이 흘러가는 내천을 따라 산으로 오른다. 계곡과 분리되는 좌측으로 상원사가 있다. 한국 오대산은 실은 중국 산서성의 성지 오대산을 모방한 것이다.

동화사

한국 중부의 대도시인 대구시에서 자동차로 약 30분간 도시를 지나 전원풍경을 보면서 팔공산맥을 향하여 가면 드디어 계곡을 따라 산길로 들어선다. 한참 오르자면 갑자기 시야가 열리고 동화사가 보인다. 사천왕문을 지나 봉서루가 있다. 자연목으로 공포양식으로 만들어 조립된 것이 역량감에 넘쳐흐른다. 좌측에는 약수가 흐르는 우물이 있다. 봉서루를 지나 광장이 있고 정면에는 대웅전이, 우측에는 강생원이, 좌측에는 심검당이 있다.

그 밖에도 한국에는 많은 사찰이 있다. 예를 들면, 서울에 조계사·보문사·도선사·봉은사 등이 있고, 경기도에는 홍국사·전등사·용주사·칠장사·신륵사가 있으며, 강원도에는 건봉사·신흥사·낙산사가 있고, 충남에는 마곡사·갑사·동학사·관촉사·고란사·보석사·수덕사가 있고, 경북에는 직지사·김룡사·도리사·운문사·은해사·보경사·고운사가 있으며, 경남에는 쌍계사·범어사·표충사가, 전북에는 금산사·실상사가, 전남에는 백양사·천은사·선암사·홍국사·대흥사·정혜사 등의 명찰이 있다.

한국사찰의 특징

한국사찰은 종교공간인 가람배치가 대웅전을 중심으로 누각, 종각, 강당, 승방 등으로 배치되어 있는데 이는 중국이나 일본사찰과 별다른 차이는 없는 것같다. 특이한 건물이 있다면 應眞殿·명부전·三聖閣 등이다. 응진전은 16나한을 모셨고, 명부전은 죽은 자가 망설이지 않고 성불할 수 있도록 하기 위해 세운것으로서 중앙에는 유명교주인 지장보살을 모시고 양쪽협시로서는 道明존자와 無毒鬼王 염라대왕 등 10왕을 모셨다. 三聖閣은 丹霞閣(부석사)이라고도 하며 독성(賓頭盧)·산신·칠성 등을 모시고 있다.

중국에서나 일본에서 전혀 없는 종교 공간은 산신각과 칠성각이다. 한국조계사에서는 순수한 불교가 아니라 하여 철폐하자는 의견도 있었지만 민중신앙으로는 절대적으로 제거할 수 없는 것이다. 아니 제거한다면 저항하는 승려들도 있을 것이다. 산신은 현세이익의 신으로서 민중신앙에 속한다.

신중단은 팔대금강, 사대보살, 십대명왕, 제석천왕 등, 그 밖에도 일월, 칠성, 28수, 용왕, 산신, 조왕신 등 104위의 호법신이 봉안되어 있고, 이들 호법신은 불교적인 것만이 아니라 도교의 신들도 있다. 특히 칠성신앙을 독립시켜 사찰에 칠성각을 세우고 있다. 칠성각의 주신은 북두칠성으로서 수복과 재앙소멸을 비는 것이 칠성신앙이다. 고려장경의 비밀부에는 一行이 찬술한 《七曜星辰別行法》·《北斗七星護摩法》과 唐 失이 번역한 《北斗七星延命經》과 金剛智가 번역한 《北斗七星念誦儀軌》 등의 경문이 수록되어 있다고 한다. 《북두칠성연명경》에는 북두의 일곱별이 불교의 불명에 맞추어 불명으로서 부르고 있다. 북두는 인간의 생명을 관리하고 있으므로 《북두칠성연명경》을 신앙하면 일생동안 재앙에서 벗어날 수가 있다고 설하고 있다. 중국에서 만들어져 위경으로 알려져 있는 북두칠성신앙의 경전이 고려에 전해짐으로서 한국불교는 칠성신앙이 자연스럽게 정착하게 된 것이다. 현재 한국의 칠성각은 칠성여래 이외에도 북극성에 해당되는 金輪寶界熾盛光如來佛과 일월에 해당되는 일광변조보살·월광변조보살 등을 포함하여 10분의 불·

보살을 모시고 있다. 그러나 가장 대표적인 것은 북극성에 해당되는 치성광 여래이다.

한국사원에 가면 반드시 눈에 보이는 것은 불·보살을 그린 만다라(탱화)가 대웅전을 비롯하여 모든 전각에 걸려 있는 점이다. 12신장도 대웅전 좌측 벽에 그려져 있는 것이 보통이다.

법당 만다라는 불·보살을 비롯하여 석가팔상도, 화엄회, 수륙회, 제석천, 신장, 지옥, 관음, 나한, 칠성, 산신에 이르기까지 모두 그려져 있다. 법당과 모든 전각에는 이와 같은 만다라로서 장엄되어 있는 것이 한국사찰의 특징중의 하나이다.

한국 만다라로서 특색이 있는 것은 화엄만다라이다. 영축산 통도사 보광전에는 감색종이에 금색을 칠한 화엄만다라가 있는데 이는 일본에는 없는 형태이다. 이 만다라는 태장계만다라의 형태를 갖고 비로자나불과 금강보살, 천수관음을 그린 것으로서 그 제작년시는 조선 순조 5년(1805)이다. 고려에서 조선까지 한국불교는 밀교가 유행하였는데 그러한 영향으로 만다라가 여러 형태로 변형되면서 흘러온 것같다.

해인사에는 '화엄변상도'가 있다. 이는 《화엄경》의 제1권에서 제64권까지의 各品을 그린 변상도로서 제1 '世主妙嚴品'에서 부터 시작되고 있다. 한국사찰에 모신 신중단에는 《화엄경》에서 설하고 있는 제신들이 보인다. 예를 든다면 《화엄경》 제4권의 변상도에서 '世主妙嚴品' 제1의 4라고 제목하고, 주대신·주지신·주수신·주가신·신중신·집금강신·주림신·주산신·주하신·도량신·족행신·주악신·주해신·주성신 등 천지산수를 주재하는 신중들이 완전하게 그려져 있다.

영산회 등의 대법회를 엄수할 때 대웅전이 협소하기 때문에 법당 뜰에 단을 설치하고 괘불을 단상에 걸고 법회를 개최한다. 괘불이란, 불화로서 석가, 문수, 보현을 그린 하나의 큰 만다라이다. 법당 뜰에 높이 걸린 '괘불'의 만다라에 참배하는 사람들로 뜰을 가득 메운다.

한국사찰의 특색[165]으로서는 다음 네 가지를 들 수 있다.

(1) 한국사찰은 거의 심산유곡에 있다. 국내에 산 좋고 물 좋은 곳은 전부 승려들에게 점령당하고 있다는 한국의 속담처럼 한국사찰은 거의 명산이나 경승지에 있다. 가야산 해인사, 지리산 화엄사, 태백산 부석사와 같은 것이 현저한 예이며, 조계산 송광사는 인적이 끊어진 심산유곡에 있으면서 산수의 경관미를 전부 갖추고 있다.

(2) 특정 사찰에 소속된 정해진 신도가 없다. 물론 신자는 시주자이지만 일본과 같이 어느 집이 어느 사찰에 소속되는 일은 전혀 없다. 어디까지나 개인적 신앙에서 절에 가고 보시하는 것이다.

(3) 사찰은 절재산으로 유지하고 있다. 신라때부터 절에는 토지를 소유하고 있지만, 그것은 원래 왕가나 귀족들이 기증한 것으로서 토지에서 수확되는 것으로 절이 유지되며 승려들은 다만 수행만을 전념하면 된다.

(4) 대사찰에는 많은 승려가 살고 있다. 직접 사찰 사무를 맡아하는 승려의 수는 적지만 수행을 하기 위하여 모여드는 승려의 수는 2백~3백여 명이나 된다.

이 같은 내용들을 본다면 옛부터 산중불교의 성격이 강하여 거의 사회적인 활동은 없었던 것으로 생각된다. 그러나 현재로서는 조계종 중심으로 도시의 포교당이 많이 개설되고 학교·병원 등도 경영하고 있다.

승려의 葬儀 습관은 다비를 마친 뒤에 사리를 찾는 것이다. 이 같은 풍습은 조선 서산대사 이래 커다란 특색으로 등장한 것이다. 한국사찰에 가면 사찰의 한적한 숲속에는 반드시 부도가 있고 종발형의 부도 속에는 사리를 모신 것들이 빽빽히 서 있다. 종발형의 부도 표면에는 반드시 승려의 사적을 기록

---

165) 한국사찰의 특징과 조계종 승려들의 생활이나 교육에 관해서는,
高橋亨, 《李朝佛教》, 第4章 〈朝鮮寺刹の研究〉, 寶文館, 1929.
蔡澤洙, 〈韓國佛教の傳統的學習教育科程について〉 《印度學佛教學研究》 제19권 제2호, 1971. 3.
拙稿 〈韓國の宗教事情について〉 《宗務時報》 35호, 1975, 文化廳文化部宗務課 참조.

하고 某師가 某年 모월 모일에 입적하여 다비한 뒤, 사리 몇 개를 얻어 삼가 이 부도에 넣고 건립했다고 하는 기록을 조각하고 있다.

승려들의 수행으로서는 업무·독경·좌선 등이 총림의 규정에 따라 정식으로 시행되고 있다. 물론 조계종 승려들은 독신이다. 대부분의 승려들은 불음계를 엄수하고 있으며 일단 이를 범하면 승려의 자격은 박탈당하여 교단에서 추방된다. 식사도 소채를 지키고 있으며 결코 육식이나 어류 등을 먹지 않는다. 다만 어떤 요리에도 고추를 사용하는 것은 일반 사람들의 식사와 다를 바가 없다.

한국승려들 중에서 비구니들이 갖는 지위는 크다. 숫자에 있어서도 큰 비중을 갖고 있어서 충남 공주 동학사나, 경북 청도에 있는 운문사, 경남 울주군 상북면에 있는 석남사 등은 비구니들의 전문 수행도량으로 삼고 있다. 대만 불교가 비구니들이 비구보다 숫자가 더 많은 것과 그 현상은 유사하다 하겠다. 속세의 욕망을 버리고 불문에 들어와 한결같이 염불좌선에 몰두하는 비구니들의 모습은 더없는 순결을 나타내고 있다.

불교관계 서적 해제

《三國史記》

김부식(1075~1151) 찬술. 50권. 현존하는 최고의 正史로서 삼국시대·통일신라기의 역사와 문화를 고찰할 수 있는 근본자료이다. 본서는 고려 仁宗 23년(1145) 12월, 왕명에 의해 찬술했다. 약 1세기 후에 찬술된 《三國遺事》와 함께 중요한 문헌이다. 본서는 본기(신라 본기·고구려 본기·백제 본기), 연표, 志, 열전 등으로 이루어진 것이다. 본서는 고려본, 조선본 및 최근의 활자본, 영인본이 있다.

《三國遺事》

일연(1206~1289)찬술. 5권. 고려 일연이 김부식의 《삼국사기》에서 기록하지 못한 것을 보충하고 사기에서 볼 수 없는 불교관계의 기사를 수집하여 기록한 재야자료이다. 본서에는 50여 명의 승려들 전기가 수록되어 있다. 또 《해동고승전》의 기사가 불확실한 곳을 정정하고 있다. 내용은 王曆, 紀異, 興法, 塔像, 義解·神呪, 感通, 避隱, 孝善의 9편으로 이루어져 있다. 불교설화와 향가연구에 寶庫라 하겠다. 본서가 현존하고 있기 때문에 고대 삼국과 신라불교사를 알 수 있다.

《高麗史》

139권. 고려조의 正史. 조선 태조 때 정도전·정총 등이 왕명에 따라 37권의 편년체를 찬술했는데 세종 때 정인지·김종서 등에 의해 개찬되고 文宗 원년(1451)에 완성했다. 체제는 기전체로서 세가, 志, 表, 열전의 4개 항목으로 이루어져 있다. 그 중 불교에 관한 기사가 매우 많다. 불교기사만을 인출한 것으로서는 權相老 《高麗史佛教鈔存》(보련각, 1972)이 있다.

《東國通鑑》

徐居正(1420~1488) 등이 찬술함. 56권. 조선성종 15년((1484), 왕명을 받들어 찬술한 것이다. 삼국에서 고려조 멸망까지의 編年史이다. 삼국 및 신라기사는 《삼국사기》·《삼국유사》에 의준한 것이며, 고려조의 기사는 《고려사》에서 얻어 이를 편년체로 다시 고쳐서 만든 것으로서 역사책으로서의 가치는 적지만, 편년체의 역사로서는 편리하다.

《東文選》

154권. 신라에서 조선 숙종에 이르기까지의 詩文을 수집한 것으로서, 목록 3권, 정편 130권, 속편 21권이 있다. 정편은 조선 成宗 9년(1478)에 徐居正 등이 왕명을 받들어 찬술했고, 속편은 中宗代에 申用漑 등이 편찬했고, 숙종대에 宋相琦 등에 의해 개편되었다. 정편에는 신라에서 조선초기까지의 시문을, 속편에는 그 이후 숙종까지의 시문을 수집하여 수록했는데 불교관계의 시문도 많다.

《海東高僧傳》

覺訓(생몰년대미상)이 찬술. 2권만이 현존. 통일신라시대에 김대문이 《고승전》을 저작했지만 일찌기 산실되어 그 내용이 불명하였기 때문에 현존하는 僧傳으로서는 본서가 가장 고대의 것이다. 고려 고종 2년(1215)에 찬술. 본서는 5권이상이 저술된 것이었으나 현존하는 것은 권1, 권2뿐이며, 35인의 고승전기가 수록되어 있다. 중국 《고승전》과 그 밖의 문헌의 자료가 참고되어 있다. 英譯에는 Lee, T. H., tr, *Lives of Eminent Korean Monks*, The Haedong kosŭng Chŏn, Mass., 1969가 있다.

《東國僧尼錄》

찬자불명. 1권. 삼국시대에서 조선시대의 중엽에 이르기까지 68명의 고승들의 전기를 기록한 것. 대 일본속장경(2·乙·23·3)에 수록. 본서의 인용서에서 본다면 18세기 후에 찬술된 것으로 생각된다. 고승을 名僧, 尼姑, 詩僧,

逆僧, 奸僧 등 5종으로 분류하고 있다. 普雨를 간승이라고 하는 등 신뢰성이 없는 면도 있다. 기존 한국승전의 종류를 사용하지 않고 공·사의 역사자료에 의해 성립한 것이다. 본서의 찬술자는 불교를 배격한 유교학자인지도 모른다.

《東師列傳》

梵海(1820~1894)찬술. 본서는 전6편으로 이루어져 있고 신라 아도화상에서 조선말기의 晦光講伯의 전기에 이르기까지 198인의 전기를 수록. 이 중에서 조선 이전은 제1편에 20인에 지나지 않으며, 대부분 조선代의 승전이다. 본서는 《불교문헌자료집》 제1권(보련각 1972)에 수록되어 있다.

《西域中華海東佛祖源流》

采永(생몰년대미상) 찬술. 7불, 서천조사, 중화조사, 해동원류, 해동선맥정전도와 고구려, 백제, 신라, 고려조사, 조계산 16조 등의 정전 및 그 외 밖의 조사전기를 편찬 기록한 것이다(里道德雄, 《西域中華海東佛祖源流》僧名索引稿 ── 朝鮮佛教僧名集成(Ⅳ) 《東洋學硏究》 제14호, 1979, 참조).

《朝鮮寺刹史料》

上·下 2권. 조선총독부 내무부 지방국찬집, 명치 44년(1911) 간행. 각 사찰에 현존하는 비문, 편액 그 밖의 고문서의 종류를 수집한 것이다. 寺刹史의 근본자료로서 중요할 뿐만 아니라 고대불교미술의 설명서도 된다.

《朝鮮金石總覽》

상·하 2권. 조선총독부. 大正 8년(1919) 간행. 대정 2년에서 5년동안 수집한 탁본에 의한 금석문을 편찬한 것. 금석의 종류는 碑碣, 墓表, 諡册, 墓誌, 石標, 石幢, 石刻, 石經 등과, 종, 불상, 탑, 등, 당간, 석주, 향로, 사리함, 거울, 종류까지 포함되어 있다. 고려이전의 것은 대부분 망라하고 있다. 한국불교사연구의 기본자료이다.

《東國輿地勝覽》

55권. 官에서 찬술한 地誌. 조선 성종 12년(1481). 50권이 완성되고, 4년 뒤에 첨부하고 삭제하여 55권으로 만들었다. 다시 연산군 때 개정하여 인쇄 간행한 것이다. 중종 23년(1528)에 증보 수정하고, 2년 뒤에 완성된 것이 《신증동국여지승람》이다. 본서는 사찰의 소재지와 유적, 유물의 조사에 편리하다.

한국불교의 불서해제서는 安春根著, 《韓國佛教書誌考》(同朋舍, 1978년)가 있다. 또 동국대학교 불교문화연구소편 《한국불교찬술문헌총록》(동국대학교 출판부, 1976년)은 한국에서 찬술된 불교관계문헌에 관해서 그 전거, 존실, 내용, 소장처 등을 밝힌 것으로서 한국불교연구의 기본서이다. 일본판 《韓國佛書解題辭典》(國書刊行會, 1982년)은 전자를 일어로 출판한 것이다. 신라시대 문헌목록에 관해서는 閔泳珪〈新羅章疏錄長編〉(白性郁博士頌壽記念 《佛教學論文集》, 1957)이 있다.

종파의 해설

열반종

중국 남북조시대에는 《涅槃經》의 연구가 흥행하여 열반종이 성립되었다. 한국에는 신라 무열왕 시대에 普德화상이 전주 景福寺에서 열반종을 세웠다. 신라시대에 《열반경》의 주석서를 쓴 사람으로서는 원효·의상·경흥·의적·태현 등이 있다. 열반종은 고려조에서 조선 초기까지 이어왔다.

계율종

중국 율종은 도선에 의해 대성했다. 신라계율종의 시조로서는 자장이다. 자장은 통도사에 계단을 열고, 또 황룡사에서 《보살계본》을 강의하여 자장을 계율종의 개창자로 본다하여 크게 잘못된 것은 아니라고 생각한다.

삼론종

본종은 인도의 용수 Nāgārjuna의 《중론》과 《12문론》 및 제바 Āryadeve의 《백론》을 소의로한 종파. 삼론종은 羅什－道生－曇濟－僧朗－僧詮－法朗－吉藏으로 계승되었다. 이 중에서 승랑은 고구려 사람이다. 한국승려로서 삼론을 연구한 사람은 고구려 實法師·印法師·慧灌 등이 있고, 혜관은 일본에 삼론을 전한 최초의 사람이다.

화엄종

《화엄경》을 소의로 하여 성립한 종파로서 杜順－智儼－法藏으로 계승하였으나 법장이 대성하였다. 지엄으로부터 화엄을 배워 해동화엄의 시조가 된 사람은 의상이다. 의상의 제자로서는 悟眞·智通·表訓·眞定·眞藏·道融·良圓·相源(元)·能仁·義寂 등의 10대 제자와 梵體·道身 등이 있다. 해동화엄은 해인사·화엄사를 중심으로 하여 전승되었다.

법상종

당의 현장삼장이 인도에서 중국으로 전하고 자은대사 基에 의해 한 종파로서 성립한 것이 법상종이다. 호법의 《성유식론》과 《해심밀경》을 소의로 한다. 현장의 제자였던 서명사 원측은 신라출신이다. 그 이외에도 신라출신으로서 현장의 제자였던 승려는 神昉·順憬·勝莊 등이 있고, 원측의 제자로서는 道證이 있으며 그 제자에는 태현이 있다. 법상종은 금산사를 중심으로 하여 眞表가 넓혔다. 진표의 제자, 永深·寶宗·信芳 등도 법상종이다.

천태종

《법화경》을 소의로 하는 천태종은 慧文—慧思—智顗로 상승하여 지의가 대성하였다. 신라 玄光은 慧思에 사사하고, 지의의 제자 波若는 신라사람이다. 吳越의 충의왕이 고려로 사신을 보내어 고려 諦觀에게 천태전적을 얻어오게 한 것이 기연이 되어 천태종이 다시 일어났다. 본격적으로 한반도에 천태종을 이식시킨 사람은 고려 의천이며 중국, 천태종의 성지로서는 天台山이나 天台山 國淸寺는 고려에서 창건한 것이다.

선종

중국의 선종은 달마 Bodhidharma를 개조로 하여 達摩—慧可—僧璨—道信으로 상승하고, 도신의 선을 계승한 도의에 의해 처음으로 신라에 전해졌다. 도신의 제자 홍인으로부터 혜능(남종선)과 신수(북종선)으로 분파되었는데 新羅禪은 북종선의 계통을 계승한 사람도 있지만, 신라 선문구산의 대부분은 남종선의 마조도일의 법계를 계승한 것이다. 고려에는 선문구산이 성립되었다. 조선에서는 元과 명나라의 선승법계를 계승한 자가 있기는 하지만, 한국 독자적 선종으로서의 조계종이 성립하여, 현재에 이르고 있다.

정토종

종파로서의 정토교는 신라에 들어오지 않았지만, 민간신앙에 큰 영향을 미친것은 인정할 수 있다. 신라의 정토교는 교학적 연구와 민중정토교로 분리된다. 교학적 연구는 《무량수경》·《아미타경》이 중심이 되고, 《관무량수경》의 연구는 거의 하지 않았다. 정토교의 학문적 연구의 계보는 淨影寺 慧遠의 계통에 속하는 것과 현장·자은의 계통에 속하는 것이 있다. 혜원의 계통으로서는 자장·원효·의상·의적·법위·현일 등이 있고, 현장의 계통으로서는 원측·경홍·태현·도륜 등이 속한다.

신인종

신라밀교의 상승은 명확하지 않은 것이 많다. 신인종의 개조 명랑은 인도 선무외 Śubhakarasiṃha에게 사사했다고 하나 분명치 않다. 《금강정경》을 중국에 전한 不空삼장 Amoghavajra의 제자가 신라 慧超이다. 그는 《왕오천축전》을 저술한 것으로서 유명하다. 한국밀교는 잡밀을 중심으로 하여 형성되었기 때문에 사제전승이 분명치 않다.

참고문헌

일본문헌(1930~1985)

忽滑谷快天,《朝鮮禪教史》春秋社, 1930.
今西 龍,《新羅史硏究》近澤書店, 1933.
高橋 亨,《李朝佛教》國書刊行會, 1933.
今西 龍,《百濟史硏究》近澤書店, 1934.
池內 宏,《朝鮮の文化》岩波書店, 1936.
大屋德城,《高麗續藏雕造攷》便利堂, 1937.
今西 龍,《高麗史硏究》近澤書店, 1944.
末松保和,《新羅史の諸問題》東洋文庫, 1954.
中吉 功,《海東の佛教》國書刊行會, 1973.
金知見・蔡印幻編,《新羅佛教硏究》山喜房佛書林, 1973.
齋藤 忠,《新羅文化論攷》吉川弘文館, 1973.
葛城末治,《朝鮮金石攷》國書刊行會, 1974.
蔡印幻,《新羅佛教戒律思想硏究》國書刊行會, 1977.
江田俊雄,《朝鮮佛教史の硏究》國書刊行會, 1977.
源 弘之,《韓國淨土教硏究序說》尙文堂, 1978.
安春根,《韓國佛教書誌考》同朋舍, 1978.
坂元義種,《百濟史の硏究》塙書房, 1978.
鎌田茂雄,《日本佛教のふるさと》東京大學出版會, 1978.
鎌田茂雄,《朝鮮佛教の寺と歷史》大法輪閣, 1980.
田村圓澄,《古代朝鮮佛教と日本佛教》吉川弘文館, 1980.
田村圓澄・秦弘燮,《新羅と日本古代文化》吉川弘文館, 1981.
齋藤 忠,《古代朝鮮文化と日本》東京大學出版會, 1981.
中吉 功,《韓國曹溪禪への招待》國書刊行會, 1983.

田村圓澄,《日本佛教史4》(百濟・新羅) 法藏館, 1983.
玉城康四郎編,《佛教史Ⅱ》(第Ⅲ部 朝鮮) 山川出版社, 1983.
朴先榮,《佛教の教育思想》國書刊行會, 1985.
柳宗悅,《朝鮮とその藝術》叢文閣, 1922.
濱田耕作,《佛國寺と石窟庵》朝鮮總督府, 1938.
小場恒吉,《慶州南山の佛蹟》朝鮮總督府, 1940.
關野 貞,《朝鮮の建築と藝術》岩波書店, 1941.
杉山信三,《朝鮮の石塔》彰國社, 1944.
輕部慈恩,《百濟美術》寶雲舍, 1946.
齋藤 忠,《朝鮮佛教美術考》寶雲舍, 1947.
高裕 燮,《韓國美術史及美學論攷》通文館, 1963.
中吉 功,《新羅・高麗の佛像》二玄社, 1971.
朱榮憲,《高句麗の壁畵古墳》學生社, 1972.
坪井良平,《朝鮮鐘》角川書店, 1975.
金元龍,《韓國美術史》名著出版, 1976.
黃壽永,《韓國佛像の研究》同朋舍, 1978.
中吉 功,《朝鮮美術への道》國書刊行會, 1979.
松原三郎 《韓國金銅仏研究 — 古代朝鮮金銅仏の系譜 —》吉川弘文館, 1985.
中吉 功,《朝鮮回顧錄》國書刊行會, 1985.
金元龍編,《韓國美術1 古代美術》講談社, 1986.
秦弘燮編,《韓國美術2 新羅・高麗美術》講談社, 1987.
李東洲編,《韓國美術3 李朝美術》講談社, 1987.

한국문헌 (1910～1986)

韓龍雲,《朝鮮佛教維新論》佛教書館, 1913.
李能和,《朝鮮佛教通史》新文館, 1918.
李載丙,《朝鮮佛教史之研究》東溪文化研揚社, 1946.

李弘稙, 《韓國古文化論攷》 을유문화사, 1954.
白性郁博士頌壽記念, 《佛敎學論文集》東國大學校, 1959.
金東華, 《新羅時代의 佛敎思想》 亞細亞研究, 1962.
趙明基, 《新羅佛敎의 理念과 歷史》 新太陽社, 1962.
趙明基, 《高麗大覺國師와 天台思想》 經書院, 1964.
趙明基博士華甲記念, 《佛敎史學論叢》 동국대학교출판부, 1965.
金煐泰·禹貞相, 《韓國佛敎史》 신흥출판사, 1969.
고대민족문화연구소편, 《韓國文化史大系Ⅵ》(宗敎·哲學史) 1970.
동국대불교문화연구소, 《護國大聖四溟大師研究》 신흥출판사, 1971.
李喜秀, 《土着化過程에서 본 韓國佛敎》 불서보급사, 1971.
權相老, 《朝鮮佛敎略史》 보련각, 1972.
權相老, 《高麗史佛敎鈔存》 보련각, 1973.
李智冠, 《韓國佛敎所依經典研究》 보련각, 1973.
安震湖編, 현토주해《四集合本》 법륜사, 1973.
黃浿江, 《新羅佛敎說話研究》 一志社, 1975.
崇山朴吉眞博士華甲紀念, 《韓國佛敎思想史》 원광대학교, 1975.
安啓賢, 《新羅淨土思想史研究》 아세아문화사, 1976.
黃壽永, 《韓國金石遺文》 일지사, 1976.
金知見, 《均如大師華嚴學全書》 대한전통불교연구원, 1977.
李智冠, 《比丘尼戒律研究》 대각회출판부, 1977.
金煐泰, 《三國遺事所傳의 新羅佛敎思想研究》 신흥출판사, 1979.
韓基斗, 《韓國佛敎思想研究》 일지사, 1980.
韓鐘萬編, 《韓國近代民衆佛敎의 理念과 展開》 한길사, 1980.
洪潤植, 《淨土思想》 한겨레출판사, 1980.
洪潤植, 《韓國佛畵의 研究》 원광대학교출판부, 1980.
朴先榮, 《佛敎의 敎育思想》 동화출판공사, 1981.
金煐泰編, 《韓國佛敎史料－海外文獻抄集》 불교문화연구소, 1981.

安啓賢, 《韓國佛教史研究》 동화출판공사, 1982.
李箕永, 《韓國佛教研究》 한국불교연구원, 1982.
安啓賢, 《韓國佛教思想史研究》 동국대학교출판부, 1982.
불교문화연구소편, 《韓國天台思想研究》 동국대학교출판부, 1983.
金杜珍, 《均如華嚴思想研究》 一潮閣, 1983.
金三龍, 《韓國彌勒信仰의 研究》 동화출판공사, 1983.
洪潤植, 《高麗佛畵의 研究》 동화출판공사, 1984.
불교문화연구원편, 《韓國禪思想研究》 동국대학교출판부, 1984.
金煐泰, 《百濟佛教思想研究》 동국대학교출판부, 1985.
불교문화연구원편, 《韓國淨土思想研究》 동국대학교출판부, 1985.
韓基斗, 《禪과 無時禪의 研究》 원광대학교출판국, 1985.
洪潤植, 《三國遺事와 韓國古代文化》 원광대학교출판국, 1985.
曉城先生八旬頌壽, 《高麗佛籍集佚》동국대학교출판부, 1985.
佛教學會編, 佛教學論集1 《初期韓國佛教教團史의 研究》, 2《韓國佛教禪門의 形成史的研究》, 3《韓國曹溪宗의 成立史的研究》, 4《高麗後期佛教展開史의 研究》, 5《高麗初期佛教史論》, 6《高麗中・後期佛教史論》民族社, 1986.
金煐泰, 《韓國佛教史概說》 경서원, 1986.
金哲埈・崔柄憲編, 《史料로 본 韓國文化史》(古代篇) 일지사, 1986.
韓普光, 《龍城禪師研究》 감로당, 1981.
불교문화연구원편, 《韓國密教思想研究》 동국대학교출판부, 1986.
尹喜淳, 《朝鮮美術史研究》 서울신문사출판국, 1946.
高裕燮, 《韓國塔婆의 研究》 을유문화사, 1948.
金永基, 《朝鮮美術史》 金龍圖書會社, 1948.
金瑢俊, 《朝鮮美術大要》 을유문화사, 1949.
高裕燮, 《韓國美術文化史論叢》 서울신문사출판국, 1949.

연　　표

서 기	왕 조		한국불교
372	고구려 소수림왕	2	順道, 진왕부견의 명에 따라 불상·경론을 가져옴. 고구려 불교의 시작.
374		4	前秦의 阿道, 고구려에 옴.
375		5	肖門寺를 창건하여 順道를 두고, 伊弗蘭寺를 창건하여 阿道를 둠.
384	백제 침류왕	1	호승 摩羅難陀, 東晋에서 옴. 백제불교의 시작.
385		2	漢山에 절을 창건하고 승려 10인을 출가케 함.
394	고구려 광개토왕	3	평양에 9개 사원을 건립.
396		5	晋僧 曇始 요동에서 옴.
417	신라 눌지왕	1	고구려승 묵호자, 一善群에 옴.
452	가락국 지지왕	2	許황후의 명복을 빌고 王后寺를 창건함.
479	신라 소지왕	1	아도가 옴.
498	고구려 문자왕	7	金剛寺를 창건.
500		9	승랑, 중국 섭산 서하사의 寺主가 됨.
526	백제 성명왕	4	謙益, 중인도 常伽那寺에서 율부를 배우고 귀국함. 백제율종의 시작.

※중국과 일본의 난에서 연호가 없는 것은 左記 서기와 같음. ✽는 정치적 사건임

중국불교	일본불교
366. 사문樂僔, 돈황 석굴사원을 만듬. 이때, 道安이 활약함 (385년 죽음).	
慧遠이 廬山에 들어감(一說, 381).	
386. ✽북위의 건국	
390. 慧遠이 白蓮社를 결성함.	
401. 구마라습이 장안에 옴. 후일《법화경》·《아마타경》·《대지도론》등 35部 3백여 권을 번역함.	
414. 法顯이 인도에서 돌아와(399~)《佛國記》를 저술함.	
420. ✽남북조 시대가 시작됨.	
421. 불타발다라가《華嚴經》을, 담무참《대반열반경》을, 寶雲《무량수경》을 번역함.	
428. 竺道生이 闡提成佛說, 頓悟說을 주창. 建康을 떠나서 虎丘山으로 들어감.	
443. 求那跋陀羅가《능가경》을 번역함.	
446. 북위 태무제. 廢佛毁釋을 단행함(三武一宗의 제1의 법난이 시작됨).	
북위의 文成帝, 불교 부흥의 詔를 발함.	
460. 운강석굴의 공사를 시작함. 曇曜가 사문통이 됨.	
467. 북위, 평성에 永寧寺를 창건함.	
494. 용문석굴 공사를 시작함.	
504. 양무제 도교를 버리고 불교에 귀의함.	
509. 寶亮,《涅槃義疏》를 찬술함.	
511. 보리유지·勒那摩提 등이《十地經論》을 번역함.	
518. 惠生·宋雲 등이 서역으로 감.	
519. 慧皎,《高僧傳》을 찬술함.	

서 기	왕 조		한국불교
527	신라 법흥왕	14	이차돈의 순교. 신라불교의 시작.
529		16	살생을 금함. 大通寺를 창건.
541	백제 성명왕	19	毛詩박사, 열반경 등과 工匠·畵師 등을 양나라에서 구함.
545		23	丈六佛像을 주조함.
549	신라 진흥왕	10	覺德, 梁에서 귀국하면서 불사리를 가져옴.
550		11	安藏법사, 大書省이 됨.
551		12	고구려승 惠亮, 국통이 됨. 처음으로 백좌강회·팔관재회를 설치함.
553		14	신궁을 皇龍寺로 改修함. 法住寺를 창건.
554	백제 위덕왕	1	曇惠 등 9인의 승려 일본으로 감.
565	신라 진흥왕	26	陳僧 明觀이 경론을 가져옴.
566		27	祇園寺·實際寺를 창건.
572		33	전몰자를 위해 팔관재회를 설치함.
574		35	황룡사의 장육불상을 주조함.
576	신라 진지왕	1	安弘, 호승 毘摩羅와 함께 陳에서 돌아옴.
577	백제 위덕왕	24	경론·불사·禪師 등을 일본으로 보냄.
583		30	日羅, 일본으로 감.
584		31	백제의 鹿深, 일본에 미륵석상을 가져감. 고구려의 승려 惠便이 蘇我馬子의 청에 따라 善信尼 등 3비구니를 출가케 함.
585	신라 진평왕	7	智明, 陳에 감(~602).
587	백제 위덕왕	34	豊國이 일본 穴穗部皇太子에게 설법함.
588		35	慧聰, 일본에 불사리를 보냄.
589	신라 진평왕	11	圓光, 陳으로 들어감(~600).

중국불교	일본불교
梁무제, 同泰寺에서 무차대회를 설치하여 捨身을 함.	
542. 曇鸞이 죽음.	538. 백제 성명왕이 불상·경론을 보내옴. 불교를 공인함(一說, 552)
548. 眞諦, 建康으로 들어옴. 후일 《섭대승론》·《대승기신론》을 번역함.	
559. 慧思, 《立誓願文》을 찬술함.	
563. 이 때, 《섭대승론》을 번역함.	562. ✻任那에 日本府를 없앰.
那連提黎耶舍 《大集月藏經》을 번역함.	
570. 北周의 道安이 《二教論》을 헌상함. 北周의 무제, 폐불을 단행함(제2의 법난).	
581. 隋 문제, 불교 부흥에 전력을 다함.	
✻隋, 중국을 통일함.	善信尼 등이 백제에 감(~590).
591. 晋王廣(煬帝), 智顗에게 보살계를 받음(智顗 597년에 죽음).	593. 聖德太子가 섭정을 함. 다음 해 불교 흥륭을 위한 詔를 냄.
592. 정영사 혜원 죽음.	

서 기	왕 조		한국불교
595	고구려 영양왕	6	慧慈, 일본황태자 豊聡의 스승이 됨. 백제의 慧聰과 함께 일본 삼보의 동량이 됨(～615).
596	신라 진평왕	18	曇育, 隋에 들어감(～605).
597		19	三郎寺를 세움.
600	백제 무왕	1	王興寺를 창건하고, 승려 30인을 득도케 함.
601		2	彌勒寺 건립.
602		3	觀勒, 일본에 감. 曆本·天文·地理·方術의 책을 기증함.
〃	고구려 영양왕	13	僧隆, 雲聰과 함께 일본으로 감.
608	신라 진평왕	30	원광, 隋에 원병을 청하는 乞師表를 씀.
609	백제 무왕	10	慧彌, 道欣 등 일본의 肥後에 표류, 詔書를 내려 元興寺에 살게함.
610	고구려 영양왕	21	曇徵과 法定이 일본으로 감.
613	신라 진평왕	35	황룡사에 百高座를 설치하고 원광 등이 경을 설함(원광, 630년에 죽음).
623		45	신라와 임나의 사신이 일본에 불상·불구를 보냄.
624	고구려 영류왕	7	五斗米道가 들어옴.
625		8	慧灌이 일본에 감. 승정에 임명 되어 三論宗을 전함.
626	신라 진평왕	48	원측, 당으로 감.
627		49	이 때, 阿離耶跋摩·慧業·玄恪 등이 서역·인도로 감.
632	신라 선덕여왕	1	명랑법사 당으로 감(～635).
634		3	芬皇寺를 건립함.
〃	백제 무왕	15	王興寺를 건립함.
635	신라 선덕여왕	4	靈廟寺를 건립.
636		5	황룡사에 百高座를 설치하고 승려100인을 득도케 함. 慈藏, 僧實 등과 함께 당으로 감.

중국불교	일본불교
594. 三階敎의 信行이 죽음. 法經 등이 《衆經目錄》 등을 만듬. 이 때 五衆衆主를 둠.	
	法興寺(飛鳥寺) 건립 (588～). 慧慈와 慧聰을 머물게 함.
費長房《歷代三寶紀》를 찬술함.	
隋의 文帝, 諸州에 사리탑을 세움.	
	604. 17조 헌법을 만듬.
605. 靜琬, 房山雲居寺에 《大藏經》의 石刻을 시작케 함.	606. 太子,《법화경》등을 강의함.
道綽, 정토교를 세워 귀의케 함.	607. ✽小野妹子를 隋로 보냄. 法隆寺를 세움.
618. ✽唐이 일어남.	615경. 太子가《三經義疏》를 찬술함.
622. 法琳,《破邪論》을 주상께 진상함.	
三論宗의 吉藏이 죽음.	
唐의 高祖, 고구려에 道士와 天尊像을 하사함.	僧制를 만들고 백제승려 觀勒을 僧正에 임명함.
칙서를 내려 불교와 도교를 억압함.	
현장, 장안을 출발하여 서역으로 감(一說, 629).	
	630. ✽당으로 사신파견을 시작함.
637. 詔를 내려 道士를 僧尼의 위에 둠. 法常·法琳·智實 등이 이에 항의함.	

서　기	왕　조		한국불교
643	고구려 보장왕	2	唐으로 사신을 보내어 도교를 구함. 道士叔達, 《노자도덕경》을 가져옴.
643	신라 선덕여왕	12	자장, 대장경・불사리 등을 가지고 당에서 귀국. 통도사를 창건함.
645		14	자장이 가져온 불사리를 황룡사・大和寺의 탑과 통도사 계단에 안치함.
650	신라 진덕여왕	4	의상·원효, 入唐 계획을 단념함.
651		5	神昉, 현장이 번역한 《十輪經》의 서문을 찬술함.
655	백제 의자왕	15	비구니 법명이 일본으로 감.
659	신라 무열왕	6	壯義寺를 세워 전사자의 명복을 빔.
661	신라 문무왕	1	의상이 당으로 가서 智儼에게 화엄을 배움(~671).
665		5	惠通, 당에서 돌아옴.
	통 일 신 라		
669	문무왕	9	信惠, 政官大書省이 됨.
674		14	義安이 大書省이 됨.
676		16	의상이 부석사를 창건함(702년 죽음).
679		19	四天王寺를 건립.
682	신문왕	2	感恩寺를 건립함.
683		3	靈鷲寺를 세움.
685		5	奉德寺・望德寺를 건립함.
686		6	元曉 죽음.
687		7	태자가 일본에 금동아미타상을 보냄.
689		9	詮吉 등 50여 명이 일본으로 감.

중국불교	일본불교
640. 화엄종조 杜順이 죽음.	
玄奘, 귀국하여 《大唐西域記》를 찬술하고, 뒤에 《유가사지론》·《대비바사론》을 번역함. 道宣 《속고승전》을 찬술함.	646. ✽大化改新의 詔를 내림.
648. 長安에 大慈恩寺를 세움. 역경원을 설치함.	653. 道昭, 당으로 감.
	658. 智通·智達 등이 신라배를 타고 당으로가 현장에게 法相을 배움.
664. 道宣이 《大唐內典錄》을 찬술함(667년에 죽음). 666. 諸州에 一觀一寺를 둠. 668. 道世 《法苑珠林》을 찬술함. 화엄종의 智儼이 죽음.	663. ✽白村江에 전쟁이 일어남.
671. 義淨이 廣州에서 인도로 감. 675. 弘忍이 죽음.	672. ✽壬申의 난으로 放生會를 시행함.
중인도의 地婆訶羅가 長安에 옴. 681. 정토교의 善導가 죽음. 법상종의 窺基가 죽음. 사신을 인도로 보내서 菩提流志를 영접함. 후에 《大寶積經》을 번역함.	僧綱制度를 확립하고 觀常과 雲觀이 신라에서 돌아옴.
690. 則天武后, 大雲寺를 諸州에 둠.	智隆이 돌아옴. 당으로 간 승려 智宗 등이 신라의 배를 타고 돌아옴.

서 기	왕 조		한국불교
693	효소왕	2	道證, 당에서 天文圖를 가져옴. 勝詮이 당에서 賢首의 疏鈔를 의상에게 전함.
696		5	圓測, 唐의 佛授記寺에서 죽음.
697		6	釋迦寺·佛無寺를 세움. 望德寺의 낙성회를 개최.
703	성덕왕	2	智鳳이 일본 승려 智鸞·智雄 등과 함께 당으로 감.
705		4	道倫 《瑜伽論記》를 찬술함.
719		18	甘山寺를 건립함.
720		19	황룡사 9층탑을 중수함.
723		22	雙溪寺 건립.
724		23	上院寺 건립.
725		24	法泉寺 건립.
728		27	無相, 당으로 감(756년 당에서 죽음).
736		35	法住寺를 중수함.
738	효성왕	2	奉德寺를 창건.
740		4	審祥, 일본에서 처음으로 《화엄경》을 강의함(742. 일본 大安寺에서 죽음).
751	경덕왕	10	金大城, 불국사를 중건하고, 다보탑·석가탑을 완성. 《무구정광대다라니경》을 탑속에 봉안함.
753		12	太賢, 內殿에서 《金光明經》을 강의함.
754		13	法海, 황룡사에서《화엄경》을 강의함. 황룡사의 대종을 주조함.
755		14	분황사의 약사여래동상을 만듬.
760		19	月明師가 도솔가를 지음.
762		21	無漏, 唐에서 죽음.
763		22	斷俗寺를 건립.
764		23	金山寺의 丈六미륵상을 만듬(766. 진표가 불상을 금당에 안치함).

중국불교	일본불교
695. 義淨, 洛陽으로 돌아와 《大唐西域求法高僧傳》을 찬술함. 明詮 등이 《大周刊定衆經目錄》을 찬술함.	
698. ✻발해가 일어남(～926).	
699. 實叉難陀 《화엄경》을 번역함.	701. 僧尼令을 발포함.
中宗, 諸州에 中興寺를 둠.	707. 淨達 등이 신라에서 돌아옴.
706. 北宗의 神秀가 죽음.	
712. 화엄종의 法藏이 죽음.	710. ✻平城으로 천도함.
慧日, 인도에서 돌아와 慈愍流를 열다.	718. 道慈, 당에서 三論을 전함.
金剛智·不空, 洛陽에 옴.	
721. 一行 《大衍曆》을 찬술함.	
善無畏와 一行 《大日經》을 함께 번역함.	
729. 李通玄 《新華嚴經論》을 찬술함.	《金光明經》을 諸國에 분배함.
730. 智昇 《開元釋敎錄》을 찬술함.	
737. 僧尼를 祠部에 예속시킴.	菩提僊那·佛哲道璿이 옴.
玄宗, 諸州에 開元寺觀을 둠.	
	741. 國分寺·國分尼寺의 造營을 발원함.
	752. 東大寺 大佛의 開眼.
	鑑眞, 당에서 돌아와 律宗을 전함.
✻安祿山의 난.	
756. 불교·도교의 도첩을 판매하고, 香水를 돈으로 삼.	759. 唐招提寺을 건립함.

서　기	왕　조		한국불교
765	혜공왕	1	혜공왕대에 高仙寺 誓幢和上(元曉) 塔碑가 건립됨.
772		8	桐華寺의 5층석탑이 건립됨.
779		15	百座法會를 설치함. 神行이 斷俗寺에서 죽음.
785	원성왕	1	처음으로 僧官을 둠.
787		3	惠英과 梵如, 少年書省이 됨.
794		10	奉恩寺를 건립함.
799	소성왕	1	梵修, 입당하여 澄觀의 《華嚴經疏》를 가져옴.
802	애장왕	3	가야산 해인사를 세움.
804		5	慧昭, 당으로 감(~830, 850년에 죽음).
809	헌덕왕	1	海眼寺 창건, 뒤에 銀海寺라 개칭함.
814		6	惠哲, 당으로 감(~839).
821		13	道義, 당에서 돌아옴. 無染이 당으로 감(~845, 888 년에 죽음).
824		16	玄昱, 당으로 감(~837).
825		17	道允이 당으로 감.
826	흥덕왕	1	洪陟이 당에서 돌아옴.
829		4	實相寺를 세움.
835		10	梵魚寺를 세움.
837	희강왕	2	體澄(~840)·普照·貞育·虛會 등이 당으로 들어감.
847	문성왕	9	梵日, 당에서 돌아와 崛山寺를 창건함(889년에 죽음).
856		18	圓朗, 당으로 들어감(~866, 883년에 죽음).

중국불교	일본불교
768. 우란분회를 행하고 이후 연중행사로 삼았음.	766. 道鏡이 法王이 됨.
774. 밀교의 不空三藏이 죽음.	
781. 大秦景敎流行中國碑를 세움. 782. 天台宗의 湛然이 죽음. 796. 荷澤神會를 선종의 7祖로 삼음. 798. 《반야경》·《화엄경》을 번역함. 800. 圓照《貞元新定釋敎目錄》을 찬술함.	✽平安으로 천도함. 797. 空海《三敎指歸》를 저술함. 805. 最澄, 당에서 귀국. 천태종이 시작됨.
805. 밀교의 惠果가 죽음. 806. 瑞甫, 左街僧錄이 됨. 807. 慧琳《大藏音義》를 찬술함. 百丈懷海 죽음.	806. 空海, 당에서 귀국. 진언종이 시작.
819. 韓愈《論佛骨表》를 주상께 상납하고 불교를 공격함.	822. 東大寺에 관정도량을 만듬. 比叡山에 계단이 설치됨.
杭州의 龍興寺에 華嚴結社를 결성함.	828. 空海, 綜藝가 種智院을 창설함. 圓仁 등이 당나라의 배를 타고 당으로 감(~847).
839. 화엄종의 澄觀이 죽음. 841. 화엄종의 宗密이 죽음. 842. 武宗이 폐불을 단행함(제3의 법난). 845. 慧徹. 谷城泰安寺를 창건함. 853. 위앙종의 靈佑가 죽음.	

서 기	왕 조		한국불교
858	헌안왕	2	順之, 당으로 감(~873).
864	경문왕	4	道詵, 玉龍寺를 창건함(898년에 죽음).
870		10	行寂, 당으로 감(~885).
876	헌강왕	2	황룡사에서 백고좌를 개설하여 불경을 강의함.
882		8	智詵이 죽음.
888	진성여왕	2	大矩, 魏弘과 함께 향가를 수집함.
891		5	逈微, 당으로 감(~905).
892		6	慶甫, 당으로 감(~921).
896		10	利嚴, 당으로 감(~911).
898	효공왕	2	궁예, 팔관회를 개설함.
900		4	兢讓, 당으로 감(~924).
908		12	慶猷, 당에서 돌아옴(930 년에 죽음).
	고 려		
918	태조	1	처음으로 八關會를 설치함.
919		2	法王寺·王輪寺 등 10사찰을 건립함.
921		4	五冠山에 大興寺를 짓고 利嚴을 머물게 함(936년에 죽음). 璨幽가 당에서 돌아옴 (958년에 죽음).
922		5	태조의 저택을 廣明寺로 만들고, 曇諦를 맞이함.
923		6	審希가 죽음.
924		7	玄暉, 당에서 돌아옴(941년에 죽음). 황룡사에 백고좌를 설치함 (이후에 종종 시행됨).
928		11	洪慶·默和尙, 당에서 대장경을 가져옴.
929		12	인도의 三藏 摩睺羅가 龜山寺에 옴(930년에 죽음).
930		13	開淸이 죽음.
936		19	連山에 開泰寺를 세움.
938		21	마가다국 大法輪寺의 睺哩嚩日羅(弘梵)이 옴.
940		23	무차대회를 시작함.
945	혜종	2	允多가 죽음.

중국불교	일본불교
	圓珍, 당에서 돌아옴(853~).
867. 임제종 義玄이 죽음.	
869. 조동종 良价가 죽음.	
875. ✽黃巢의 난이 일어남.	897. ✽당에 사신을 보내는 제도를 폐함.
907. ✽당이 망하고 後梁이 건국됨.	907. 宇多天皇, 熊野御幸.
916. ✽契丹이 건국됨.	
	927. ✽延喜式이 이루어짐.
	空也가 경성으로 가서 염불을 함.

서 기	왕 조		한국불교
951	광종	2	大奉恩寺·佛日寺를 건립.
954		5	崇善寺 건립.
958		9	과거와 함께 승과를 설치함.
960		11	諦觀을 宋나라로 보내고 아울러 天台經·論·疏를 증정함.
963		14	歸法寺를 창건함.
964		15	悟空이 죽음.
968		19	弘化寺·遊嚴寺·三歸寺 등을 세움. 광범위하게 재회를 설치하고 放生所를 둠. 惠居를 국사로 봉함. 坦文을 왕사로 삼음(혜거 974년에 죽고, 탄문은 975년에 죽음).
987	성종	6	兩京의 팔관회를 폐지함.
988		7	三長月(음력 정월·5월·9월)에 도살을 금함.
989		8	祖宗后妣의 齋忌에 도살육선을 금함. 如可가 송에서 《대장경》을 가져옴.
991		10	韓彦恭, 宋에서 돌아와 대장경을 헌상함. 沙門을 宋으로 보내어 智覺에게 배우고 《宗鏡錄》을 가져옴. 한국선종이 시작됨.
1004	목종	7	다시, 송나라에 사신을 보내어서 官本大藏經을 구함.
		9	灌燭寺에 관음대상이 이룩됨.
1010	현종	1	연등회·팔관회를 부활시킴.
1011		2	契丹兵을 퇴치하기 위해 대장경을 간행하여 符仁寺에 소장함. 연등회를 상례로 정함.
1018		9	개국사의 탑을 중수함. 계단을 설치하고 3천여 명을 득도케하고 승려 10만 명에게 공양을 베품. 智宗이 죽음.
1027		18	重光寺를 건립함.
1029		20	회경전에 장경도량을 둠(이 이후에도 종종 시행됨). 有妻僧을 징계하여 중광사의 노역에 충당시킴.
1032	덕종	1	法鏡을 국사에 임명함.
1033		2	中延, 白嚴寺를 淨土寺로 고침.

중국불교	일본불교
949. 雲門宗의 文偃죽음. 955. 世宗, 폐불령을 발포함(제4의 법난). 法眼宗의 文益이 죽음.	
✻宋이 건국됨. 吳越王, 전란으로 폐멸된 佛典論疏를 고려와 일본에서 구함.	985. 源信, 《往生要集》을 저술함.
	奝然, 宋版 대장경을 가지고 돌아옴 (983～).
983. 蜀版 《大藏經》이 완성. 贊寧 등이 《宋高僧傳》을 찬술함.	
	993. 圓仁 · 圓珍 양문도가 다툼.
知礼 《十不二門指要鈔》를 찬술함(1028년에 죽음). 道原 《경덕전등록》을 찬술함.	1003. 寂照(大江定基), 송으로 감. 1008. ✻花山天皇이 죽음.
1022. 天台山 外派의 智圓이 죽음.	1019. 藤原道長이 아미타당을 세우고 발원함.

서 기	왕 조		한국불교
1035	정종	1	法護·惟淨이 《天竺字源》을 찬술함.
1036		2	아들이 4인이 있는 자는 한 아들을 출가시켜도 좋다는 허락이 내림.
1041		7	文德殿에 금광명경도량을 설치. 팔관회를 설치함(이후에도 계속됨).
1046		12	經行을 시작함. 건덕전에 화엄경도량을, 회경전에는 消災도량을, 외제석원에는 祈祥迎福도량을 설치함(이후에도 계속됨).
1047	문종	1	건덕전에 반야도량을 설치함(이후에도 계속됨). 決凝을 국사에 임명함.
1051		6	普濟寺에 나한재를 설치함(이 이후에도 계속됨).
1054		8	鼎賢이 죽음.
1058		12	海麟을 국사로 봉하고, 爛圓을 왕사로 함.
1059		13	아들이 3인이면 한 아들의 출가를 허락함.
1060		14	문덕전에 天帝釋도량을 설치함(이후에도 계속됨).
1066		20	妙通寺에 摩利支天도량을 설치함(이후에도 계속됨).
1067		21	興王寺를 건립. 연등회를 개최(이후에도 계속됨).
1068		22	홍왕사에서 慶成會를 개최(이후에도 계속됨).
1070		24	흥왕사에 미륵전 창건.
1074		28	四天王寺에 문두루도량을 설치(이후에도 계속됨).
1077		31	흥왕사에 행차하여 金字《화엄경》을 轉讀함.
1083	순종	1	《宋朝大藏經》을 맞이하여 개국사에 둠.
1085	선종	2	義天, 송으로 감. 문덕전에 佛頂도량을 설치(이후 실시).
1086		3	의천, 귀국하여 釋典經書 1천권을 헌상함. 경서를 요와 송에서 구하여 4천여 권을 간행함. 천태종이 시작됨.

중국불교	일본불교
1037. 惟淨 등은《景祐新修法寶目錄》을 입장시킴.	1039. 延歷寺의 승려들 强訴함.
	1052. 이 해부터 末法이라 함.
	1053. 平等院鳳凰堂이 이루어짐.
이 때, 遼《契丹大藏經》을 인쇄함.	
1061. 契嵩《輔敎篇》을 찬술함.	
1063. 契丹, 고려에 대장경을 보냄.	
1069. ✽王安石의 개혁.	
	1071. 成尋 송으로 감.
	1076. 고려에 불상을 헌납.
	✽後三年의 役이 시작됨.
	✽白河上皇. 院政을 시작함.

서 기	왕 조		한국불교
1089		6	건덕전에 능엄도량을 설치(이후에 계속됨). 國淸寺건립.
1090		7	의천, 《新編諸宗敎藏總錄》을 찬함(1101년에 죽음).
1091		8	《고려대장경》개판에 착수(1093년에도 착수).
1096	숙종	1	韶顯이 죽음.
1097		2	국청사에 慶讚도량을 설치(이후에도 계속됨).
1106	예종	1	문덕전에 백일재·자비참도량을 설치(이후 계속).
1107		2	遼의 사신, 대장경을 하사함. 曇眞을 王師에 임명.
1109		4	문덕전에 약사도량을, 장영전에 우란분도량을 설치함(이후에도 계속).
1110		5	문덕전에 孔雀明王도량을 설치함(이후에도 계속).
1114		9	담진을 국사로, 樂眞을 왕사에 임명.
1122		17	德緣을 국사에, 學一을 왕사에 임명.
1134	인종	12	淨心(妙淸)을 삼중대사에 임명.
1141		19	冲曦, 출가함. 元敬국사에 봉함. 澄儼이 죽음.
1144		22	圓應이 죽음.
1145		23	坦然을 왕사에 봉함.《삼국사기》가 완성됨.
1200	신종	3	知訥, 定惠社를 曹溪山吉祥寺에 이주시킴(1210죽음).
1205	희종	1	松廣寺를 건립.
1221	고종	8	承迥이 죽음.
1227		14	眞訓,《禪門拈頌》을 찬술함.
1229		16	志謙이 죽음.
1232		19	몽고침입. 부인사의 初彫大藏經이 소각됨.
1234		21	眞覺慧諶이 죽음.
1236		23	대장도감을 강화도에 두고, 대장경을 再彫함.

중국불교	일본불교
1095. 송의 惠珍, 고려에 감.	
1101. 蘇軾 죽음.	
1115. *金의 건국.	1126. 中尊寺의 金色堂건립.
1133. 思溪版 《대장경》 彫印함.	
1163. 大慧宗杲가 죽음.	1168. 榮西가 宋으로 감.
1189. 이 때, 金刻 《대장경》이 완성됨.	1175. 法然이 오로지 염불할 것을 주창함.
	1224. 親鸞이 정토종을 개종함.
	道元이 송에서 귀국함.
1231. 磧沙版 《大藏經》 印行이 시작됨.	

서　기	왕　조		한국불교
1251		38	대장경판 완성. 西門 밖에 대장경板堂을 건립함.
1275	충렬왕	1	《삼국유사》 완성됨.
1282		8	印奇, 송으로부터 대장경을 청해옴. 이를 전등사에 소장함.
1283		9	一然을 國尊으로 봉함(1289년에 죽음).
1292		18	惠永을 국존으로 임명함.
1295		21	景宜을 國尊에 임명함.
1325	충숙왕	12	祖衡을 왕사로 임명함.
1327		14	彌授 죽음.
1328		15	胡僧 指空이 연복사에서 戒를 설함. 雲默《釋迦如來行蹟頌》을 찬술함.
1330		17	부석사의 금동관음상이 완성됨.
1331	충혜왕	1	乃圓을 왕사에 임명함.
1338	충숙왕	7	冲鑑이 죽음.
1346	충목왕	2	普愚, 원으로 감(～1348).
1347		3	惠勤, 원으로 감(～1358).
1353	공민왕	2	天頙,《禪門寶藏錄》을 저술함.
1356		5	보우를 왕사에 봉함.
1365		14	신돈을 사부로 삼고 국정을 자문함.
1366		15	신돈, 專横을 함. 보우, 왕사를 사임함.
1367		16	禪顯을 국사에, 千禧를 왕사에 임명함.
1371		20	신돈이 주살됨. 惠勤을 왕사에 임명함(1376년에 죽음).
1381	우왕	7	보우를 다시 국사에 임명함(1382년에 죽음).
1388		14	趙仁沃 등 승려들의 타락을 상소함.
1390	공양왕	2	覺雲《염송설화》를 저술함.

중국불교	일본불교
印簡, 釋敎를 장악함.	1253. 日蓮宗 개창.
1252. 普濟,《五燈會元》을 찬술함.	
1260. 元의 世祖때 파스파, 국사에 임명.	
1269. 志磐《佛祖統紀》를 찬술함.	
1270. 元, 호국 인왕사를 세워 티벧 불교를 보호함.	1274. 時宗의 成立. ✽몽고의 난입. 文永이 죽음.
1279. 大普寧寺,《大藏經》을 간행함.	
1280. 元, 功德使司를 둠.	1281. ✽弘安이 죽음. 北条時宗이 圓覺寺를 건립.
1287. 慶吉祥 등이《至元法寶勘同總錄》을 찬술함.	
1291. 祥邁,《至元弁僞錄》을 찬술함.	
이로부터 元은 사신을 보내어 장경을 轉經함.	
元, 천하에 廣敎總管府를 둠.	
1335. 德煇,《百丈淸規》를 중찬함.	1334. ✽建武中興.
1341. 念常,《佛祖歷代通載》를 찬술함.	
	1342. 五山十利의 제도를 정함.
1354. 覺岸,《釋氏稽古略》을 찬술함.	
1368. ✽明이 건국. 善世院을 두고 僧尼를 통관함.	
1372. 周知册을 寺院領으로 함. 이 때, 南京에서 대장경을 印刻함.	
1382. 善世院을 승록사로 고침. 禪·講·敎의 三宗의 승려들 복색을 제정함.	
1386. 天下의 佛寺에 砧基道人을 둠.	

서 기	왕 조		한국불교
1391		3	불교배척의 상서가 계속됨.
	조 선		
1392	태조	1	自超를 왕사에 임명함(1405년에 죽음). 混修가 죽음.
1402	태종	2	寺田은 軍資로, 노비는 諸司에 소속시킴.
1406		6	전국사찰의 수를 제한 시킴.
1410		10	해인사에 대장경의 印行을 명령함.
1416		16	寺田의 額에 따라 승려의 수를 정함.
1422	세종	4	經行행사를 폐지함.
1423		5	寺와 社의 신축을 금함. 일본에 대장경을 보냄.
1424		6	7宗을 고쳐 禪·教 양종으로 만듬.
1433		15	己和가 죽음.
1436		18	白蓮社를 중수함.
1447		29	《釋譜詳節》이 완성됨(1449간행).
1451	문종	1	《高麗史》를 上進함. 승려들의 왕성출입을 금함.
1458	세조	3	해인사의 대장경을 인쇄하여 각 사찰에 분배함.
1459		4	《月印釋譜》가 완성됨.
1461		6	간경도감을 두고 언해판경전을 간행함.
1464		9	홍복사지에 圓覺寺를 건립.
1467		12	원각사 다층탑이 완성됨. 연등회를 설치함.
1471	성종	2	念佛所를 금지함. 간경도감을 폐지함.
1475		6	성 내외의 비구니절을 폐지함.
1490		21	불국사를 중건함. 도첩이 없는 승려는 군인으로 만듬.
1493		24	도첩제도를 금지함. 《經國大典續錄》이 완성됨. 雪岑이 죽음.

중국불교	일본불교
	조선에 대장경을 요청하고 足利義滿이 金閣寺를 건립.
	1409. 義時가 조선에 사신으로 파견되어 대장경을 구함.
1418. 道衍이 죽음.	
	1455. 琉球의 사신이 조선으로 가서 대장경을 요청함.
	*應仁의 난이 일어남.
	1479. 蓮如가 山料에 本願寺를 재흥함.

서 기	왕 조		한국불교
1503	연산군	10	원각사와 성균관을 폐지함. 승과제도를 폐지함.
1516	중종	11	僧齋의 배우는 것을 폐지시키고 사찰의 노비와 田地를 몰수함. 《경국대전》에 도첩제도를 폐지시킴.
1534		29	智嚴이 죽음.
1538		33	《동국여지승람》에 所載되어 있는 이외의 사찰을 폐지시킴.
1550	명종	5	문정왕후, 普雨를 등용하여 禪教二宗을 재홍시킴.
1551		6	度僧法을 부활시킴.
1552		7	승과를 시행함.
1555		10	休靜이 선교양종의 判事가 됨.
1565		20	보우 제주도에 유배됨.
1566		21	도첩을 금지하고 양종 승과제도를 금지함.
1568	선조	1	敬聖一禪이 죽음.
1570		3	李退溪가 죽음.
1571		4	靈觀이 죽음.
1592		25	임진왜란을 맞아 서산휴정을 비롯하여 사명유정·處英·靈奎·海眼 등의 의승군이 일어남. 불국사가 소각됨.
1604		37	惟政, 和平修好를 위해 일본에 감. 休靜이 죽음.
1608	광해군	1	靜觀一禪이 죽음.
1610		3	惟政이 죽음.
1615		8	善修가 죽음.
1623	인조	1	다시 승려들의 도성 출입을 금함. 印悟가 죽음.
1636		14	병자호란(淸의 침입)에 覺性이 승군을 이끌고 출전함. 화엄사에 대웅전이 건립됨.
1644		22	彥機가 죽음.
1649		27	太能이 죽음.

중국불교	일본불교
	1487. 如賀의 一向一揆.
1575. 法會가 죽음.	
1589. 萬曆版《대장경》의 印刻이 시작됨.	✻ 풍신수길이 조선을 침공함.
1603. 眞可가 죽음.	1603. ✻江戸막부가 열림.
1616. ✻後金(淸)이 건국됨.	
1617. 如惺《大明高僧傳》을 찬술함.	1632. 本山 末寺제도를 설정함.
	1639. ✻鎖國令이 내림.
	1640. 막부에 宗門改所를 둠.

서 기	왕 조		한국불교
1650	효종	1	화엄사를 선종의 대가람으로 함.
1660	현종	1	守初와 覺性이 죽음. 양민이 승려가 되는 것을 금함.
1665		6	義諶 죽음.
1669		10	海日이 죽음. 大興寺에 表忠祠를 세우고 休靜을, 靈井寺에 表忠祠를 세우고 惟政을 모셨음.
1680	숙종	6	범어사 대웅전을 세움. 處能이 죽음.
1700		26	性聰이 죽음.
1701		27	화엄사를 선교양종의 대가람으로 함.
1715		41	道安이 죽음.
1719		45	秀演이 죽음.
1729	영조	5	志安이 죽음.
1748		24	體淨이 죽음.
1763		39	각도의 사찰에 위패를 모시는 것을 금지함.
1764		40	采永,《佛祖源流》를 찬술.
1765		41	불국사 대웅전 건립.
1769		45	해인사 대적광전 건립.
1770		46	海源이 죽음.
1772		48	임진왜란 당시 7백의승의 묘를 세움.
1790		14	最訥이 죽음.
1791		15	尙彥이 죽음.
1796		20	義沾이 죽음.
1799		23	有一이 죽음.
1800		24	暎月,《眞言集》을 수정해서 다시 간행함.
1826		26	亘璇,《禪門手鏡》을 저술함(1852년에 죽음).
1840	헌종	6	寶石寺에 제당을 세워 靈奎를 모심.
1851	철종	2	敦仁이 空名帖을 法住寺 수리 자금으로 함.
1856		7	월정사 중건을 위해 공명첩을 발급함.

중국불교	일본불교
1655. 智旭이 죽음.	1654. 明나라 승 隱元이 황벽종을 전함.
	1687. 不施不受派를 탄압함.
1759. 《漢滿蒙四體合璧大藏全呪》를 완성함.	
	1766. 숨어서 염불하는 것을 금함.
	1768. 白隱이 죽음.
1773. 《대장경》의 滿州語譯을 시작함.	
白蓮教의 반란이 일어남. 彭紹升 죽음.	
	1831. 良寬이 죽음.
✽아편전쟁이 일어남.	
1850. ✽태평천국의 난이 일어남.	
	1866. ✽明治維新이 일어남. 神과 佛을 분리하고, 이에 배불을 함.

서 기	왕 조		한국불교
1876	고종	13	洪基,《禪門証正錄》을 저술함.
1882		19	개화승 李東仁이 정치 활동에 참가함.
1889		26	寺刹에 僧尼 비호령을 발포함.
1890		27	일본 日蓮宗 京城別院을 건립.
1894		28	✽동학난이 일어남.
1895		32	일련종 승려가 옴. 승려의 도성출입금지해제를 청함.
1897		34	승려 도성출입금지령을 해제함.
1898		35	승려 도성출입금지령을 다시 내렸지만 실시되지 않음.
1899		36	해인사 《대장경》을 印刻하여 각 사찰에 분배함. 동대문 밖에 元興寺를 세움.
1902		39	원흥사를 大法山으로 삼고, 寺社 관리서를 둠. 寺刹令36조를 정함.
1906		43	明進學校를 설립. 佛敎硏究會를 창립함.
1908	순종	2	圓宗宗務院을 건립함. 李晦光을 大宗正으로 임명함.
1910		4	승려들의 취처의 자유를 의논함. 임제종을 창설함.
	일 제 시 대		
1911	임제종 종무원을 설립. 사찰령 시행규칙을 분류함. 30본사를 설정함.		
1912	조선불교선교양종 종무원을 설치하고, 覺皇寺를 중앙포교당으로 함.		
1913	스리랑카승려 達摩婆羅가 옴. 佛敎興隆會를 발족함.		
1917	불교진흥회를 설립.		
1920	불교청년회를 설립.		
1921	조선불교선교양종 중앙총무원을 설립.		
1922	佛敎維新會를 만듬. 사찰령 폐지 등을 조선총독부에 제출.		
1924	《佛敎》誌 창간. 圓宗護法會를 설립.		
1927	조선불교중흥회를 설립. 금강산 유점사에서 금강불교청년회를 설립.		

중국불교	일본불교
	1894. ✽청일전쟁이 시작됨.
1900. 敦煌에서 古文書가 발견됨.	
	1905.《大日本續藏經》을 간행함. ✽韓日合倂
楊文會가 죽음. ✽중화민국성립. 敬安 등이 중화불교총회를 발족.	
	1914. ✽제1차 세계대전이 일어남.
太虛 武昌佛學院을 설립. 南京에 內學院을 설립. 中華佛教連合會를 설립. 세계불교연합회를 개최함.	

서 기	한국불교
1928	寺法개정, 각사에 평의원회를 설치. 불교 시찰단을 일본으로 파견함.
1929	전국승려대회를 개최함.
1931	각황사에서 조선불교청년동맹의 발기대회를 개최함.
1936	해인사 《대장경》을 印刻함.
1942	曹溪宗法을 발포.
1945	사찰회, 조계종 총본산, 太古寺法등의 폐지를 결의. 대한민국 불교 新宗團의 출발.
1946	✽대한민국 성립.

중국불교	일본불교
1935. 金版《大藏經》을 간행함. 1938. 湯用彤,《漢魏兩晋南北朝佛教史》를 찬술함. 1939. 陣垣,《釋氏疑年錄》을 찬술함.	《國譯一切經》을 간행. 1941. *태평양전쟁(～1945).

人 名 索 引

書名索引

ㅇ

ㅈ

ㅊ

ㅌ

ㅎ

地名・寺名・事項索引

ㄱ

ㄴ

ㄷ

ㅁ

ㅂ

著者略歷(鎌田茂雄)

1927年 鎌倉에서 출생
1951年 駒沢大學文學部 佛教學科 졸업
1958年 東京大學大學院 人文科學研究科 박사과정수료
現　在 東京大學 東洋文化研究所 教授, 文學博士

主要著書

《中國華嚴思想史の研究》(東京大出版会, 1965)
《鎌倉旧仏教》(共著, 岩波書店, 1971)
《宗密教學の思想史的研究》(東京大出版会, 1975)
《中國仏教史》(岩波書店, 1978)
《日本佛教のふるさと》(東京大出版会, 1978)
《朝鮮佛教の寺と歴史》(大法輪閣, 1980)
《中國佛教史》 제 1 巻, 제 2 巻, 제 3 巻(東京大出版会, 1982· 83· 84)
《中國の佛教儀礼》(大藏出版, 1986)

現住所：東京都世田谷区駒沢 3 －12－11

저자약력

가마타 시게오(鎌田茂雄) : 1927년 鎌倉에서 출생. 1951년 駒澤大學 文學部 佛敎學科 졸업. 1958년 東京大學大學院 人文科學硏究科 박사과정수료. 현재 東京大學 東洋文化硏究所 교수. 문학박사. 주요 저서로는 《中國華嚴思想史の硏究》(東京大出版會, 1965)·《鎌倉舊佛敎》(共著, 岩波書店, 1971)·《宗密敎學の思想史的硏究》(東京大出版會, 1975)·《中國佛敎史》(岩波書店, 1978)·《日本佛敎のふるさと》(東京大出版會, 1978)·《朝鮮佛敎の寺と歷史》(大法輪閣, 1980)·《中國佛敎史》 제1권, 제2권, 제3권(東京大出版會, 1982·83·84)·《中國の佛敎儀禮》(大藏出版, 1986) 등이 있다.

역자약력

신현숙(申賢淑) : 문학박사. 東國大 佛敎學科, 日本 東京大大學院(印度哲學 전공) 및 駒澤大大學院 졸업. 현재 동국대 불교학과 교수.

깨달음총서 1

한국불교사

1988년 1월 15일 1쇄 발행
2004년 3월 20일 9쇄 발행
2016년 2월 20일 10쇄 발행

지은이 — 가마타 시게오
옮긴이 — 신현숙
펴낸이 — 윤재승

등록 제1-149호, 1980. 5. 9.
서울 종로구 삼봉로 81
두산위브파빌리온 1131호
전화 (영업)732-2403, (편집)732-2404
팩시 739-7565, K.P.O.Box 1560

값 15,000원

ISBN 89-7009-101-7 34220